新华史海镜鉴丛书

中华帝国史

从上古部落到大清王朝

（法）勒内·格鲁塞 / 著

张勇 / 译

新华出版社

图书在版编目（CIP）数据

中华帝国史：从上古部落到大清王朝／（法）格鲁塞著；张勇译.
—北京：新华出版社，2016.1
ISBN 978-7-5166-2332-9

Ⅰ.①中… Ⅱ.①格… ②张… Ⅲ.①中国历史—通俗读物 Ⅳ.①K209

中国版本图书馆CIP数据核字（2016）第026098号

中华帝国史：从上古部落到大清王朝

作　　者：[法]勒内·格鲁塞

出 版 人：张百新　　　　　　　选题策划：何江鸿
责任编辑：张　程　　　　　　　责任印制：廖成华

出版发行　新华出版社
地　　址：北京石景山区京原路8号　邮　　编：100040
网　　址：http://www.xinhuapub.com　http://press.xinhuanet.com
经　　销：新华书店
购书热线：010-63077122　　　　中国新闻书店购书热线：010-63072012

照　　排：北京麦莫瑞文化有限公司
印　　刷：北京明恒达印务有限公司

成品尺寸：160mm×230mm
印　　张：19　　　　　　　　　字　　数：250千字
版　　次：2016年3月第一版　　印　　次：2017年1月第二次印刷

书　　号：ISBN978-7-5166-2332-9
定　　价：38.00元

图书如有印装问题，请与出版社联系调换：010-63077101

译者序

提起勒内·格鲁塞（1885—1952），中国学界最为熟悉的是他的《草原帝国》《蒙古帝国史》《成吉思汗传》等蒙古史研究专著，格鲁塞术业有专攻，但对中国历史的整体研究也颇有心得。

相比许多历史学家，格鲁塞并没有长期在高校执教的经历，他曾任法国国家博物馆副馆长，后来又担任了吉美博物馆及塞尔努什基博物馆馆长。长期接触和考证丰富的亚洲历史文物，让格鲁塞的历史研究形成了自己的鲜明特色。

1942年，正值第二次世界大战期间，格鲁塞写出了一部关于中国的简要通史《Histoire de la chine》，英文译本为《中华帝国的崛起与辉煌》（The Rise and Splendour of Chinese Empire），本人在翻译此书时，将其命名为《中华帝国史：从上古部落到大清王朝》。

激荡与复兴，展现出了中国历史的两大特点。华夏文明的历史长达五千年，相比世界其他文明古国，它的历史从未中断，尽管也曾经屡次为外族入侵，甚至有蒙古与女真对帝国全境的占领，但中华文明依旧能够生生不息，浴火重生，在周期性的震荡中不断向前发展，终于在康乾盛世时期（1661—1796），达到了传统社会发展的最高峰。

这是一本不到二十万字的简明通史，想要面面俱到既不必要，也无可能。因此，作者根据自己多年的研究心得，撰写出了一部独具特色的通俗读物，它的语言鲜活，文笔生动，即使是没有受过多少历史教育的人，都可以看明白。

　　本书的特色之一，是重视对文化脉络的解读与分析。这显然与作者职业背景密不可分。我们过去所接触的通史读物，往往过于偏重对政治和经济的研究，而对文化的涉猎做得不够。格鲁塞的著作，显然在这一点上，让我们受益良多。他根据历史发展的脉络，比较详细地解读了中国学术、宗教、诗歌、雕塑、绘画和陶瓷的发展演变，并指出中国过去的伟大，首先就在于其复兴与创新的无穷力量，在于有创造精神的自发性，这些精神反过来造就了商代青铜器的辉煌、庄周的形而上学理论飞跃，以及孟子的超人视角，等等。而中国近代的落后，显然与背离这种传统脱不开干系。

　　本书的特色之二，是将中国置于世界发展史的大格局中，用相当多笔墨分析中外关系的演变及对中国发展走向的影响。通过对商代文物的研判，中国的丰饶物产，决定了其自给自足的可能性；中国相对封闭的地理环境，造就了其与周边邻居交往的障碍。但中外之间的交流从未停止，每当国力强盛之时，对外经济文化交流也会发展到一个较高水平，横跨两大洲的丝绸之路，就是这种交流的标志。而佛教、伊斯兰教与基督教，也相继传入了中国，并对中国人的生活与中国历史进程产生了不同程度的影响。

　　本书创作于1942年，与其代表作《草原帝国》出版时间相距不远。作为蒙元史研究的权威专家，格鲁塞丝毫不掩饰自己对元朝的好感，以至于用了整整三章来讲述元朝，而对于在中国历史学家看来更重要的明清两朝，他一共也只用了三章篇幅。元朝是一直为我们所忽视与误读的朝代，格鲁塞的分析解读无疑会帮助我们重新认识元朝在中国历史中的地位，重新评估这一伟大朝代。这可以视为本书的第三个特色。

　　格鲁塞毕生潜心钻研亚洲与中国历史，著述丰厚，取得了很高成就。他从未到过中国，仅有两次造访亚洲的经历，这应该说是一种遗憾，但并不能成为他研究的掣肘。对于中国史的把握与解读，他显然已经站在了一个极高的平台之上。即使本书已经出版了六十余年，许多观点非但没有过时，反而还有着很强的生命力，今天读来，依旧可以使我们受益良多。

中国历史是独一无二的，但其衰落与发展，并没有违背世界历史发展的大趋势；中华民族是无与伦比的，但正是在与周边民族不断的冲突与交流之中，她才逐步演变到了今天的格局。

是为序。

目　录

第一章
中 土

亚洲文明是"美索不达米亚"①（Mesopotamia）式大冲积平原的产物，在这些区域，天然肥沃的土壤，激发了人类的农业技能。正如早前西亚的巴比伦文明一样，东亚的中国产生了"中原"文明。

这片大平原，从北方的北京直抵南方的淮河，从西部洛阳的大道，延伸至东部山东的山脊，覆盖面积达到12.5万平方英里②以上，超过了英格兰与爱尔兰的总和。根据希罗多德③（Herodotus）的说法，埃及是尼罗河的赠礼；而以同样方式，中原成为了黄河及其支流的馈赠。"在一个相对较近的时期——在地质学家赋予的意义上使用这一用语——这片平原还是一处海湾，浪花冲刷着山西的悬崖绝壁，而如今的山东半岛，彼时还是座海岛。"从远古时期开始，黄河就从更远的西部黄土高原，携带着庞大的泥土冲积层向东奔流，将它们堆积在这一地区，从而创造了一片令人不可思议的肥沃冲积土。作为泥沙沉积物不断积累的结果，海水被阻隔，海岸线则不断地向东后退，这一进程如今仍在继续。因此，年复一年，造成的结果就是：泥浆抬高了黄河河床，沿岸居民不得不一直相应筑高堤坝，以至

---

① 古希腊对两河流域的称谓，意为"两条河流之间的地方"，两河指幼发拉底河和底格里斯河，位于今天的伊拉克境内。本书不加说明的均为译者注。

② 约合32.37万平方公里。

③ 希罗多德（约前484—前425），古希腊历史学家，《历史》一书的作者。

于黄河到了入海口附近时，只能在远远高于地平面的水道中奔流；这种境况看似合理实则荒唐，并且极度危险。

再向西越过中原，有大片的黄土梯田绵延，占有面积超过了26万平方英里，那条养分丰富的大河即由此流下。事实上，一种巨大的黄色土层，覆盖了这个丘陵地带。它类似阿尔萨斯黄土，是过去数千年来，被大风堆积起来的黏土、沙粒和石灰岩细粉尘所形成的大片聚合物，并通过侵蚀作用被切割成梯田。大体上说，这是一片与中原同样肥沃、同样适宜农耕的土地（当时那里并不缺少雨水），是黍稷和小麦[1]的集中产地。最后，还有一些广袤地域，从北京到开封，再由开封到南京的周边，在那里，西北的黄土丘陵与中原的冲积土层不知不觉地融合在一起，形成了整个地区中最为肥沃的部分。在这一区域，黍稷与水稻[2]的种植结合在了一起。前者适合黄土梯田，而后者更适合于淮河及长江[3]流域。

中华文明在这一区域崛起，并与农业发展紧密联系在一起，或者

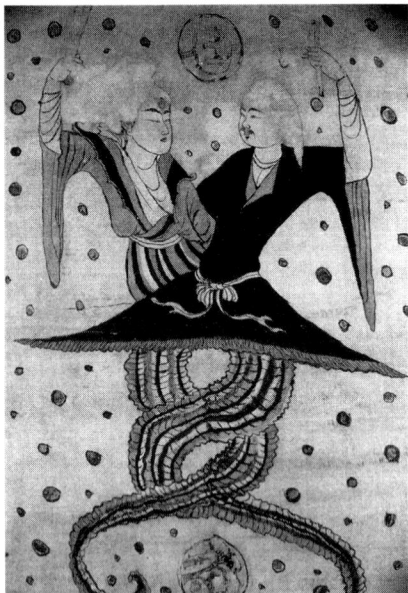

伏羲女娲交媾图

---

① 原书注：今天，整个华北几乎都种植黍稷或小麦。山西大约是43%的黍稷，16%的高粱，14%的小麦。而河南、陕西和甘肃则是45%—60%的小麦。

② 原书注：水稻非华北原有，很早时期就肯定在南方有种植，公元前8世纪，它已经被列入五谷之中。

③ 原书注：对于外国人来说，这条河一般称为扬子江，但只有当其流过镇江之后，中国人才如此称呼。长江则是整条河流的通用名称。

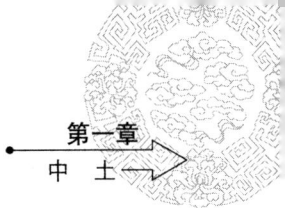

更具体地说，是与黍稷生产及后来的水稻种植息息相关。不为人熟知的史前若干世纪中，人们焚烧和清理覆盖西北黄土高原的灌木丛林，排干在东北部中原地带已经占据大片区域的沼泽湿地。《诗经》中的古老民歌赞美了这些劳作："载芟载柞，其耕泽泽。千耦其耘，徂隰徂畛。"[1]以及"楚楚者茨，言抽其棘。自昔何为？我艺黍稷。"[2]在因指导这些集体劳动而得到歌颂的神性英雄中，有一位是神农氏，他教会人们焚烧灌木丛及使用锄头；另一位是后稷，即"黍稷之王"。还有一项同等重要的贡献要归功于大禹，他是传说中夏朝的建立者。[3]在其排水及挖沟的劳作中，大禹从水中拓展了土地，"让江河退至大海"，并增加了沟渠与水道的数量。

在黄土地区和中原，汉人的祖先从事农业劳动，过着定居生活。这种方式将他们与其他部落区分开来。后者还继续以游牧和打猎为生，要么游荡于陕西和山西北部的辽阔草原上，要么生活在淮河与长江流域的泥泞丛林中。这两类人很可能属于同一种族血统。设想他们存在种族差异，甚至假设后者是某些原始中国人种的移民——有人说来自中亚，都是没有合理依据的；而且这些"野蛮部落"，环绕着远古中原的狭窄领地，随着时间的推移，他们自己注定要采用汉人的生活习惯与思维方式。从古风时代[4]末期开始，这些部落逐步抛弃了自己的游牧方式，并转向农耕生活。（在长江下游的游牧部落中，这一转变是自然的。）越南北部同样如此。如果说安南人和他们的近亲芒族人有所不同，是因为安南人成了沿海平原稻田

---

① 出自《诗·周颂·载芟》。

② 出自《诗·小雅·谷风之什·楚茨》。

③ 西方史学家通常不明确承认夏朝的存在。

④ Archaic Period，也称狩猎游牧时期，是古希腊史采用的分期，通常指公元前8到前6世纪。

的耕作者，而在内陆森林中，芒族人并没有去尝试学习任何农耕方法。

在同一地区里，古风时代的中国农民，生活方式与今人并无多大差别。在大平原上，他们住在土屋之中（砖是后来才使用的），房子通常无法抵抗季风雨冲刷及侵蚀性损坏；而在黄土高原地区，农民则居住于在峭壁一侧挖出的洞穴①中，如此一来，田地就会悬于农舍之上，而洞穴的通风口有时就会奇怪地通到了耕地中间。养蚕业的历史也很悠久。如果我们能相信《禹贡》（大约公元前7世纪）中所采用的经济地图，那山东及周边地区就很可能一直是"桑树之地"。除此之外，传统上一般认为，神话中"三皇"的第二位，即传说中的黄帝②，他曾亲自教汉人养蚕抽丝，并用丝织品取代他们由稻草或者野兽皮毛做成的"野蛮"服装。最后，似乎从远古以来，汉人农民就一直从灌木林和沼泽地中开垦土地，为的是自己征服的区域能采用一套精耕农业制度，直到今天，这种制度在其后代中依然有效。有人曾写道："中国的农业，只不过是大规模的园艺业。"我们可以补充说，在汉人的发祥地，无论是黄土高原还是中原的冲积地，都难以找到真正的林地。无论在哪里发现森林，他们都不会喜欢。华中和华南原本都是林区，汉人花费了很长时间才实现了殖民。他们成为这片土地的主人之后，就有组织地砍伐林地，其数目远远超过了自己直接的燃料需求。他们也无意对山丘做进一步开发，就让它们光秃秃地待在那里。因为，汉人一直是由西北的梯田或东北绵延的大片低地哺育的，他们根本不愿意在高地上生活。如此一来，平原上的黄土就一直发挥着塑造汉人的作用。

没有谁的生活比中国农民更加勤劳辛苦的了。虽然汉人有着坚韧顽

① 即窑洞。
② 原书如此。实际上中国传说中的三皇应为燧人氏、伏羲氏及神农氏，黄帝是五帝之首。

黄帝   炎帝

强、不屈不挠的耐性，黄土高原和中原大地有天然沃土，他们终究还得听任大自然的支配。在饥荒岁月里，黄土地带会受到可怕的饥荒威胁；而在中原，尽管因为有季风雨，旱灾的威胁较小，但黄河会带来洪涝灾害，并引发可怕的流民问题。汉人对他们所称的"河神"，怀着一种迷信式的惧怕，证明了河水沿岸居民对其未驯服的"邻居"心存恐怖。为了安抚河神，汉人习惯于定期献出童男童女作为贡品。这些大片低洼地中林木的缺乏，导致了对水旱灾害的防护不力。当地的农民，相比世界上其他任何地方的同行，都要更加勉强地依赖土地。他们的日常生活，因此受制于季节的变迁。

相比其他任何农业社会，汉人的乡村生活被分成了两个更为明显的不同阶段：从春季到秋季劳作于农田里，随后于冬季守在室内；到了春分时节，冬季数月里一直置放于田间的"禁令牌"被立了起来。还要进行一种最为重要的仪式，即"圣田"的首次耕作，由国王亲自庄重地完成，以为土地"驱神"。春分预示着土地的肥沃，也预言着种族的兴旺。在"燕子回归之日"，冬季被禁止的婚礼，这时候就能恢复进行了。在乡下，"随着初雷乍响"，农家少男少女们聚在一起，唱起情歌，并在田地中交流：

> 溱与洧，方涣涣兮。[①]
>
> 士与女，方秉蕳兮。
>
> 女曰观乎？士曰既且，且往观乎？
>
> 洧之外，洵訏且乐。
>
> 维士与女，伊其相谑，赠之以勺药。

在秋分时节，庆祝完丰收盛典之后，村民们封闭的冬日生活就开始了，在此期间，妇女们将全部劳作时间都用于纺织。

可以看出，农民的生活模式严格地追随四季循环。中国人最初关于宇宙的概念，特别是将事物分成两大类别的最早"分类法"，很可能就源于这种一致性。直到今天，二分法依旧无一例外地支配着中国的所有哲学学派。在人类社会早期，农民生活被严格划分为封闭的冬季时期，此时女性的工作占主导地位（它是纺织者的季节）；以及农业劳作时期，主要由男性来承担。根据类似的区分方法，万事万物都可以划分为两种性质或状态：阴，与阴影、寒冷、收缩、潮湿及女性相一致；而阳，则与明亮、炎热、扩张、干燥及男性相对应。这两种原理，就像它们似乎要模仿的季节阶段一样相互对立，同时又相互变更、相互作用并相互转化。两者之间的相互依存，亦或负责它们交替与变化的规则，就是宇宙和社会的秩序。如果按照中国人的说法，它就是"道"——这个中心概念，构成了之后一切哲学学说的主旨。

原始的中国宗教，其最初的目的就是确保四季循环与农业生活的周期相一致，或者，就像后来所说的，天人合一。仙界的秩序由皇天——也被

---

① 出自《诗·郑风·溱洧》。

称为上帝——来维护，他住在大熊星座。人类秩序以同样方式由国王来保证，为达到这一目的，他被授予"上天之指令"（天命），并让自己成为了"天子"。为管理农事而调整历法，用必要的祭品及与至高皇天相协调的仪式活动，来庆祝四季的到来，都是国王的职责。在其最高祭司的角色中，国王的首要义务就是主持迎接新年的典礼，通过献上一头作为燔祭的红色公牛，向皇天祈求春天到来。紧接着就是耕作圣田，这是农业劳作开始的信号。在夏季的第二个月，国王要再次进行献祭兼带求雨，如果没有成功，随之而来的就是处决所有的巫师和巫婆。这些人将被活活烧死，因为他们的咒语被证明是无效的。最后，在冬季即将到来之时，国王要主持弃田仪式，随后带着祭品返回冬季的住所（与古罗马的Suovetaurilia仪式类似），此次的牺牲品是一头黑色公牛。贡品是献给"日神"的，接下来的另一次祭祀，就是向祖先献礼了。丰收庆典是所有仪式中最重要的一个，它的举行标志着一个周期的结束。所有民众都要加入到普天同庆中来，欢歌畅饮。在每个季节，国王都要穿上适合季节"方位"的服装；冬季穿着黑色，春季穿绿色，夏季穿红色，冬天则穿白色：这些都是他在行使首席祭司职责时所穿着的宗教袍服。在其多种岗位上，他都有一个完整的占卜者及魔法师"团队"来协助——后者在早期中国哲学的潜心研究中所起的作用，我们将在稍后解读。

除了这种"季节循环"之外，还有"祖先循环"，如今全体中国百姓对此都习以为常了，但在远古时期，只限于贵族阶层参与。事实上，只是那些出于种种理由，被祖先附体的贵族才能循环，因为仅有这一阶层才拥有可以复活的灵魂。实际上，他们拥有两个灵魂，一个纯粹是动物的散发物，注定要变成一种鬼魂，围绕着尸体盘旋；另一种是精神上的灵魂，死后以神怪的形式升上天空，但只有当其实体被后代的葬礼祭品滋养时方能存在。这种"祖先崇拜"本质上与日常的或季节的供奉相关，祭品能让死者参加到家庭生活之中，他（她）由其牌位来代表。就其起源来说，土地神的崇拜，在原初时期为树木或者粗石所代表，同样与这种领主信仰有关。这类神是最早的地域性神明，既凶猛又残忍。"土地神喜欢血腥，"马伯乐[①]（Henri Maspero）评论道，"向他献祭时，要先用牺牲品的鲜血涂抹他的石碑。祭品通常是一头公牛，但如果用人来做祭，他也并非不喜欢。"

在这段原初时光中，我们发现了一个农业社会。人们生活在中原和黄土沉积层的交汇之处，致力于清理这片原始中国家领土上的树下灌木丛。这是一个有贵族阶层和君主制度的社会。那些战争领袖的存在，证明了汉族农民们不得不生活在这样一种状态下：他们要经常警惕地提防自己周边的半游牧猎人部落。

尧帝

舜帝

这个农业社会中，农民辛勤劳作所积累起来的财富，很快在社会结构顶端造就了一个奢侈政权。尽管事实上，我们对最早的王朝——夏的

---

① 马伯乐（1883—1945），法国汉学家。

政治史一无所知，但这个远古时代人们所使用的器皿，近来的考古发现给我们指出了某些迹象。而关于第二个王朝——商朝（前1558—前1046），在最近七年中，考古学则为我们提供了大量意想不到的发现。

可以追溯到夏朝的最早考古发掘，出土了一件装潢粗糙的陶器，以所谓的"篦纹"样式修饰。这是一种在俄罗斯欧洲部分普遍使用的风格，在公元前2000年到前1500

商汤王真像

年间相当出名，它的发现也许显示，那时两个大洲之间已经有一定程度的联系了。①接着是彩绘器皿的出土。近来在河南省仰韶和秦王寨的村落中，发现了一些砖红色的陶罐，上面绘有一种生机勃勃、很有灵气的装饰图案，包括几组让人意想不到的波纹、三角、斑点交叉线及带有睫毛的眼睛。这些仰韶陶器出现在大约公元前1700年，这个年代相当于夏朝的第二阶段。

半山陶器，得名于甘肃省内的一个地点，1921年起开始发掘，其年代为公元前1500至前1400年间，或根据某些观点，是公元前1400至前1300年，因此相当于商朝的第一阶段。这些器皿是真正的艺术品，有红黑两色

---

① 原书注：我们应当特别注意最近在河南北端安阳附近的后岗村发现的雕刻及绘制陶器，装饰有平行线和简单的方格图案。还有侯家庄附近发现的陶器，装饰有须根及编织物的痕迹。这两批文物也许都可以追溯到夏朝初期。（吴金鼎：《中国史前陶器》，1938年）

螺旋纹的华美装饰，其装潢品质堪比爱琴文明①时期的文物。而且，这种相似性并非仅仅是风格上的，有鉴于类似主题曾在乌克兰和俄罗斯的史前彩绘陶器上发现过，这就让人猜想，它们可能是由爱琴海滨、途经俄罗斯大草原运抵中国西北部的。但毫无疑问的是，这种外来装饰风格无法在华夏土壤中持久扎根。在半山，除了这种爱琴风格的螺旋纹之外，我们还能发现一种更加简单的装饰形式即棋盘图案，显然这是模仿自编织物。这种本土装饰形式，是在下一个时期（大约在公元前14世纪）能够发现的唯一形态（螺旋纹已经被舍弃了），从甘肃的马厂遗址②中发掘。在那里，我们看到彩绘陶器上引入了多种多样的隔行编织物图案，而在下一时期，我们将看到它们进入到了最早的青铜器的装饰之中。

这里，我们涉及了青铜器在中国出现的秘密。根据考古学家门金③（Menghin）的说法，大约在公元前1500年，青铜冶炼技术被引进了西伯利亚。不过，在中国，特别是在安阳发现的少量很早时期的青铜箭头，却显示出了它们源自西伯利亚。而且，一些商代早期的青铜器皿还显现出了对木制品简单模仿的迹象。青铜工匠忠实地复制他们的模型，甚至还要效仿凹口和刀痕。中国人突然间邂逅了西伯利亚的金属冶炼技术，似乎一夜之间，就丢弃了他们过时的陶制和木制的祭祀器皿，并用青铜器取而代之。

---

① 大约公元前2000年，在爱琴海南端的克里特岛上，以及几百年后在希腊半岛南部的迈锡尼等地，出现过一些奴隶制小国。它们的文明曾辉煌一时，被称为爱琴文明，主要包括以克里特岛、昔克拉底群岛为代表的"克里特文明"和以希腊半岛南部迈锡尼为代表的"迈锡尼文明"。爱琴文明为古代希腊文明奠定了基础。

② 原书注：事实上，在一些马厂陶器中，我们可以看到圆形波纹，它们让人联想到半山陶器的装饰，仅仅在这种情况下，它们才没有那样大量地被用来充当棋盘格图案的特色圆环饰边。（参见吴金鼎：《中国史前陶器》中的插图，1938年）

③ 19世纪德国考古学家。

1934—1935年间在安阳（位于今天河南省的最北部）所做的考古发现，将诸多问题呈现在了我们面前。在这个公元前12世纪兴盛一时的商朝古都中，我们发现自己突然遇到了一种已经达到巅峰的物质文明，然而到目前为止，还没有找到任何能帮助我们了解其起源的东西。其中的一个发掘地点，占地大约6公顷，完全被一座建筑的地基所占据，它的规模相当大，想必是一座王宫。这里的坟墓显示了用人和动物做祭祀牺牲品的殡葬痕迹。事实上，我们知道在相当长的时期内，活人祭品在宗教仪式中都扮演了重要角色。例如，王室迎接新年的仪式中，就将四个人牲分别置于城市的四个主要城门处。用于占卜的骨头和龟壳，上面刻有最早的、一直流传至今的汉字字符。它们显示出，当时书写与绘画的差别相当小。埃及象形文字、巴比伦楔形文字以及中国的方块字符，都是从相似的图画技法中发展而成的。不过，在安阳发现的汉字已经充分程式化，这就迫使我们承认，汉字自从真正的"原始"图形以来，已经历了一个长期的初步精细化过程。到目前为止，其原型尚未大白于天下。

在安阳的发掘工作中，最具代表性的发现是让人赞叹的青铜器皿，在1934—1935年间，它们的出土量有相当规模。考古学家们非常吃惊，他们不得不承认，在那个遥远的年代，各类青铜器的形态和装饰就已经很好地确定了。[①]如果我们并未知道，依据中

司母戊鼎

---

　　① 原书注：各类青铜器风格上的确定，从最早时期开始就几乎没有改变过，这显然归因于它们用于祭祀仪式的重要性。

国的传说，安阳不过是商朝末期的首都之一，那我们的确会认为它是个奇迹，如同雅典娜全副武装地从宙斯头颅中跳出来。更早的都城从未得到发掘，它们无疑与中国早期青铜器生产的艰苦努力同期。如果我们承认，青铜制造技术是在公元前15世纪或其末期经由西伯利亚传入中国的，那在我们能够确定中国青铜生产的起点之前，还遗留了大约三个世纪的时段有待探究。

因此，近年来在安阳发掘的商代青铜器，向我们展露了一个艺术的巅峰，却没有必不可少、笨手笨脚的初始阶段。在以后的时期里，中国的青铜工匠们在祭器上达到同样的材质构建能力，或者类似的质量平衡。最著名的例子，是有盖的大烹罐（被称为盂或罍）；但类似的、有说服力的例证出现在一些更为简单的样式中，例如三脚罐和三脚酒杯（分别被称为鬲或鼎，以及爵）。事实上，这种节制绝不会破坏形态的典雅，正如觚，它是一种庞大的酒杯，看到的人们却为它的细长感到吃惊。大部分的祭祀用青铜器上，都有几何及神话图案作为修饰，同样呈现出一种华彩。人们会为这些怪兽面具的气势而大吃一惊，特别是饕餮，它们起初是逼真的公牛、公羊、虎或熊之头颅，随后逐渐程式化，演变为可怕的鬼怪。商代青铜器（以及玉器）上能看到的另一种神话形象就是夔龙，"一种声如打雷般的牛龙"。中国传说中的英雄敲响用这种怪物之皮做成的鼓，"如阵阵雷霆般的发出命令"。"作为宇宙力量的象征，"乔治·萨勒[①]说，"这些传说中的动物，赋予了其所装饰的对象一种神秘而强大的能量。"

在安阳遗址中，还发现了一些充满活力的大理石圆雕，或者说是雕刻过的大理石块，描绘的正是神话中的怪物。（这种对圆雕的偏好，在商代以后似乎终止了，直到很久之后的战国时期才重新出现。）

———————————

① 巴黎现代艺术博物馆馆长。

最后，除了青铜器，安阳文明还产生了一些引人注目的玉器，它们在礼仪中同样重要。玉是纯洁的象征，根据古代中国的信仰，它拥有一种内在的"美德"。我们从中国经典中得知，王族的头饰，允许用玉做装饰，而王权的重要标志，就体现在一块大玉板（圭）上。它被系在君主的腰带上。商代遗址的挖掘中，发现了大量玉制的刀、斧、戈，其中一些为棕色或浅黑色，似乎有意模仿青铜器的颜色。还有两种非常有特色的玉制祭器：璧和琮。前者是中心有穿孔的圆盘，代表着天；后者是外圆内方的物件，代表着地。这两种形态的玉器，可能也和青铜器一样用于季节祭祀，国王将之献给上天，以求得土地的肥沃。

物质文明的这种丰富，证实了中国古代史书中提及的商代国王之生活。其末代君主，受辛（纣王），留下了一个"中国尼禄[1]"的恶名，他是一个精致、奢侈及腐败的宫廷之产物，是一个已经衰落的文明之例证。他"知足以拒谏，言足以饰非；……益收犬马奇物，充牣宫室。益广沙丘苑台，多取野兽蜚鸟置其中。慢于鬼神。大取乐戏于沙丘，以酒为池，县肉为林，使男女倮相逐其间，为长夜之饮。"[2]不过，在这种巴比伦式的奢华外表背后，汉人种族的扩张依旧在继续。

---

① 古代罗马暴君，公元54—68年在位。

② 出自《史记·殷本纪》卷三。

第二章
先民的扩张

看起来似乎有些荒谬，如果我们将中国历史与任何其他伟大的人类社会相比较的话，首先应该选择的是加拿大或者美国。无论在中国还是在美洲大陆，基本和实质性的关注，远非政治的兴衰变迁，而是一个辛劳民族对无边无际的处女地之征服。在他们的拓荒之路中，汉人能够发现的只有半游牧族群。这场征服中最为困难的部分，必定是与大自然本身的直接抗争：清理土地，砍伐原始森林，驯服河流，以及在所到各处开辟可耕地。不过，法裔加拿大人和盎格鲁—撒克逊人①只用了三个世纪就将北美大陆开拓完毕，汉人的农业征服却花费了几乎四千年。公元前第二个千年，这场征服在黄土地与中原的边界之内开始，直到今天仍未完全完成。因为在西南的崇山峻岭之中，傈僳和苗族"土著居民"依然在抵挡着汉族农夫的干涉。

毫无疑问，在商代中期（公元前14世纪），汉人殖民者就开始形成了紧密团体，越过中原的边界，去"蛮夷部落"那里开垦新的耕地。后者要么被他们征服，要么被同化，或者被争取过来。这一进程，与汉人19世纪在蒙古草原上占地耕田，或者20世纪开发砍伐满洲森林相比，可以说没有多大区别。汉人最早的这次扩张，向南前进到了长江流域，当时此地几乎完全为森林所覆盖；向北到达了山西的黄土梯田，向西北来到了陕西与世隔绝的渭河

---

① 指北美大陆的英格兰移民，今日多数美国白人的祖先。

河谷，这是一处同样从黄土中开拓出的区域。在接近长江的地方，中原农夫遭遇到了一些依旧处于半开化状态的部落（尽管毫无疑问和汉人属于同一种族），他们靠打猎和捕鱼为生，并在汉人的指引下，逐步过上了定居农业的生活方式。

同样的事情发生在西北。一个勤劳的拓荒者部落——周人在这一区域定居下来，并承担起了清理并耕种这片丰饶的冲积平原之任务。他们将自己置于一位农业神人"后稷"的保护之下，此举很有象征意义。这是一片从黄土中开拓出的领地，覆盖着精细的灰黄色黏土。正是在这里，后来修建了陕西省府西安城，或称长安。此地盛产玉米和粟稷，堪与加拿大相媲美。古代史书带着有所克制的热情，谈及在这里定居的周人家族最早的首领们，说他们在其他所有人之前"就开始耕地和播种"。他们将创立一套"屯垦"制度，能够持久地对抗其定居地周边的蛮夷部落。荒凉的中国西部之定居者，与所有类似位置的殖民者一样，都过着粗陋生活。他们开拓可耕地的顽固决心，危害了毗邻梯田地区的半游牧部落，也让自己付出了高昂代价。古老的史书显示，他们一度在野蛮人的攻击下被迫撤退，接着，再次从黄土高原下来，奔向渭河流域，"将士扶老携幼"。

周文王

作为边界捍卫者及高原开拓者，周人的首领们在严酷的工作中适应了战争的艰苦。公元前11世纪中叶，他们之中的一人，在历史上以武王而闻名，因商朝末代君主受辛的不受欢迎而受益，后者由于其残忍及放荡而广受憎恶。武王领导了一场反叛，并歼灭了王室军队。受辛逃回自己的宫殿，以一种戏剧性的方式自杀："纣走，入登鹿台，衣其宝玉衣，赴火而死。"①武王凯旋进入都城。"持大白旗以麾诸侯，诸侯毕拜武王，……遂入，至纣死所。武王自射之，三发而后下车，以轻剑击之，以黄钺斩纣头，县大白之旗。"②

周武王　　　　　　　　　　　　　　姜太公

这是边境之民，是西部高原河谷的粗俗拓荒者，对奢华的朝廷，对中原富裕的耕作者之胜利。周人就这样夺取了政权，并拥有在渭河流域维持其住所近三百年的智慧，他们将自己的力量归因于地理位置，从这里，周人能够控制中原。这一时期（公元前11和前10世纪）的艺术，以风格比前代更为粗糙的青铜器为主要特征，带有一种严苛的线条韵律（或者以龙为主题），有时还会有相当笨重的几何图案。③瑞典考古学家高本汉（Karlgren）最近对此做了毋庸置疑的确认。如果我们能相信这些迹象的话，就可以推测，相比

---

①　《史记·殷本纪》卷三。

②　《史记·周本纪》卷四。

③　原书注：多种形态的青铜器出现在这一时期，例如钟和椅。

商代那些奢华而让人炫目的艺术作品，周代最初统治者的物质文明呈现出一定程度的倒退。

　　一场灾难终结了周朝的强盛。公元前771年，他们的首都遭到了西部蛮族的突袭和劫掠。这个王朝抛弃了其边境的住所，迁移到了洛阳地区，这里是中原的门户，也是当时中国的中心。周人在洛阳获得了大得多的安全，但很快丢掉了他们的武士个性；国王退缩成了有名无实的王室领袖，与此同时，真正的权力转移到了封建诸侯的手中。

第三章
封建制度与骑士精神

公元前8世纪到前3世纪的古代中国，能够向西方的中世纪学者提供封建制度比较研究的素材。在上述时期的中国社会中，王室权力衰落所催生的制度，与10世纪的法国有几分相像。封建领地的分割持续了相近的时间，随后，与法国类似，一定数量的大诸侯引发了领土的重新整合。

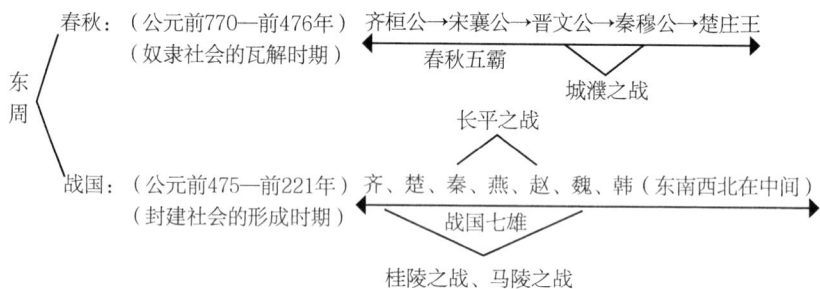

春秋战国进度图

我们无意列举出中国全部的封建诸侯国，但应当注意的是，在大多数情况下，这些国家的形成是出于地理原因。今天的中国各省，通常相当于好几个欧洲国家的大小；相应的，在历史长河的起起落落之中，它们与总是重复出现的永久性单元保持一致。（像后者所做的那样）这些大的地区性单元，在中国古代的诸侯国时期就已经很明显了。例如在西北，位于渭河河谷之中的今天之陕西省——这条河谷是从黄土中开辟出来的，它控制着河南平原——自从这段历史时期的开端就已确定了。我们已经看到，周朝的国君是如何从这些西部边陲出发去赢得王位的。他们曾经丢弃的边境之王角色，被其封臣秦伯承担起来了。后者在陕西开拓了一处地盘，并注定要有一番引人注目的事业。在山西省的黄土梯田上，另一个诸侯国[①]建立起来了，这要归功于其高于中原的优越地理位置，这种优势使它能够成功地建立霸权并维持了相当长的时间。第三个占优势的诸侯国[②]建立在山东东部，这个有独特性的省份，从神圣的泰山山岳一直延伸到中国的"布列塔尼"[③]——岩石丛生的山东半岛。在长江中游的湖北（一处湖泊纵横交错的浅盆地，在当时遍布森林），蛮夷部落被中华文明的典范所吸引，自发地采用了一种汉人的生活及思维方式，并建立了第四个大国。[④] 以上我们只提及了最强大的几个诸侯。如果试图列举所有其他小国，包括从封建领地中再分出去的较小诸侯国，我们就能得到大约六十块封地。

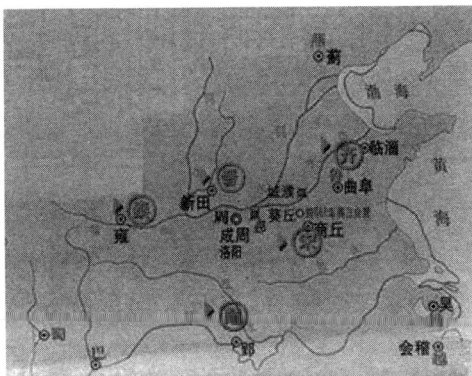

春秋列国图

同样地，我们将不能详谈各类诸侯国之间的残酷斗争。这与11世纪法国的封建争端一样冗长无味，而只有从历史地理学的视角来看才是有意思的。这里，重要的是这一时期的社会结构本身及社会生活，这是

---

① 指晋国，公元前403年分裂为韩、赵和魏三国。

② 指齐国。

③ 法国西北部的一个半岛。

④ 指楚国。

我们法国封建时代的对等物。

这是中华民族的骑士时代。那个时期的战争，是一种有侠士风度的较量，是使用那种高贵的贵族装备——战车——进行的。无论是通过古代史书的描述，还是凭借汉代的浅浮雕，都能让我们对这类战车相当熟悉。战车上套着四匹马，其中两匹套在车辕上，另外两匹通过皮带从两"翼"拖动它。它们是矮小、粗壮、强健的骏马，营养充足，充满激情。它们的马嚼子上装饰有小铃铛。战车上有一个短小狭窄的框架，它的后部开口，装在两只轮子上。中国的战国像亚述人[①]（Assyrian）的一样，能载三人：御者居中，一名长矛兵居右，一名弓箭手居左。三人全都着胸甲，戴护臂，并穿着浸渍牛皮制成的护膝。长矛上装着小钩子，以便能叉住敌人，弓上则镶有象牙。三位同伴共用一个涂有明亮色彩的盾牌，

晋文公与楚交战（元代王振鹏《养正图》）

---

① 主要生活在西亚两河流域北部（今伊拉克的摩苏尔地区），公元前8世纪建立起了强大的军事帝国。

他们盔甲上的亮光漆，在阳光下闪闪发亮。与此同时，在前方，后面和两翼，都有军旗高高飘扬，旗上绘有象征四种主要方位的标志性动物——朱雀代表南方，玄武代表北方，白虎代表西方，青龙则代表东方。

当一位君主的军队入侵邻国之时，后者的首领，出于蔑视和虚张声势的目的，往往会派出一队人马，带着给养送给侵略军。有时，这种挑衅会采取一种更加血腥的形式，国君会向其敌人派出信使，而这些勇士则在对方面前割断自己的喉咙。有时，一辆战车会全速驶到敌人城门下，并做出侮辱举动，随之而来的就是一场以亚述方式进行的混战。"千乘战车相互冲击，战旗对战旗，荣誉对荣誉。"如同荷马时代一样，当两军中的一些勇士彼此相认时，他们就会从战车的最高处交换"傲慢的赞美"。有时在开战之前，他们会一起饮酒，甚至互换兵器。这种对手之间的战争，不得不遵照一套严格的礼仪准则来进行。被征服者如果有证据证实自己的勇敢，或者懂得如何以真正的侠士精神向其胜利者致辞时，就能得到释放，如同以后日本的武士阶层，"名声是通过慷慨大度的行为赢得的"。此时，已经有了一种与武士道相近的观念，即侠士荣誉的规则。因为这样的准则，勇士们在张弓之前，将自己无所畏惧地暴露在敌人的箭矢之下；同样因为这样的准则，侍从们刻意求死，为的是给其主人的纹章增添荣誉。早期的编年体史书《左传》中，不止一个段落描述了这些史诗般的美德。秦王的首席御者，即便浑身中箭，依然不停地擂鼓，因为"擐甲执兵，固即死也""矢贯余手及肘，余折以御，左轮朱殷，岂敢言病"。①

在和平时期，绅士们也抱持着同样的理想。这些人的腰带上饰有玉佩，发出"清脆和谐之声"；他们来到国君的朝堂上，参加贵族射箭比

---

① 两则引文均出自《左传·成公二年》。

赛。空气中弥漫着轻柔的乐曲，处处都有高雅的互相致意，整体气氛如同一场芭蕾舞剧。

这种忠诚于国君、公平对待敌手的侠士理念，这种对交战诚实的尊重，这种和平时期在"礼教"中所表现出来的高贵礼貌准则，在中国人的精神世界里留下了深深的烙印，并从此产生了儒家学说的部分教义。

第四章
上古先贤

中国哲学，如同希腊哲学和印度哲学，代表着人类思想史的一种原初面貌。

在中国，哲学思考很可能产生于非常古老的四季交替的自然概念。对于这种季节规律的观察，想必铸就了远古时期中国人的思想。它将事物分成两个一般类别，即阴与阳，分别代表黑暗与光明，潮湿与温热，由此类推，还有天与地，收缩与膨胀，女性与男性。这两种法则的相互对立和交替，以及它们的相互依存，或者说二者的相互转变，解释了宇宙中万物与一切生命的演变进程。在这两种对立法则之上，还叠加着第三种原理——道，它可以描述为前两者不可分离、相互依赖并无穷演进的法则。

这些自然主义观念，在原始思维的最早分类中是与生俱来的，接下来，是从占卜之学中引出的更为复杂的概念。[①]早期的中国社会中，占卜者扮演着重要角色，为了方便自己的表演，他们虚构了一个抽象世界，它高于并支配着可知世界。这与柏拉图的"理念论"有些相似。不过，中国的占卜涉及了几何抽象，还用到了对不同组合的认知，从而形成了一整套以"三爻"、

---

① 原书注：早期的中国人懂得两种形式的占卜方法：一是借助龟甲（解释龟甲在接触火时出现的裂缝），二是通过摇动蓍草杆，正是蓍草杆多种多样的可能排列，产生了我们稍后要讨论的六爻理论。

"六爻"形式排列的虚线和实线系统，并象征着阴与阳的各种组合，也就是宇宙的多种面貌及未来的各种可能性。在此基础上，又增加了纯粹中国式的、关于数目的定性价值之理念。①我们能够意识到，这种特殊的观念，为远东哲学之后的演变充当了一个出发点。

孔子画像（唐代吴道子作）

正是在这种知识背景之下，孔子——在汉语中被称为"孔夫子"或"孔先生"——诞生了（通常认为其生于公元前551年）。他是鲁国（在今天的山东省）一个破落贵族家庭的孩子，有一段时间曾离开家乡，走访多个邻国之宫廷，随后回国创办了一个智慧学派。因其教义的道德特质，人们将孔子与苏格拉底（Socrates）相提并论。两人还有另外一个共同点，即生前都没有留下任何书面作品。我们不得不从柏拉图（Plato）和色诺芬②（Xenophon）留下的肖像中（有时会有出入），重建苏格拉底的可能形象。但就孔子而言，这一工作甚至可能更为麻烦。我们所熟知的

① 原书注：数字1=水=北=黑，2=火=南=红，3=木=东=绿，4=金=西=白，5=土=中=黄。北的象征动物是玄武，南是朱雀，东是青龙，西是白虎。
② 色诺芬（约前430—前354），古希腊历史学家、作家，雅典人，苏格拉底的弟子。

其格言，及与别人的对话，是经由一个他去世五百年之后的修订本①传递给我们的。不过，这个文本中，浮现出了一位有迷人个性的人物轮廓，欣欣然地展示了其敏感性，以及发自内心的机敏应答。这永远不可能是常规的歌功颂德者所能编造出来的。

孔子的思想历程，就我们所能追随的内容来看，似乎绝不追求革新。模仿保守派笔吏的样式（他与这一派联系紧密），孔子的教义表现为对古代传统的一种评注。人们在他身上会再度发现对"天"的敬重，也就是对宇宙秩序的推崇。阴与阳的古典理念，以及更高一层的"道"之理念，在孔子这里，通常意味着正道（也就是古之道），而他的道教对手们，在自己的作品中，则是在不同的意思上使用它。

如同他这一学派的所有圣贤一样，孔子鼓吹孝道，以及对亡灵的虔敬。也就是说，崇拜祖先。尽管有这些传统主义理念，一些逸事告诉我们，他并不认为自己应当绝对为礼仪规则所制约；他特别赞赏的，似乎是动机的纯洁与心灵的真实。②本质上说，他的教义似乎是一种行为学说，他传授的是一种积极的道德。"看来，正是作为良知的指导者，令他赢得了声望。"

儒家学说可以用"仁"的概念来概括，这一概念既意味着对他人的仁爱之感，也表明对自身人格尊严的感知。简而言之，这是对自身及他人的一种尊重，只要对方拥有这一理念所包含的所有附属美德：宽宏大量，诚实守信及仁慈宽容。在外部关系中，仁表现在持续的自我控制之中，这是对礼仪的尊重及一种正式的礼貌，而这种礼貌，正如前文说过的，不过是一种内在优雅的外在表示。在这里，人们可以发现一种谦恭，它在骑士理想的支配下，

---

① 即《论语》。

② 原书注：但孔子是作为一位礼仪的支持者而出名的，他将"礼"看作是表达并激励美德的重要元素。

在欧洲贵族阶层中催生出了封建时代的礼节。

如同苏格拉底的教义，儒家学说首先倾向于教人了解自己，以便于促成自我完善。正如苏格拉底宣布放弃爱奥尼亚哲学家们对宇宙起源的研究一样，孔子——无论如何也不是不可知论者——拒绝探究命运的奥秘，不愿"语怪力乱神"。"知之，"他说，"为知之，不知为不知，是知也。"①又说："未知生，焉知死？"②他的教义，不承认个人道德与公民及社会道德之间的差异。其目的就在于行仁政，正如在所有中国哲学体系中一样，仁政要靠君主美德与上天秩序的和谐来确保。"正是统治者的道德力量，他从天命中唤起的超自然影响力，导致其臣民是行善还是作恶。"因为人们强调这些格言，孔子后来被尊崇为圣人典范，以及儒家学派的至高权威。

如果不得不将儒家思想的精神浓缩为一个简单准则，那我们会说，它是一种与宇宙秩序相联系，或者说相合作的民事秩序。

孔子的继承者墨子，展示出了最大的独创性。（他生活在公元前5世纪后期和前4世纪早期。）通过一次大胆的飞跃，这位著名的思想家走进了一神论，这让人难以理解。他援引了"上帝"，一位人格化的神，来取代其前辈们非人格化的"天"。上帝无所不能，无所不知，而且本质上是品性端正的："善行的主要理由，应当是对天上之主的畏惧。他能看到森林、山谷中所经过的一切，

墨子

---

① 出自《论语·为政篇第二》。
② 出自《论语·先进篇第十一》。

还能看到人眼所不能看穿的所有隐蔽之处。他是我们应当努力取悦之人，他喜好善行并憎恶恶行，热爱公正且痛恨不公。天下的一切权力都从属于他，并必须根据他的意见来执行。他希望国君善待其子民，所有人互敬互爱，因为他，上帝，爱所有人。"①

从这种一神论中，墨子提取了一种非常高级别的道德。孔子的利他主义，在他这里变成了兼爱，甚至于发展到了自我牺牲的程度："杀一人以存天下，非杀一人以利天下也，杀己以存天下，是杀己以利天下。"②墨子以同样方式强烈谴责封建战争。以下格言概括了他的思想："夫知者，必尊天事鬼，爱人节用，合焉为知矣。"③

道家学派则有着迥然不同的性质。其起源可以追溯到史前占卜者对于阴、阳及道理念的探究，这些我们均已经讨论过。它们还与古代神汉巫婆自我暗示的行为有关联，他们狂热的舞蹈导致了恍惚状态，能够捕捉神的注意力，并保持后者的在场。然而，从这些粗鲁的实践（依然充满了原始巫术）到"道教之父"们的崇高思想，必定是一条漫长之路。而且，正统观念更倾向于无视其可疑的祖先。根据传统，作为哲学的道教，由一位名叫老子的圣人所创立，我们对他没

老子

---

① 这一段话并未出自《墨子》，故没有用文言翻译。
② 出自《墨子·大取》。
③ 出自《墨子·公孟》。

有任何确定的了解，但依照传说，他很可能活到了公元前5世纪。对于道教第二位圣人列子，我们也不会知道更多。相反地，第三位圣人庄子，已经清楚地显示，他生活在公元前4世纪下半期，大约死于公元前320年。

道教一直保留着从古代巫术实践中继承的一些古怪的控制呼吸练习，更精确地说，是一套真正的"呼吸体操"，为的是将初学者送入一种狂喜和飘浮状态。这些方法并非古代中国所独有，因为人们可以在印度瑜伽修行者中间发现。这些自我暗示法，因一种神秘实践而显得高贵，正如印度瑜伽一样，其目的也是"让灵魂清空所有一切，只留下纯粹的本质。"道教圣徒因此达到了一种永久的入迷状态，"一种神奇的优雅，也是真正的自然情形。"

道教书籍向我们揭示了这种神秘方法的不同阶段。"自吾闻子之言，"在《庄子》一书中，一位圣人的弟子断言，"一年而野，二年而从，三年而通，四年而物，五年而来，六年而鬼入，七年而天成，八年而不知死、不知生，九年而大妙。"[1]类似的还有另一段："朝彻而后能见独；见独而后能无古今；无古今而后能入于不死不生。"《列子》一书更加精准地分析了这些冥想状态，人即使处于俗事最繁忙之时，也能维持上述状态，因为它们可以与尘事交流："心凝形释，骨肉都融。不觉形之所倚，足之所履，随风东西，犹木叶干壳。竟不知风乘我耶，我乘风乎。"[2]

这种智力上的苦修，赋予道教徒非凡的力量。葛兰言[3]（Granet）写道："他实现了一种状态，他不再是任何其他，只是一种纯力，没有重量，无懈可击，并且完全自主，圣徒完全自由地通过环境。"

---

① 出自《庄子·杂篇·寓言第二十七》。
② 出自《列子·黄帝第二》。
③ 葛兰言（1884—1940），法国汉学家。

庄子教导说，在这种超然状态下，圣人超越一切世俗的可能性之上："疾雷破山、飘风振海而不能惊。若然者，乘云气，骑日月，而游乎四海之外！"①他像一个纯粹精神体，穿过一切物质，因为对他来说，所有物质似乎都能渗透。《庄子》一书以柏拉图式神话开篇，讲述一只巨大的神鸟为求道而越飞越高："'抟扶摇而上者九万里，去以六月息者也。'野马也，尘埃也，生物之以息相吹也。天之苍苍，其正色邪？其远而无所至极邪？其视下也，亦若是则已矣。"②在这种立于巨大神鸟之翅上的星际飞行中，在这种渴望一举达到能推动世界的无名力量之狂热里，庄子感觉他自己就是宇宙的主人。

因此，为了让自己与大自然合为一体，并与宇宙力量联系起来，道教徒必须首先抑制他们的逻辑推理，并"吐尔聪明"。"目无所见，"庄子教导说，"耳无所闻，心无所知。"③社会及文明不过是惯例。就像卢梭的信徒，他必须回到一种自然状态，并生活在与野兽和家畜都保持亲密的状态；为了让他重新发现自然状态，唯有除掉文明中的虚饰。这样，他就能找到一切学派都在寻求的长寿秘诀。为了无限期地延长生命，我们只需要保持自己生命力的平和，不要人为干预。在其日常应用中，道教智慧从本质上说，在于避免一切无用的烦乱。《老子》中讲到："不出户，知天下；不窥牖，见

---

① 出自《庄子·内篇·齐物论第二》。
② 出自《庄子·内篇·逍遥游第一》。
③ 出自《庄子·外篇·在宥第十一》。

天道。"①

通过深化古老的"道"之概念，道家为中国思想界提出了一种形而上学理论，它有着不可思议的威力，即使提出者从不打算给它下一种明确定义。"道"是宇宙中的物质，不受任何事物决定。

老子说：

> 有物混成，先天地生。寂兮寥兮，独立而不改，周行而不殆，可以为天下母。吾不知其名，强字之曰道，强为之名曰大。②
>
> 庄子曰："无所不在。"东郭子曰："期而后可。"庄子曰："在蝼蚁。"曰："何其下邪？"曰："在稊稗。"曰："何其愈下邪？"曰："在瓦甓。"曰："何其愈甚邪？"曰："在屎溺。"③

在具体的物质中，阴与阳不过只是两种模式，宇宙的连续统一，使得它们可以永恒反转，但宇宙本身是未知和不可言喻的。"道可道，非常道。"因此我们只能消极地理解它。以下是《老子》中的陈述，它得到了人们的经常引用："大方无隅。大器晚成。大音希声。大象无形。"④

然而，如果认为这种一元论是静态的，那就错了。它实际上是一种动力论。正如马斯佩罗（Maspero）和葛兰言所观察的那样，道与其被视为一种存在，不如被当作一种力量。它总是有热情及生命的冲动。"以其不能生，故能长生。"或者不如说"宇宙固有能量的永恒准则"，宇宙的力量等同于生命动力。

---

① 出自《老子·第四十七章》。
② 出自《老子·第二十五章》。
③ 出自《庄子·内篇·知北游第二十二》。
④ 出自《老子·第四十一章》。

通过一次奇特的倒转，绝对的一元论就变成了彻底的相对论。如果"万物"是一体的，它们就可以相互交换并相互取代。智者本人如果隐姓埋名，丢弃自己的品性与其个人特征，他就会变得与世间其他人没有区别。"昔者，"《庄子》中写道，"庄周梦为胡蝶，栩栩然胡蝶也，自喻适志与！不知周也。俄然觉，则蘧蘧然周也。不知周之梦为胡蝶与，胡蝶之梦为周与？"①或者再举一个莎士比亚剧一般的场景，列子提着一颗在路边捡到的人头，如哈姆雷特似的低语道："谓予与彼，知而尔未尝生，未尝死也。"②就像勒南（Renan）想到其"天狼星的形象"一样，庄周为了确立其普遍相对论，邀请我们到类似的观象台去观察事物。"如果你登上太阳战车，"那么这一样一种高度下，"物我"，或者如我们经常说的主体与客体，就会完全相同："天下莫大于秋毫之末，而泰山为小，莫寿乎殇子，而彭祖为夭。天地与我并生，而万物与我为一。"③

这种相对论，或者更准确地说是普遍的可逆性，造就了一种超然态度，平静且安详地接受人世间的一切变化无常。马可·奥勒留④（Marcus Aurelius）说："啊，世界！你带来的一切都对我有益。"以同样的方式，庄周说："今一以天地为大炉，以造化为大冶，恶乎往而不可哉？"⑤"吾师乎，吾师乎，"他呼喊着，向"道"致辞，"齑万物而不为义，泽及万世而不为仁。"道教的总结性课程，就是漠不关心。

另有一种非凡的哲学，即杨朱哲学。此人生活在公元前4世纪中叶。现

---

① 出自《庄子·内篇·齐物论第二》。
② 出自《列子·天瑞》。
③ 出自《庄子·内篇·齐物论第二》。
④ 马可·奥勒留（121—180），罗马帝国最伟大的皇帝之一、斯多葛学派学者，著作有《沉思录》等。
⑤ 出自《庄子·内篇·大宗师第六》。

杨朱

在，我们来到了非常糟糕的战国时代。这是一个诸侯混战的时期，伴随的是对全体平民可怕的伤残及屠杀。对于这刀光剑影的几个世纪，杨朱留给我们的影像是绝望及嘲讽的。他的教义是一种悲观的宿命论，其苦闷怨恨有一段私人笔记所见证，让人联想到卢克莱修[①]（Lucretius）："百年，寿之大齐。得百年者，千无一焉。设有一者，孩抱以逮昏老，几居其半矣。夜眠之所弭，昼觉之所遗，又几居其半矣。痛疾哀苦，亡失忧惧，又几居其半矣。量十数年之中，逌然而自得，亡介焉之虑者，亦亡一时之中尔。则人之生也奚为哉？奚乐哉？……死则腐骨。腐骨一矣，孰知其异？且趣当生，奚遑死后？"[②]

法家代表人——韩非子

如果说思想家们对现实世界的图景深为失望的话，有一个学派却坚定地接受了一切，这就是法家。在这个武力的世界里，他们试图建立一种不依赖道德的治国之教义。从人类的本性，以及其所有罪恶出发，法家构建了一种本质上以经验主义为基础的善政学说。这套法律，即使在个性平庸的君主统治下，通过"双管齐下"的交替使用，明赏罚，依然能够保证国家的健康发展，以及百姓事实上的幸福

---

① 卢克莱修（约前99—前55），罗马哲学家及诗人。

② 出自《列子·杨朱第七》。

康乐。政治是种技巧，法律价值的标准，
并非它们理论的道理品质，而是其实际效
果。就这方面而言，主要的事情是：法律
应当以实力作为后盾："夫虎之所以服狗
者，爪牙也。"[①]

孟子

孟子，大约生活在公元前372到前288
年，是一位儒家学派的道德家。他讲述一种
中庸之道的道义，介于杨朱自私自利的个人
主义与墨子宣扬的完全自我牺牲之间，并坚
决反对法家的残酷无情。简而言之，他回到
了孔子的人道主义，并使之与更现实的正义理论相协调。

孟子特别强调教育："心灵之卓越，由培育善的胚芽而达成，如同一
粒麦种，受益于沃土及丰年。"这种温和的教义，当时并不受青睐，直到后
来，汉代的统治稳定之后，才收获了成功。当下，战国时期正处于其最糟糕
的阶段，法家所有的现实主义学说，都几乎无法满足暴君及冒险者对它们的
要求。

① 出自《韩非子·二柄第七》。

第五章
火与剑

最终，几个大的诸侯国从封建战乱中脱颖而出，它们兼并了一些次等的领地，彼此间很快开始了你死我活的争斗。在决定其中哪个会因统一中国领土而受益的竞争中，所有国家都是敌手。从公元前335年开始，最重要的几个诸侯国之首领，就不再麻烦自己操心周朝那位有名无实的君主了，并开始自己戴上国王的头衔。（如同在公元前305年之后，即亚历山大大帝死后的希腊世界，其将军们也做了同样的事情。）现在，战国时期到达了其顶点。

随着战国格局的出现，早期有武士风度的战事，让位于冒险家们的厮杀，他们全无同情之心与忠诚理念，战争因此发展成了大规模的战役，一个国家的全部人口，很可能就被拉进反对邻国的战事之中。战车这种显赫高贵的、有着伊利亚特①（Iliad）风格的精致作战装备，逐渐被骑兵完全取代，后者是突然袭击和快速攻掠的战术。公元前307年，

吴起，魏国大将

---

① 荷马史诗的上部，直接描写特洛伊战争的英雄史诗。

赵国（位于今天山西省北部）国王①实施了这项军事技术革新。赵王不得不与蒙古高原上的匈奴人抗争，他意识到这些游牧者的优势，在于其弓骑兵。他们的机动性及快速推进，总是令移动缓慢的汉人战车御者惊慌失措。赵王

胡服骑射

李牧，赵国大将

采用他们的战术，建立了一些骑射兵团。其邻居和敌人秦王（在今天的陕西），走得更远：他不仅为自己配备了骑兵，还组建了轻装备的步兵军团，作为常备的"国家"军队，来取代笨拙的封建募兵。与此同时，随着攻城机械、移动塔楼和石弩的发明，以及由它们组成的真正炮兵的出现，攻城战术也形成了。封建战事的谦虚礼让已成为陈年旧事。战国之间的争斗是难以和解的。从这时候起，胜利一方再也不豪爽地用战俘来索取赎金，而是以大屠杀的方式处理他们。秦王国的士兵，是战国中最为好战的，他们获得报酬的唯一方式，就是展示自己砍下了多少敌人的头颅。在那些被攻占的城镇中，即便已经投降，全部人口通常都要被处死，妇女、老人和小孩也不能幸免。

---

① 即赵武灵王。

原始人类的吃人习惯再度恢复了，首领们为了"提高其威信"，毫不犹豫地将他们捉拿的敌人扔进沸腾的坩埚里，喝着这种可怕的人肉汤，甚至会强迫受害者的亲属也喝下去。在战国诸侯中，秦国因其地理位置享有极大优越性。它从渭河的高原河谷控制着河南的富庶平原，这是它在这场竞争中首要的战利品。汉代历史学家司马迁，中国的希罗多德（卒于大约公元前80年），用以下惊人措辞将读者吸引到这一点上："秦，形胜之国，带河山之险，县隔千里①，持戟百万，秦得百二焉。地势便利，其以下兵于诸侯，'譬犹居高屋之上建瓴水也。'"②秦国除了这些地理优势之外，还有其民众的尚武性格。他们生活在中国西部荒凉的外部边界区域，是一个拓荒民族，一个兵民相结合的民族——他们利用了这些天赋才能，再加上一个顽强不屈，注重实际的地方王朝，很早就意识到了敌对政权那些隐秘的弱点，即为了满足王室随从的利益，国王的领地被封地和庄园分割得支离破碎。为避免这种弱化进程，秦国的国王们学会了如何犒赏他们的属下而不必分割王家领土。最后，他们还在身边网罗了一群法家读书人——我们已经提及了这一哲学学派——后者为了确立王室的权威及征服的正当性，构建了一套君主及国家专制的综合理论。

那些严酷的摄政大臣们同样非常重要，在辅佐幼主时为确保王室政策的连续性，往往比国王本人还更加积极。这些权臣中有一位即大名鼎鼎的卫鞅，有关他的事情，编年史学家简略地说到，在公元前359年，他"变法修刑，内务耕稼，外劝战死之赏罚。……卒用鞅法，百姓苦之。居三年，百姓

---

① 原书注：1里通常相当于1/3英里。"千"或"万"通常不过是指"许多"或者"无数"。

② 出自《史记·高祖本纪》卷八。

便之。"①这位中国黎塞留②（Richelieu）的付出没有得到好报。一位新国王，在他还是继承人之时，曾受到卫鞅的训斥。登基之后，他就将后者车裂处死。对一位级别如此之高的人士，采用如此严酷的惩罚，证明了秦国法律的严厉，它对社会等级中的各个阶层都一视同仁地残酷无情。"诽谤者族，偶语者弃市。"③一套严酷的法令被强加给了全国民众。

卫鞅，又名商鞅

即使在这样的领袖统治之下，对于当时中国——黄河谷地及长江流域——的征服足足持续了一个半世纪才完成。④只有亚述国王赛纳克里布和亚述巴尼拔的编年史，才能展示出如此丰富的暴行。公元前331年，秦国俘获魏军八万人，并将他们全部斩首；公元前318年，秦国粉碎了魏、韩和赵国的联盟（他们曾帮助过匈奴人），并斩首八万二千；公元前312年，秦国击败楚国，让八万颗人头落地。公元前307年，秦国为

苏秦，战国时期
著名外交家、谋略家

① 出自《史记·秦本纪》卷五。
② 黎塞留（1585—1642），法王路易十三时代的重臣。
③ 出自《史记·高祖本纪》卷八。
④ 原书注：关于历史地理及上述封建诸侯国之间的战争，请参阅格鲁塞的《东方文明》，这里，我们可以回想，秦国相当于当代的陕西省，与此同时，赵国和魏国大致相当于山西省，齐相当于山东省，韩国相当于河南中北部，而楚国相当于湖北省。

张仪，战国时期
著名的外交家、谋略家

白起，秦国大将

六万人头的战绩而得意洋洋，但随着秦昭襄王的即位（他在公元前306到前251年间统治秦国），屠杀规模又升级了。公元前293年，他击败韩国和魏国，为自己赢得了二十四万人头的战利品。这只是个开始。在公元前275年对魏国的战役中，仅有四万人头落地，但在针对同一敌手进行的远征中，秦国又收获了十五万人头。公元前260年，在一场攻击赵国的重大胜利中[①]，尽管他已承诺留下被征服者的性命，依然有四十万多人被杀。中国其他君主内心的恐惧与日俱增。但十多年过去了，秦国这头野兽，并没有吞噬他们中的任何一个。就在这个时刻，秦国一位王子登上了王位，而他也成功地完成了其先辈的工作。他就是中国大陆的统一者，未来的秦始皇。

---

① 即著名的长平之战。

第六章
中国的恺撒 ①

公元前246年，未来中国专制制度的缔造者，登上了秦国的王位。当时他仅有十三岁，不过以"秦王政"而为人所知。他的年轻让其他王国都松了一口气，但这个喘息是短暂的。"秦王为人，"一位他的幕僚评价说，"蜂准，长目，挚鸟膺，豺声，少恩而虎狼心，"二十五岁之时，他的一位将军，敌对的赵国（在今天的山西省）之征服者，向他献

秦始皇真像

吕不韦，战国末期著名政治家，曾扶佐秦王政登基。

① 恺撒（Gaius Julius Caesar，前100—前44），罗马共和国末期杰出的军事统帅、政治家，是罗马由共和转入帝制，并统一地中海世界的关键人物。

上的战利品，合计有十万人头。其他的诸侯认为，他们末日将到，并感到唯有暗杀这个年轻国王，才能拯救自己。他们中有一人组织了谋杀，但秦王逃脱了，而刺客则被碎尸万段。从那时起，秦王的的征服行动，以闪电般的速度一次又一次成功。在公元前230到前221年之间，其他所有王国（相当于今天的山西、河南、河北、山东、湖北和安徽）一个接一个地被秦国吞并。公元前221年，当时中国的全部领土被整合在了秦王的统治之下，他接着采用了至高统治者的头衔，也就是皇帝。由于取得了"秦朝第一个皇帝"的头衔，因此在中国历史中，他以"秦始皇"闻名于世。

随着中国统一的实现，中华帝国也就建立起来了。它历经多个王朝，持续时期达2133年（公元前221—1912）。

秦始皇完成了中国领土的统一，随后就开始了政治、社会甚至思想的统一工作。这是其功业中最不引人注目的部分。作为一位无与伦比的大人物，这位中国的恺撒不仅是征服者，而且是天才的领导者。他将其祖先在秦国所创造的军事和民政集权制度推广到了整个帝国，通过大规模的人口置换，他成功地摧毁了最顽固的地方保护主义。他的君主专治制度，终结了在中国社会中似乎与生俱来的封建割据。他的将军们，曾希望皇帝创造一个新的贵族阶级，可后者根本不打算这么做来取悦他们，而是将帝国分成了三十六郡，每郡均由一位文职官员、一名军事长官及一名监督官员直接管理。他的丞相李斯实现了整个帝国的书写字体标准化，这是对未来有深远影响的改革措施，因为从北京到广东，任何地方方言的差异，使得标准的书面语言成为唯一能让人理解的交流手段。而且，他还"一法度衡石丈尺。车同轨"。[1]这最后一项措施还提及了御道系统的创立，其宽度统

---

[1] 　出自《史记·始皇本纪》卷六。本章引用几处文言文均出于此。原书注：因为如果一辆马车不符合车辙的话，就很难驾驶它。

一为五十步，路边植树，并修建堤防，以抵御洪水的侵害。

公元前213年，在其丞相李斯的鼓动下，这位中国恺撒下令焚毁古代经典，特别是儒家学派的著作。此后很长时间里，这项措施令秦始皇一直受到知识阶层的憎恶。在当时，习惯于坚守过去时代封建礼仪的读书人，都有意无意地成了秦始皇所摧毁的那套制度之信奉者。为了终止这种暗地里的反抗，皇帝实施"禁书"，此项激进措施，不大可能如人们所说的那样广泛，因为尽管如此，诸多经典还是幸存下来了。在最分裂、最封建的国家之中，他的专制统治在二十年左右的时间里，能够创建一套强大得足以持续两千一百年的中央集权制度。无论如何，这是秦始皇的一项重要成就，此业绩可以与恺撒或亚历山大大帝所做的相媲美，但却比他们要持续长得多的时间。简而言之，他是注定要重塑人类的、最强有力的天才之一。

这位中国恺撒在其帝国境内到处刻碑留文，证明他对自己成就的历史功绩并非没有意识。泰山上的碑文读起来让人印象深刻："初并天下。""初一泰平。堕坏城郭，决通川防，夷去险阻。"碣石的碑文如是说。这是琅琊的碑文题字："东抚东土，以省卒士。"——这是远东"中国太平"（Pax Sinica）的表达方式，相当于地中海世界的"罗马太平"（Pax Romana）。更进一步地，出于相同效果，碑上还写着："黔首（指老百姓）安宁，不用兵革。……

李斯

皇帝之德，存定四极。"这样的表达，唤起了一幅自给自足的"华夏盛世"图景，可与"罗马盛世"相提并论。

秦始皇的石刻文字，记录了他的旅程。在最终统一中国之后，他开始了在主要区域的盛大旅程；登上庄严的泰山，为的是与天上的神仙交流；从琅琊的平台上凝神大海，试图加入与海神的谈话之中。后者居住在神秘的日出之岛。

秦始皇的当务之急之一，是使中国免于突厥—蒙古游牧民族的侵犯；这些蛮夷在当时被称作匈奴，他们在帝国与蒙古的边境一带放牧。为阻止他们，在北部边境的不同地点，古代的国君们已经修建了大段的高墙。公元前215年，秦始皇将这些古代的初级防御工事连接起来，形成了一道连续的防线，也就是长城。它从渤海湾的山海关关口，一直绵延到了甘肃省的渭河源头，那里已是西北边境了。

直到这一时期，中国领土仅仅包括黄河谷地与长江流域。华南特别是广东地区，依旧是化外蛮荒之地。公元前214年，秦始皇派出一支远征军占领了广东，并着手"中国化"已经征服的领土。为了实现这一目标，皇帝下令围捕游民，并将这些人由长江口驱逐到广东，让他们在新土地上居住。欧洲殖民史中，可以举出许多相似例证，他们通过输入罪犯实施这一拓殖体系。

秦始皇死于公元前210年。根据其意愿，他被安葬在靠近今天陕西新丰村的一处地点。始皇陵是一个巨大的坟茔，从其地基算起高为48米，从周边土地量起有60米长——这是一座人造的、名副其实的山峰。坟墓中还安葬着他的数位妃子，以及将财宝运到那里的工匠。

战国时代，见证了秦王国崛起的那个时段（从公元前6世纪后半期开始），以及在秦始皇统治下，皇室被神化的那个短暂时期（前221—前210），目击了青铜器艺术一种截然不同的新风格之发展。这种类型从前

秦始皇陵墓兵马俑

叫作"秦代工艺"，现在被称为"战国工艺"，其特征是在表现器皿侧面的动物时，"从浮雕中解放出来"，从现收藏于卢浮宫的著名鲤鱼瓮上，可以看到这一点。它首先以一种新的装饰形式为特征，饰有隔行及重叠的线条、圆圈、钩子、穗带、螺旋及波纹，呈现出一种不断生长及在永恒运动中舞蹈的效果。如蜥蜴一般的龙，可以看到已经不像周代青铜器装饰上的缓慢运动，而是被卷入了这种颤动的节奏，并跳起了一种疯狂的舞蹈。类似的勃勃生机，在打猎场景中也能见到，这类风格装饰着后来向汉代艺术转变时期的青铜器。值得注意的是，这一风格既来自周代艺术的逻辑发展，同时也受到邻国艺术的影响。这就是草原艺术，它最早出现在中国北方边境。

在这一让我们关切的时期，从俄罗斯南部的黑海北岸，穿越西伯利亚和蒙古南部，直到中国的长城，是广阔无边的草原地带，被不同种族的游牧部落所占据——俄罗斯血统的高加索斯基台人，蒙古种族的匈奴人——

都赶着他们的畜群追逐着季节性牧场。这些大草原上的骑手——斯基台人及匈奴人，拥有一种独特的艺术风格，特别是表现在刻画有斗兽的装饰性青铜饰板上——野兽与骏马，捕食的鸟与鹿——以一种充满动感的风格，古怪地扭曲且痛苦。我们已经看到，为了能在相同的立足点上与蒙古的匈奴人作战，汉人模仿他们的样板，创建了骑兵射手军团。同时，他们还采用了后者的部分衣装——骑手的长裤，代替的是战车御者的长袍——以及他们的部分装备，特别是青铜环扣及装饰品。我们注意到，在这些饰板和带扣出现的同一时期，中原艺术中还产生了程式化的动物造型，其风格与草原艺术有着紧密联系，尽管它们属于战国和秦代时期的中原风格——此类型对中原风格的形成有所帮助。这个事实令人感兴趣，因为它让我们发现：中国艺术不仅与蒙古的匈奴动物艺术及米努辛斯克的西伯利亚青铜艺

秦陵出土的铜车马

术有着一些联系，而且与俄罗斯南部的斯基台艺术存在某种接触（尽管是间接的），而后者，因其与希腊艺术的关系而广为人知。

　　不管这些考古比较依然不成熟并没有明确意义，在我们已经接触的这一时期，中国都正顺利走向进入世界历史潮流的道路上。这个由秦始皇所创立的统一帝国，在下一个王朝的统治下，注定将与印度、波斯和罗马帝国产生联系。

第七章
过渡时期

在秦始皇统治时期，秦朝所创立的君主专制政体，只服从于一位政治强人的领导。这位中国恺撒的儿子及继承者，是个不称职的年轻人。经过三年混乱统治之后，在一场全国性的暴动中，他被迫自杀。国家堕落到了最可怕的无政府状态，军队首领取得了许多地方的政权。

随后的夺权斗争中有两位主要领袖。中国历史学家们乐于比较他俩的性格。项羽，一位粗俗的大力士，其行为方式就像个老兵；而刘邦是个典型的中国政客，诡计多端，精明慷慨，同样也是一位自命不凡的冒险家。关于刘邦，历史学家们为我们呈现了一幅色彩鲜明的肖像："高祖为人，

刘邦

项羽

隆准而龙颜，美须髯，左股有七十二黑子。"①最后一点是其未来飞黄腾达的明显标志。尽管非常贫穷，他却"好酒及色"。史书告诉我们，他常常在一位老店主王媪家饮酒。在那里，要么是因为慷慨，要么出于自夸，刘邦付出的酒钱总是高于标准价格，尽管实际上他总是赊账。有这么一件真事：一天，当刘邦醉醺醺地酣睡之时，这位老妇人认为自己看到了一条龙在他头顶盘旋；这是大富大贵摆在他面前的进一步征兆。从那以后，她比以前更乐意允许刘邦赊账买酒了。

刘邦早早就放弃农民生活，在村上担任了亭长。此时在他的职业生涯中，其传记作者②为我们提供了一些有关他的离奇逸事。有一次，这一地区的行政长官要求刘邦交纳一千钱作为"礼物"，他凭借完全的厚颜无耻逃避掉了，而且分文也没上贡。对一个企图发家致富的冒险家来讲，秦帝国的崩溃提供了一次绝佳机会。刘邦通过相当原始的方式组建了一个团伙，开始自己的造反生涯。一天，当领命监送一队囚犯时，他认为除掉他们的锁链，让自己担任这伙人的头目更好。刘邦"祠黄帝，祭蚩尤於沛庭，而衅鼓旗，帜皆赤"。并在他的本省江苏开拓了一块封地。公元前207年，他向帝国都城所在的陕西省进军，并通过其仁慈赢得了民众支持。刘邦的对手项羽随后占领了陕西，将这里变成了一片废墟。项羽曾经捉住了刘邦的父亲，并威胁其对手说，如果他不投降，自己就将这个老人活活烹掉。刘邦不会轻易被吓倒。他用最温和的腔调答复这个可怕的威胁说："吾与项羽俱北面受命怀王，曰'约为兄弟'，吾翁即若翁，必欲烹尔翁，则幸分我一杯羹。"③项羽因这样的冷静沉着而惊慌，立即释放了

---

① 出自《史记·高祖本纪》卷八。本章未加说明的文言引文，均出于此。

② 即《史记》的作者司马迁。

③ 出自《史记·项羽本纪》卷七。

他的这位俘虏。

刘邦的狡诈很快将其对手推到了灭顶之灾。在淮河沿岸进行的一场激烈战斗①中（前203年），项羽展示出了惊人的勇猛，率领自己的骑兵一次次地突破敌人的防线，并亲手杀死了刘邦的一名副将。直到最后，他身受十余处创伤，并发现自己被占压倒性优势的敌军包围。在追兵之中，项羽

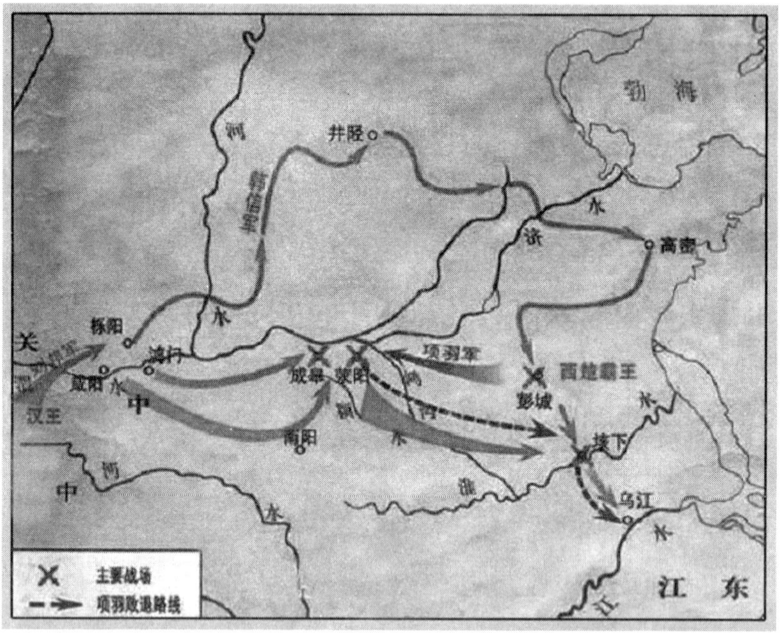

楚汉之争

发现了一位从前的伙伴，后者全副武装。于是，项羽对他喊道："我知道我的脑袋很值钱，拿去吧！"说着，他就割断喉咙自杀了。

刘邦没有了其他对手。这个军事冒险家成了皇帝！一场无法预料的时来运转，结果使得这个农民的儿子，攫取秦国三十七代国君的劳动成果而

---

① 即垓下之战。

受益。秦始皇最终出于自己的利益创建了中国的君主专制，而在不到五年的时间里，刘邦这个幸运的冒险家，就成了那些高傲诸侯漫长世系的继承人以及一位天才的受益者。而正是此人，创建了一个中央集权帝国并统一了中国。不过，刘邦统治的开始，不仅谦逊而且艰辛。他不得不拿出大片封地和王位以犒赏其他的雇佣军，是他们帮他得到皇位的。很显然，为了取悦他们，刘邦恢复了被秦始皇废除的旧分封体系。不过，他用一只手给予的，又用另一只手收回。刘邦利用微不足道的借口，就调动他被迫创设的地方君主，好像他们不过是地方长官一样。一个接一个地，他将诸王逼到造反的境地，随后就废掉他们。最后，这些新兴的汉代诸侯全遭驯服，被剥夺了一切行政权力，沦落为这个国家纯粹的宫廷贵族，再也无法妨碍皇帝的绝对权力了。

刘邦是很有福气的，他成为了一个最幸运王朝的奠基人——其后世子孙将这个帝国维持了四百余年。起初，再也没有比他更受怀疑、更为危险的当权者，但随着时间推移，再没有比从他那里继承来的正统更为合法的了。因为他的世系——汉朝——将从公元前202年开始统治中国，直到公元220年，在中华民族的命运中留下特别牢靠的印记。以至于直到今天，他们依然称自己为"汉人"，并为此而骄傲。

与此同时，没有人能像这位王朝建立者那样，一直不因自己的幸运而沉醉。在其权力的顶峰，刘邦也没有忘记自己出身的平凡："吾以布衣，提三尺剑取天下。"只有在家乡（在今江苏省）的卑微民众中间，他才能感到真正的快乐。和他们在一起时，他喜欢回忆自己的年青岁月。不过，他不得不离开他们，在其长安（今西安）的新都城定居下来。此地是帝国的真正核心。在离开故乡之前，刘邦大摆宴席招待当地百姓。"置酒沛宫，悉召故人父老子弟纵酒，发沛中儿得百二十人，教之歌。酒酣，……高祖乃起舞，慷慨伤怀，泣数行下。……沛父兄诸母故人日乐饮极欢，道旧故为笑乐。"临行前，皇帝无法抵制自己的泪水："游子悲故乡。吾虽都关中，万岁后吾魂魄犹乐思沛。"

正如与其同乡在一起那样，刘邦乐于和他的士兵们打成一片。这些人和他志趣相投。虽然没有系统地迫害儒家知识分子——就像其前任秦始皇所做的那样，刘邦非常鄙视这帮人，对他们冷嘲热讽。对那些整天在他耳边念叨《诗经》和《书经》[①]中的古典文字之人，刘邦总是毫不客气地批判："乃公居马上而得之，安事诗书!"[②]事实上，对帝国的军事控制，容不得片刻的松懈。公元前200年，在山西北部平城的一处高地上，皇帝本人不幸地被匈奴包围，在七天时间里，他与主力部队的联系被切断，无法得到给养。最后，他使了一个诡计，让人送给匈奴君主一幅汉族美女的肖像，这才得以逃出。两年之后，他确实顺从地在自己后宫中选了一位美女，送给了蛮族首领。因此，诗人们一直不停地为这位可怜的"中国鹧鸪"写挽歌，感叹她被迫嫁给"北方蛮鸟"的悲惨命运。

刘邦对各类知识分子都表现出普遍的蔑视，其中也包括医生。他在一次战役中受伤，却拒绝接受治疗。伤口腐烂了，公元前195年，刘邦在长安去世，当时不过才62岁。

这位汉帝国的缔造者，将皇位传给了一个儿子，这个男孩过于年轻，无法执政。因此，权力由孩子的母亲吕太后来承担。这是一位能力惊人的女性，在早前，她的建议曾帮助刘邦巩固了自己的胜利成果。吕后一度被迫为保住其地位而和一位妃子竞争，后者比她年轻，在刘邦执政的最后岁月中，她一直很受皇帝的宠爱。皇帝刚刚过世，这位太后就对其竞争对

---

① 原书注：《诗经》和《书经》是由孔子传授的两本书，《书经》是一部涉及古代历史的传说和年鉴集，从最早圣王的出现直到周代。现在的大部分文本据说均为伪书。

② 出自《史记·陆贾传》卷九十七。

手采取了骇人听闻的报复行动。她砍掉了对方的双手和双脚，烧掉了其耳朵，挖出了其眼珠，并给这位可怜的女人吃了麻醉药，将她扔到皇宫的猪圈之中。在那里，她被当成"人猪"，只能以垃圾为食。这位中国的阿格里皮娜①，因一位年轻王子的存在而有进一步焦虑，后者是已故皇帝第三个妃子的儿子。在一次宴会上，吕后为他准备好了一起布列塔尼库斯②式的死亡。但是年轻的皇帝，并没有获悉针对其异母兄弟的阴谋，他第一个将手伸向毒酒杯并试图喝光它。说时迟，那时快，太后从自己的座位上一跃而起，打翻了这杯致命的毒酒。不用说，这位受害者在奇迹般地逃脱死亡之后，就火速离开了这个危机四伏的家庭。

吕后利用她的权威，将自己家族的成员安排在所有关键岗位上，但她去世后的某一天，在一出新的宫廷大戏中，他们被皇子们全部杀死。

尽管有这些困扰，汉王朝却日益呈现出更大的权威，也可以说是"正统"。其最早的几位统治者——除了刘邦——也许都是没有多大成就之人。但是，如同加佩朝③几位最早的，有直系亲缘关系的君主一样，他们不仅有耐性优势，还是奠定其时代道德与宗教体系基础之原则的卓越典范。其中最为知名的是汉文帝（前180—前157年在位），他的谈吐如同一位儒家学者，嘴上经常念叨的，是"高皇之圣明"及"天地之大德"，是对祖先的祭拜及农事的重要，是"社稷之灵，天下之福也"。④这样一来，儒家学者设计的父权制度，返回到了神话时代的幻想之中。

---

① 阿格里皮娜（Agrippina，15—59），古罗马皇后，暴君尼禄的母亲。她为人险恶，几乎是淫荡、恶毒、阴险的代名词。后被儿子杀死。

② 布列塔尼库斯（Britannicus），暴君尼禄的弟弟，被尼禄用毒酒害死。

③ 法国封建王朝（987—1328）。因其建立者雨果·卡佩（987—996在位）而得名。

④ 出自《史记·孝文本纪》卷十。

汉文帝

汉景帝，汉文帝之子

这些道德说教并非没有意义。它们的一再重复，显示了皇权专制主义——这种由秦始皇所创立，由刘邦所维持的残酷专政——正在赢得文士的支持。他们的依附，从传统主义者的立场认可了现政权，因为它跨越了刀兵不断的几个世纪，将自己与"黄金时代"的诸位圣贤联系在了一起。

第八章
中华盛世

　　汉王朝成就最杰出的人物，就是汉武帝。这位君主享受了一段超长的统治期；在十六岁时，他登上了皇位，并执政了五十三年（前140—前87）。他天生具有惊人的能量及超凡的活力，并且从未想过保留自己的精力。有人发现，就像早先亚述的国王们一样，他曾在大草原上将野兽困住穷追，不顾惜自己的生命，也不在乎带给随从们的巨大惊恐。汉武帝是个智力非凡之人，满脑子都是大胆且独创的想法，以及对独裁统治的钟爱。不过，他也懂得明智地倾听他人的观点。因此，在其统治初期，汉武帝就将一批儒家文士拉拢到自己身边，并开诚布公地征求他们的建议。正如我们所看到的，对于专治统治，学者文人们长期以来一直保持着一种高傲的反对立场，这种态度导致了秦始皇的"禁书"，也激起了刘邦的嘲讽。那么，我们怎么解释汉武帝给予他们的偏爱呢？武帝此人，似乎整合了秦始皇强烈的专制主义脾性和汉代缔造者的政治现实主义了？当然，没人不太可能被文人学士们孜孜不倦捍卫的乌托邦理论所吸引。答案在于，他们不知不觉地为反对贵族制度的政策效力。文人学者阶层，开始呈现出了未来官僚阶层的雏形，使皇帝有可能在与地主贵族及由皇族构成的新兴封建阶层的斗争中占据上风，后者是长久以来朝廷许可发展的。为了将这些贵族降低成完全名义上的荣誉职位，汉武帝用一个文官政府取代了这些人，这个政府的组成人员，是那些因其知识而出名之人的子弟。以同样的方式，

汉武帝

他又在军队中用出身卑微的军官取代了他们。通过这些变革，未来的官僚阶层，使得中国的专制制度能够实现其"平天下"之重任。而且，武帝采取了激进措施，志在削减封建领地的重要性。他装出关心年幼孩子的姿态，迫使诸王将自己的封地不加区别地传给所有的儿子，对长子并不给予特别照顾。在两三代人的时间内，这种平均主义法规，像拿破仑法典一样，打破、削弱甚至根除了强大的封建领地。

在其外交政策上，武帝采用的手段，是征服他那个时代亚洲为人所知的地区。行动首先从占领上亚细亚的开始。

从汉朝的长城到西伯利亚森林，上亚细亚在匈奴人的统治之下，他们是我们中世厥人和蒙古人的祖先。其多个部落分享了蒙古高原，既包括位于东部戈壁北面的蒙古地区——被称为"外蒙古"，也包含沿戈壁南部边缘伸展的大草原——以"内蒙古"而闻名①。畜群是游牧民族的唯一财富，他们带着自己的牲畜不断迁移，以寻找新的牧场。无论走到哪里，他们都要扎营，支起圆顶帐篷作为临时住所，正如五世纪的拉丁文作者描述的那样，他们已经出现在了古老的中国史书之中，并以类似的方式被解读为纯粹的野蛮人：他们的头大得离谱，他们的特征模糊，但眼睛却如烧红的黑炭；他们有宽阔的胸膛，以便抵御戈壁冰冷的夜晚及灼热的白昼，因为长时间骑马，他们的双腿成了罗圈；他们生来就是无与伦比的骑手和弓

---

① 原书注：自从1912年之后，这也成了一种政治划分，当时的中华民国只能够控制内蒙古，1924年，蒙古人民共和国在外蒙古成立，1946年，其主权被中国承认。

箭手，对北部边陲——河北、山西和陕西三省北部——的汉人农夫来说，这些人是最可怕的邻居。当干旱耗竭了水窖，晒干了草原的牧草，匈奴人的牲畜面临死亡，他们就会袭击汉人的农田。匈奴人会意想不到地出现，抢劫杀戮，并在汉朝卫戍部队有时间集结兵力之前，沿着广阔的沙漠空地再次消失。

在对匈奴发动大规模战争之前，汉武帝筹划了一个"天下"策略。中亚的另一端，在今天土库曼斯坦的高原上，生活着另一些游牧民族，他们可能是斯基台人（Scythian）。在早期时候，匈奴人将他们赶出了戈壁。武帝派出了一个使节，在索格狄那亚（Sogdiana）和大夏（Bactria）的边界处，也就是说，是在亚历山大大帝的继承者——希腊人于这一地区建立的诸王国之入口上。武帝建议斯基台人可以从西部进攻匈奴，而他自己则经由蒙古发动攻势。当这一提议被拒绝之后，武帝开始单独行动。公元前128年，他的将军卫青——一位昔日的马夫，作为弓箭手和骑手，他可以与匈奴人本身一较高下——沿着蒙古戈壁实施了一次"反袭击"，最远渗透到了翁金（Ongun）河，令敌人大为震惊，"斩首"七百余人。这种"逆袭"战术，是以其人之道还治其人之身，并有军事殖民地的创造作为补充。这些驻屯士兵的营地，类似于罗马帝国的军事前哨，同样是为了保护边界——同时也以牺牲匈奴草原为前提，保护汉人的可耕地。这些屯驻点为黄河的大河套充当了警戒，如此一来，就把被河套圈进帝国边缘的戈壁地区，包含在了汉朝本土的自然边境之内。这就是

卫青

鄂尔多斯高原，在中原衰落之时，这里一直充当了游牧民族的兵力汇聚点，供他们从此侵略北方各省。

卫青的外甥霍去病，是一位甚至比舅舅更了不起的英雄。当大概仅有二十岁之时，他就仿照匈奴模式重组了汉朝的轻骑兵。公元前121年，他率领一万骑兵，将匈奴赶出了甘肃东部，此地为丝绸之路的出发点。公元前119年，他和卫青一道，带着五万骑兵，完成了一次对外蒙古势不可当的攻击。卫青率领左路纵队，直插翁金河下游，通过突然袭击抓获了匈奴单于。在戈壁的一场风暴里，大风将沙子吹入蛮族军队的眼中，导致了他们的溃败。霍去病率领右路军，穿过整个东戈壁，到达了吐拉（Tola）河上游，直抵杭爱（Khangai）山脉。在这里俘虏八十名匈奴将领之后，他举行了庄严的祭神仪式，以象征汉人用武力占领外蒙古。回到中国之后不久（公元前117），这位年轻将军就去世了。他的坟墓位于长安附近的咸阳，在坟茔上方竖立着一尊巨大的雕像，表现的是一匹中国战马，将一个蛮夷踩在脚下。

霍去病墓

但是，汉朝对上蒙古未开化荒地的远征，只不过是一些惩罚或预防性的攻势。而在中亚方向，中国人更为偏爱。那里，即今天的新疆，民众过的是定居生活，正如最近一次考古发现所显示的，他们属于印欧语系。沿着塔里木盆地南北两弧分布的绿洲，是骆驼商队的天然必经之地，正是这些线路将中国与希腊—罗马世界联系起来了。早在公元前108年，武帝的将军们，就将汉朝的宗主权强加给了这一地区的两处主要绿洲，即罗布泊和吐鲁番。公元前102年，一位中国将领李广利，在一次空前大胆的行军中，率领六万人一直打到了费尔干纳（Ferghana，在今乌兹别克斯坦），来到了今天土库曼斯坦的门户。这次远征的目标有重大意义。尽管霍去病、卫青等都取得了显赫的功绩，但面对令人生畏的匈奴骑兵，汉军还是处于下风。匈奴人天生就是骑手，除此之外，他们还拥有战斗力及耐性都独特超群的小蒙古马。汉人中没有这样优秀的骑手，而且不得不依靠一种高度类似，但强壮程度却差得多的马匹。如今，波斯、河中①（Transoxiana）与费尔干纳都是这种阿拉伯战马的产地，此马类似当今的英国阿拉伯马，就是其品质被希腊历史学家赞不绝口的"尼西亚牡马"（Nicaean stallions）。正是为了得到这种战马，并在马背上赢得对匈奴人的压倒性优势，公元前102年，汉朝强迫费尔干纳每年献上一定数量的种马作为岁贡。我们还可以补充说，这一事件在艺术史上也留下了痕迹。因为，汉代墓葬中的浅浮雕，主要描绘的就是古代矮小肥壮的中原马，这是一种小型的佩尔什马②，有着肥大的臀部和胸部。而在中国和韩国发现的同一时期的赤陶雕像，展示了一种有更精致线条、更接近希腊风格的骏马，毫无疑问，它们正是公元前102年从河中引进的。

与此同时，在蒙古地区，匈奴人依然没有被打垮，到了武帝统治的末期，汉朝人有理由为他们在这方面的过度自信而懊悔。公元前99年，一位年轻的汉人将军李陵，率领一支五千人的步兵纵队从长城出发，深入到了蒙古的心脏地带。他离开中原，取道额济纳河，深入戈壁，向北行军直抵翁金河与杭爱山脉。但他很快发现，自己被匈奴骑兵包围，环骑的弓箭手

---

① 指中亚锡尔河和阿姆河流域以及泽拉夫尚河流域，包括今乌兹别克斯坦全境和哈萨克斯坦西南部。中国古代称之为"河中"，是丝绸之路的重要通道。

② 亦译为泼雪龙马。原产于法国佩尔什地区的一种重型挽马。

把他的小股士兵射得千疮百孔。李陵意识到了自己的鲁莽，他斩杀了士兵们藏匿在运货车中、拖慢了行军步伐的所有女子，并开始撤退。他们被追赶的骑兵一再骚扰。在损失了三分之一有效力量，用光了所有箭支，并抛弃了辎重之后，在距离边境不到五十公里的地方，他们被困在了一处峡谷中。当天夜里，匈奴人滚下了无数石块，砸向他的手下。只有四千汉人设法逃出。剩下的所有人，包括不谨慎的李陵本人，都被俘虏。

尽管武帝听到这些消息时感到震惊和愤怒，但这无论如何也无法同降临到罗马大将瓦卢斯①（Varus）头上的灾难相提并论。边境的安全并没有危如累卵。最坏的也不过是眼下放弃了在蒙古的反袭击举措。这一插曲最严重的后果是，它充当了儒家文人反对军备扩张政策的一个口实。"国虽大，好战必亡……且夫怒者逆德也，兵者凶器也，……夫匈奴无城郭之居，委积之守，迁徙鸟举，难得而制也。轻兵深入，粮食必绝；踵粮以行，重不及事。得其地不足以为利也，遇其民不可役而守也。胜必杀之，非民父母也。靡毙中国，快心匈奴，非长策也。"②纵观中国历史，我们能发现中国文士不少这样的慷慨陈词，它们代表了官僚阶层千古不变的信念，这些教条最终压倒了古代中国的尚武气质。军职被视为下等职业的那一天终会到来，因为它被文士所轻视，这些人的乌托邦和平主义，将无法使任何先发制人的战争成为可能。

对诸如汉武帝这样的统治者来讲，这些滔滔雄辩几无作用。这位皇帝并不仅仅满足于在中亚描绘汉人扩张的图景，而是要完成一项甚至更加重要的工作，即最终吞并华南。

---

① 公元9年，罗马军队在条顿堡森林战役中，惨败于日尔曼人，是罗马最强盛时代遭遇的最惨痛失利，并为四百余年之后的亡国埋下了伏笔。瓦卢斯时任罗马军队统帅，战败后自杀。

② 出自《史记·平津侯主父列传》卷一百一十二。

我们已经看到，在古时候，中国的领土仅限于华北和华中，也就是黄河谷地，以及长江流域的北部。华南依旧与印度支那处在同一个类别，是一处化外之地，一个山岭之国，或者至少是遍布森林的丘陵，与远古中国那低洼的冲积平原和黄土高原反差强烈。正如在其他很多方面一样，秦始皇是这方面的先驱，是第一个对南进运动给予明确推动的人。他发起的巡视之旅，向南最远到达了长沙（今天湖南的中心城市），随即派出了一支远征军去占领广东地区。不过，始皇死后，军队首领宣布了他们的独立，在广东建立了一个汉人王国，并将今天东京湾的安南人纳入其控制之下。公元前111年，汉武帝中止了这种分裂，广东从此明确地纳入了中国版图，在历史进程中，这一事件将产生无法估量的影响。在次年，他同样取得了对浙江省（在上海以南）的控制权。如果我们意识到，这片新的但依旧处于殖民期的中原，在许久之后，即大入侵时期，将成为真正的中原，这个帝国最后的堡垒，那么，这起兼并的意义就丝毫不逊于前者。最后，在东北，汉武帝于韩国部分地区确立了中国的支配权，在东南，他控制了安南国，在当时，该国包括东京湾及北部诸省，向南最远到达了顺化。

汉武帝的成就可以总结如下。在国内，文人学士之支持，以及最后的封建地主之没落，给中国的专制统治奠定了一个坚实的基础。中国本土的边界得以确定，它们向南延伸到了浙江和广东的港口。在国外，中华帝国的历史版图同样穿过中亚，划到了突厥西部，穿过朝鲜半岛直到首尔的高地，并穿过印度支那到达顺化近郊。如果今天的中国人依旧为"大汉之子"的名号而自豪的话，这确实是因为这位伟大皇帝，他从公元前140年到前87年在位。正是在这一时期，马略（Marius）和苏拉（Sulla）确立了罗马在地中海世界的支配权。武帝的军队在中亚和东亚建立了"中国治下的和平"，这是"罗马治下的和平"在远东之对等物。

汉宣帝

重启这位伟大君主工作的下一位皇帝，是武帝的曾孙宣帝，他于公元前73到前49年在位。这位头脑清楚的皇子有机会认识到文士的颠覆性倾向——他们是专业的和平主义者，汉人扩张暗地里的反对者。

"汉家，"宣帝有一次曾宣告，"自有制度，本以霸王道杂之，奈何纯任德教，用周政乎！且俗儒不达时宜，好是古非今，使人眩于名实，不知所守，何足委任？"[1]

对中亚的征服仍在继续。在宣帝统治下，中原军队占领了塔里木盆地的主要战略据点，包括吐鲁番、焉耆和莎车。在北方，汉朝的政策获得了决定性胜利。通过煽动两位相互竞争的王位觊觎者之争斗，汉朝设法挑起了匈奴帝国的一场分裂。其中一位竞争者，注定会获得蒙古的控制权，他试图寻求汉朝的帮助。此人成了一名诸侯，在公元前51年（尤利乌斯·恺撒在此年最终征服了高卢），来到长安的皇宫，在宣帝面前"磕头"（将脑袋磕在地面上，以显示屈服和尊重）。被他赶走的竞争对手，跑到了西突厥斯坦的大草原上，在巴尔喀什湖以西建立了一个新的匈奴王国。但是在公元前35年，一支中原军队搜寻到了此人，奇袭了他的营地，并砍下了其首级。这一大胆举措阻止了西部匈奴人的扩张，而且，顺便说一下，这无疑挽救了欧洲四百多年。直到公元437年，同样的匈奴人才在阿提拉[2]（Attila）家族周围重新集结，再一次开始了他们横贯日尔曼和罗马世界的征服之行。

---

① 出自《汉书·元帝纪》卷九。

② 公元5世纪匈奴领袖，曾成功入侵西罗马帝国，被称为"上帝之鞭"。

第九章
文人的胜利

在上一章中，我们提及了两个帝国——罗马与汉朝——形成过程中的某些一致性。罗马帝国的坚固，可以在如下事实中显示出来：从公元前49年横渡卢比孔河，到公元前31年的亚克兴战役，猖獗于整个拉丁世界的内战，始终未能危及罗马。多年之后，中国也同样经历了一场这种规模的危机，令这个王朝几乎消失；但尽管这样，汉朝在亚洲的经济地位还是得以幸存。

汉朝早期支系的衰败，显然是由宫廷生活的特殊气氛所导致的。因为，并非只有法国才具备凡尔赛那样的宫廷，能为王朝的衰落做好准备。而且，还有文人学者日益增长的影响力。这些人的观念与现实生活几无联系。这一支系最后几位统治者的历史，就是宦官宠臣与儒家文士之间一系列钩心斗角的闹剧。从客观角度来看，他们都无法正视中国强大的持久要求。汉元帝在二十七岁登基，四十三岁驾崩（前48—前33），是一位怯懦胆小，且优柔寡断的知识分子，他任由宦官们封闭自己。随着成帝的继位，衰退进一步加剧，此人登基时年仅十九岁，死时四十五岁（前32—前7），他同时既是一位学者，也是一名浪荡公子。（到了夜间，他就会微服出行，冒着被攻击的危险，造访都城的娱乐场所。）他的继承人哀帝，从公元前6年到公元1年在位。此人生活在娈童的陪伴之中，并任命他的安提

王莽

诺乌①（Antinous）为统帅。这种堕落最终败坏了朝廷的名声。老太后——元帝的遗孀——利用这个机会，将政权委托给了她自己的侄子，即著名的王莽。这是个有无穷野心的政客。他扶植了一个虚君，过了几个月之后，当目的已经达到之时，就给后者喝下了一杯毒酒。接着，王莽宣布自己为天子（公元9年）。

王莽就这样篡夺了政权，他并不仅仅是个野心家。当然，后来的官方历史，是为颂扬复辟的汉代支系所写，必定会谴责这位篡位者。他们不可能说出来，或者至少试图掩盖的，是这一政权（公元9—22）标志着文士阶层的胜利。王莽对儒学的教义很有研究，并认同他们有关父权统治的理论，这种所谓的最早统治者（神话中的）和周代早期诸王的统治，在中国起到的作用，有几分类似让-雅克·卢梭所珍视的"自然状态"。本着这种精神，王莽实施了一系列改革。这些措施极为引人注目，在于它们引发了一场无法回避的社会危机。

自从中国专制社会出现以来，大庄园一直在发展，而小家阶层一直在减少，因此导致了食客与奴隶的数量增多。特别是在饥荒年月，穷人被迫出卖自己的家产，甚至将其子女乃至本人卖为奴隶。王莽试图与这种对农村人口的奴役现象做斗争，并将之带回"一夫一妇田百亩，什一而税"的时代，但现在，他补充说，并将矛头直指要害："强者规田以千数，弱

---

① 公元二世纪古罗马皇帝哈德良（公元117—138年在位）的同性恋人。

者曾无立锥之居。又置奴婢之市，与牛马同栏……逆天心，悖人伦，谬于
'天地之性为贵'之义。"①公元9年，王莽模仿哲学家孟子的古代乌托
邦，给予每个八口之家五公顷的财产。同时，他迫使有更大领地的人，向
亲戚和邻居出售其剩余。为了防止大庄园的重建，王莽宣布了一条原则，
即国家是土地的唯一所有者。他禁止对这一法令做任何变通，从而杜绝了
一切土地买卖作为；以同样的方式，王莽禁止所有的奴隶贸易，唯有国家
才有权拥有他们。

在次年（公元10年），王莽建立了一个官方团体，其职责是管理国家
经济。市场监督官被分派了季度任务，固定每一种商品的最高价格。"价
格稳定器"们以当前价格，买下带到市场却未能找到买主的商品（例如谷
物、丝绸和布匹）。这些未售物品由代理人储存起来，当商品匮乏，价格
有抬高危险时，又再度投放于市场。官方的"银行家"以月息三厘的利率
放贷。另一方面，税收按所有利润的十分之一征取。除了农民之外（他们
每个收获季节的测算都是简单的事情），政府颁布一道法令，要求各个行
业——猎人，渔夫，家畜或桑蚕饲养者，纺纱者和织布者，金属工匠，商
人，郎中，占卜者及术士等——都必须申报自己的收入，并将其十分之一
上交国家。王莽还授权持续铸造新货币，（这也解释了惊人数量的货币都
要用到他的名义之原因。）在此期间，他不断让货币贬值。为了达到这一
目的，他下令垄断黄金，并对铜材实施禁运。

这些改革显示了王莽不仅仅是个精力充沛之人，全神贯注地要找到彻
底的解决方案，以应对他所处时代的危机；他还是一位理想化的知识分
子，更是理论家而非人类本性的裁决者。他让人痛苦的国家控制制度，很
快就引发了一场普遍的暴动。对黄金的垄断毁掉了贵族阶层。为新发行的

---

① 出自《汉书·王莽传》卷九十九。

非足值货币制定的固定汇率，连同以同样面值向国家归还更好成色老货币的责任，正在毁掉商业。最后，国家对木材和渔业的垄断严重影响了农民阶层。经济处在混乱之中，谷物歉收导致饥荒肆虐多个地区。农民暴动不断出现。特别是在山东，这是人口稠密的地区，自然的肥力无力阻止连续数月的旱涝灾害。出于这个原因，此地总是成为社会动乱的温床，以及道教狂热宗派的中心。公元前3年，山东遭受了一场严重旱灾，可以看到大量的饥民在乡间徘徊，并向道教神明祈求。公元11年，黄河决口，山东及河北洪水泛滥。公元14年，发生了严重饥荒，农民不得不吞食同类。一位强盗首领将叛乱农民组成纪律严明的团伙，指示他们将自己的眉毛染成红色，作为一种标识手段。（公元18年）赤眉军受益于人民的同情，击溃了政府军，并很快使自己成为黄河下游盆地的主宰者。

同时，正统主义并未灭绝，汉王朝依旧有其效忠者。随着王莽改革的崩溃，在因赤眉军农民起义导致的混乱局面中，正统派起来反抗了。两位汉朝的王子，即刘秀和刘玄，充当了指挥官。前者在河南省，后者在河北省。公元22年，两大集团很明智地联合起来，承认刘玄为其领袖。他们猛攻帝国首都长安。王莽被其追随者抛弃，躲到了一座修建于皇家花园水池中央的塔楼楼顶。他在那里被刺杀，首级被献给了汉朝王子。这位梦想按照儒家文士的理想来改变中国社会根基之人，就这样毁灭了。

尽管这个篡位者被推翻，社会秩序依旧没能重建。汉王朝的复辟，是打着刘玄这位王子的名义完成的，但此人是个平庸之辈，一旦掌权，就显示出他无法胜任重担。刘玄只对自己的寻欢作乐感兴趣，并将其厨师封为高官。同时，赤眉军依旧控制着东部各省，而现在为刘玄的无能所鼓舞，他们向都城进军。赤眉军不费任何功夫占据了这座城市，刘玄则逃跑了。一旦成为这座城市的主人，这些农民叛乱者就沉溺于抢劫的快感之中。不久他们俘虏刘玄，将他勒死了。

现在，还剩下第二个觊觎者刘秀。这是一个才智与刘玄大为不同的人。他聪明机智，充满活力，既是一名出色的将军，又是一位受欢迎的领袖。在长安被毁之前，刘秀就已经在洛阳建立了总部，如今，他在那里自封为皇帝（公元25年）。赤眉军在彻底洗劫长安之后向东撤退。刘秀的军队在长安和洛阳之间包围了他们，屠杀了无数人，并将剩下总共八万名强盗及其女人全部俘虏。刘秀很精明地知道如何终止一场叛乱。他在反叛者中挑选最强壮之人，并将他们纳入自己的军队。三年之后（公元27年），他的改革措施已经取得了很好的成果，税收能够从收成和利润的十分之一下降到三十分之一。

汉光武帝像，清人绘

第十章 丝绸之路

汉王朝恢复了。幸运的刘秀现在当上了皇帝（光武帝），在执政的三十二年间（公元25—57年），他将致力于为自己的国家修复战争创伤，并重建中国在东亚的霸权地位。

在过去那些动荡年月，中国很自然地丢失了她的很大一部分外国属地。暴动是有传染性的，一些依旧保持忠诚的领地，在动乱期间也成了迟来的反抗中心。印度支那的安南人之国就是这种情形。在当时，该国只包括东京①（Tonking）和顺化以北的安南（Annam）。现代安南的中部及北部各省，当时还处于马来—波利尼西亚人统治下。而且，安南人事实上仅占据了东京湾三角洲及安南北部沿海的狭窄地带，因为本质上说，安南人是这一海岸的稻田耕种者——这种生活方式将他们与同一种族的邻居芒族人区分开来，后者是林木繁盛的内陆山地中之猎人。一种共同的生活方式，令安南人与汉人走得更近，因此当大约公元前110年，汉人开始统治这个国家之时，后者就以一种温顺的方式接受了。在清化（Yhanh-hoa）的墓葬群中，同样的地点既可以看到原始安南人的印度尼西亚式用具，也能发现纯粹的中国式物件。不过，在公元40年，作为一系列中国统治失误的结果，安南人在两位女英雄的鼓舞下，摆脱了中国的统治。这两位女性

---

① 越南北部一带的旧称。

在以后的当地传说中得到颂扬。光武帝将平定叛乱的任务交给了一位经验丰富的将军，他叫马援。印度支那海岸是中国航海家们在那个时代能够到达的最远地点，而马援在此开创的辉煌业绩，为他赢得了"伏波将军"的名号。马援于公元42年到达东京，并在次年年初平定了安南人叛乱。传说广南（位于土伦地区）竖立起的一根铜柱就是他所为，以此标明中国领土与安南未开化之地的界线。

公元45年，马援从印度支地赶赴帝国的另一端，为的是驱逐蒙古的匈奴人，以及其他突厥—蒙古部落，因为他们将游牧生活方式向东传播，一直渗透到了大兴安岭。之后不久，匈奴内部发生了分裂。公元46年，上亚细亚发生了一起旱灾，形势特别严重，以至于之后三年中，没有任何植物存活的迹象，一半的牲畜，甚至一些牧民自己都因饥饿而丧命。正如匈奴人中一再发生的那样，饥荒过后，内斗随之而来。公元48年，内蒙古的游牧民起来反抗统治着鄂尔浑河上游地区的首领，并承认了汉朝的宗主权。作为盟友，他们沿鄂尔多斯河套的边境地带落脚，以守卫当地的那段长城及黄河。只要汉朝能够维持其至高地位，这些匈奴同盟者就会一直对汉人效忠。这种局面持续了两个多世纪。就这样，到了光武帝去世之时，中国在远东的主导权已经恢复了。留给他儿子汉明帝（公元58—75年）的，是恢复在中亚的保护国体制，以最终完成其霸业。在明帝执政期间，中国一直试图彻底解决塔里木问题。

像中亚其他地区一样，塔里木河盆地是一个内陆水系区域。从天山山脉和帕米尔高原奔流而下的水道，在流入主河道塔里木河之前就逐渐消失了，而反过来，塔里木河本身，当它在罗布泊的盐碱地断流时，也几乎干涸了。但塔里木盆地却主要由一片与中原北部黄土相类似的富饶土地所构成，因此只要是可以浇灌的地方，农耕者及园丁们就会发现，自己的些许努力都能得到丰厚回报。事实上，这与尼罗河即将干枯，或者幼发拉底河在干涸过程中流经美索不达米亚平原的情形如出一辙。从塔里木河两岸向后，民生缓慢地衰退，只有沿着环绕塔里木盆地的两座半圆山系才能生存：即北部的天山，及南部的帕米尔高原和阿尔金山。在那里，山坡上依然有活水向下奔流，一系列绿洲构成了农耕的最后庇护之所。从西边的喀什噶尔到东边的罗布泊，这些绿洲被间隔开来。在北边——从疏勒向东——是库车和焉耆，吐鲁番就是从这里向东北方向延伸；在南边——再一次从疏勒开始——是莎车、和田、尼雅和米兰，更后的绿洲位于罗布泊近旁。

这些绿洲的主要意义，在于以下事实：它们构成了两条沙漠驼队线路，一边是中国，另一边则是印度、波斯和地中海世界，是远东与西部之间不可或缺的交流中介。而且，这些绿洲一直得到了精耕细作，灌溉工程将它们变成了花园城市。在这里，玉米、小麦、甜瓜、西瓜、苹果、杏子、石榴和葡萄都大量生长。在这些绿洲上耕作的农民，有别于周围的阿尔泰游牧民（尽管当时他们都讲土耳其语），而更像西亚的农业居民。甚至直到今天，他们的外貌体态也非蒙古人，而是非常接近高加索的伊朗人变种。探险家李默德[1]（Fernand Grenard）描述他们有着"浓密的黑色头发和胡须，当他们没有被阳光和风沙侵蚀时，皮肤呈白皙的蔷薇色，长椭圆形脸庞上长着精致、突出并经常挺直的鼻子，以及从不倾斜的褐色眼睛"。远古和中世纪的中国旅行家们，也为我们留下了他们的类似描写。

这一地区的考古发掘，确认了这些人种学证据，并显示，直到公元9世纪，吐鲁番、焉耆和疏勒的居民，讲的都不是突厥语，而是纯粹的印欧语言，与伊朗语、梵语和欧洲语言非常接近。

①　李默德（1866—？），法国探险家。

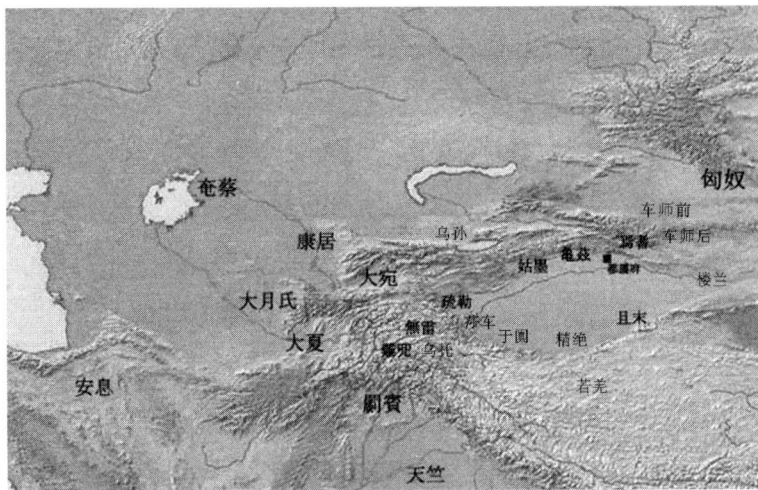

西域各国分布图

塔里木盆地的这些绿洲，对于中西之间主要通道的重要性，务必会吸引远东和亚细亚两大军事强权的注意。来自杭爱山脉的匈奴人，以及来自甘肃边塞地区的汉人，都一直在注视着这两条沙漠商路，并声明对它们的控制权。大约在公元前100年，前汉王朝治下的汉人，已经取得了对塔里木盆地诸小国的宗主权；但和其他地方一样，公元1世纪头二十五年的内战，已经让他们在盆地区域丢掉了大量地盘。

后汉朝廷幸运地拥有一群杰出的军人去收复这一地区，去"开西域"。公元73年，两位将军窦固和耿秉（骠骑将军），率领一支预备队远征军进入蒙古，并将北匈奴打得溃败而逃。为了封锁敌人的路径，他们在哈密绿洲，即戈壁西部的心脏地带，建立起了一处军事定居点。公元74年，窦固和耿秉对吐鲁番绿洲发起了一场攻势。"（匈奴）王走出门，脱帽抱马足降。"①

---

① 出自《后汉书·耿秉》卷十九。

这些汉人将领中，最为大胆的是一位名叫班超的骑兵将军。他出自一个学养极高的家庭。其哥哥和妹妹是前代史书的作者，后者还是中国历史上最为杰出的知识女性之一。不过，班超更喜欢用武器而非毛笔来建功立业，他特别喜欢在西部的冒险生活。而且，他认为"不入虎穴，焉得虎子"。一次，班超领命率一支小分队去罗布泊地区刺探情报，他从当地国王不友好的态度中猜测，后者已经被某个来自匈奴的使节争取过去了。遇到一个土著时，他突然问对方："匈奴使来数日，今安在乎？"此人仓皇失措，透露了全部实情。于是班超将自己的属下召集在了一起。

班超

班固，班超之兄

与共饮，酒酣，因激怒之曰："卿曹与我俱在绝域，欲立大功以求富贵。今虏使到裁数日，而王广礼敬即废，如今鄯善收吾属送匈奴，骸骨长为豺狼食矣。为之奈何！"官属皆曰："今在危亡之地，死生从司马。"超曰："不入虎穴，不得虎子。当今之计，独有因夜以火攻虏使，彼不知我多少，必大震怖，可殄尽也。灭此虏则鄯善破胆，功成事立矣。"①

---

① 出自《后汉书·班超传》。

属下们认为，他采取行动之前，应首先征求随军文职长官的许可。这种态度令班超十分恼怒。"吉凶决于今日。从事文俗吏，闻此必恐而谋泄，死无所名，非壮士也！"他最终说服了他们。夜幕降临，狂风吹起。

> 超令十人持鼓藏房舍后，约曰："见火然，皆当鸣鼓大呼。"余人悉持兵弩夹门而伏。超乃顺风纵火，前后鼓噪。虏众惊乱，超手格杀三人，吏兵斩其使及从士三十余级，余众百许人悉烧死。①

做完这些之后，班超将罗布泊之王传唤到自己面前，什么都没说，只是让他看了匈奴使者的首级。这位原本准备出卖他们的国王，怯懦地重新向大汉称臣。

在塔里木盆地南部，于阗国王也在洗耳恭听匈奴使节的教诲。这一事态同样严重：因为，罗布泊能够阻截沙漠商队的到达，而于阗控制着整个南部通道。有人警告了班超这种变节的危险，他于是出其不意地来到于阗。国王对班超缺乏尊重，因为一位与匈奴勾结的本地巫师已经煽动他反叛汉朝。"神怒何故欲向汉？"这个王室巫师宣称，"汉使有騠马，急求取以祠我。"国王被这个消息所吓住，冒昧地向班超求马。班超假装答应下来，条件是巫师应该亲自前来，以带走马匹。巫师刚一到，班超就砍下了他的脑袋并将之送给国王。后者屈服了，并交出了匈奴使节。

公元75年，塔里木地区爆发了一起反对汉朝保护国的普遍叛乱。班超被困在疏勒，而其他几位汉人将军被封锁于吐鲁番附近。他们只能靠吃装备上的皮革续命，但坚持到了最后。同时，汉朝皇室却被这些持续的战争吓住了。明帝刚刚过世，由他年仅二十岁的儿子章帝继位。朝廷颁下一道

---

① 出自《后汉书·班超传》。

诏书，要求撤出塔里木地区。班超故意表现出服从的姿态，或者至少是一下子撤到了于阗；随后他改变了主意，从容不迫地无视自己收到的诏书，转过身来，重新在疏勒安置下来，并把在此期间表现不忠的人通通处决。同时，来自甘肃的中国军团也正在从匈奴手中收复吐鲁番地区。"斩首三千八百级，获生口三千余，驼驴牛羊三万七千头，北虏惊走。"①

在给新皇帝的一篇吊文中，班超努力将朝廷的胆怯态度与他自己的对西域方针协调起来。这位汉人英雄指出，这些远方战役，固然被文人学士指责为浪费生命与财物的无用举措，事实上是一种有远见的防御政策。这是一个能否保障中原免受匈奴周期性攻击的问题："取三十六国，号为断匈奴右臂。"他的方法是真实的移民政策："以夷制夷"。事实上，仅仅迫使每个新近征服的绿洲提供军队，班超就能够实现对整个塔里木地区的控制，他运用这些军队镇压依旧反抗的其他区域。在他的军队中，除了少数试图在边境的多变生活中找回荣誉的冒险家和流放人员之外，真正的汉人元素可以忽略不计。他们全都生活在免遭匈奴重新入侵的保护地之外。"臣见莎车、疏勒，"班超向皇帝解释道，"田地肥广，草牧饶衍，不比敦煌、鄯善间也，兵可不费中国而粮食自足。"他明智而审慎地将这一地区（因为接近帕米尔并有大片森林，得以保持着处处葱绿），与从罗布泊延伸到敦煌的多石盐质黏土沙漠进行了对比。

所有的殖民政策，都基于对土著心理的认知之上。在这场竞赛中，班超是一位经验丰富的老手。公元87年，在叛乱中脱颖而出的疏勒国王假装屈服并请求召见。他带着一支强大的骑兵分队前来，企图发动一场突然袭击。为此，班超假装相信来客的善意，并为后者举办了一场盛宴。当觥筹交错之时，班超抓住了国王并砍了他的头。与此同时，汉朝军队丢下面

---

① 出自《后汉书·耿秉》卷十九。

具，向敌人发动进攻，将他们全部屠杀。公元88年，在莎车，班超不得不依靠一支在数量上处于劣势的军队，其中既有汉人，也有于阗的辅助部队。在夜间，班超假装撤退，接着通过一次强行军折返回去，在黎明时，他向莎车人发动攻势，斩首五千余，迫使该城市投降。

在北方的蒙古地区，汉朝将军们意图模仿班超，或者说向后者挑战的欲望也非常坚决。公元91年，中国军团开赴匈奴心脏地带，也许远至鄂尔浑河沿岸，俘虏了匈奴单于的全部家族成员。在塔里木地区，龟兹大绿洲失去了得到匈奴进一步帮助的所有希望，于公元90年投降。唯有焉耆继续反叛。公元94年，班超率领一支来自龟兹和罗布泊的辅助部队，向反叛的城市进军。城中居民砍断了裕勒都斯（Yuldus）河上的桥梁，但一切都是无用功，因为班超的军队渡过了齐腰深的河流，并从沼泽地中走出，来到焉耆城前。一些居民得以逃过博斯腾（Bagrach）湖，但余下的被迫投降。这个国家的国王被砍头，处决地恰好就在他处死汉人居民的地方。班超"纵兵钞掠，斩首五千余级，获生口万五千人，马畜牛羊三十余万头"。朝廷授予班超"西域都护"的头衔，这位中国征服者成为中亚事实上的总督。他"逾葱岭，迄县度"，也就是说，最远到达了波斯和印度的门口。

在印度和阿富汗的方向，存在有印度—斯基台人（Indo-Scythian）的王国，这个民族我们随后将有机会更充分讲述，因为佛教正是通过他们传到了中国。波斯属于安息王朝（Arsacid）的帕提亚人（Parthian），正是由于班超的征服，他们与中国人即使还没有实质上的接触，至少也有了商业往来。与此同时，他们在幼发拉底河与罗马帝国为邻。帕提亚人控制了今天伊朗和伊拉克的大部分地区，毫无疑问，他们与中国征服者被河中及印度—斯基台人的阿富汗隔开了。罗马在美索不达米亚威胁着他们，与此同时，中国军队的步伐，似乎也从帕米尔高原东坡向前推进。公元94年，

帕提亚人"借助一系列的翻译",意识到审慎的做法是:向汉朝皇室派出一个使团,并携带很可能会被视为贡品的礼物。公元97年,班超委派一位名叫甘英的助手,去和这些帕提亚人,以及更远的罗马帝国,建立正式的联系。

中国人已经知道有罗马帝国,并赋予其"大秦"①的名号。他们甚至了解帝国东部一些大城市的名字。安提阿被翻译为"轩都",亚历山大则被译为"安都"。如果班超的使节能成功抵达罗马帝国,那就将是图拉真(Trajan)皇帝登基的时候。这位君主的统治(公元98—117)标志着罗马在亚洲统治的巅峰,在一场值得纪念的战役中(公元114),他作为征服者进入了帕提亚人的都城泰西丰(Ctesiphon)。有人设想了一种中国与罗马军队为了中亚宗主权而达成的同盟,或者从更谦逊的程度,设想图拉真的罗马人,迦腻色迦(Kanichka)的印度—斯基台人,以及对抗帕提亚人的、久经沙场的班家军之间,能达成一系列的协定。这当然都是徒劳的梦想,因为中国的使节甘英在遇到帕提亚人之后,接受了他们的劝说,不再向罗马边境前进。这似乎表明,帕提亚人对罗马和汉朝之间可能达成的共识是何等担忧。

公元102年,班超解甲回朝。当他返回首都洛阳时,可以说满载荣誉。但二十九年的戎马生涯,让班超精疲力竭,几个月后他就去世了。班超死后,他的伟大事业就不可避免地遭到了新的挫折。政府中负责塔里木地区的班超继承者,从本质来说,都是忠诚的边塞将领,但对拓殖地的环境却一无所知。不过在生前,班超就警告过他们要预期到什么:"塞外吏士,本非孝子顺孙,皆以罪过徙补边屯。而蛮夷怀鸟兽之心,难养易败。

---

① 原书注:意思可能是"伟大的秦国"("秦"与古老的秦国是一个单字);这一名字的来历还未确定。

今君性严急，水清无鱼，察政不得下和，宜荡佚简易，宽小过，总大纲而已。"但继任者们却对这番明智的忠告充耳不闻，其结果是，公元106年，塔里木地区爆发了一起普遍性的暴动。

汉朝宫廷再度变得心灰意冷。而文人学士们有了机会，他们以古老的和平主义理论之名义，要求撤离拓殖地，并放弃保护国。他们的调门总是一如既往，在那些最早的王朝——在中国文人的语录中被描绘成黄金时代——中国并没有境外领地，局限于其固有边界之内，人民生活幸福。那么，为什么要坚持供养那些遥远的要塞呢？它们花费甚高，并且事实上无法阻止周期性的暴动。在会场中，文士们的观点占了上风。此时班超的儿子班勇请求发言。他说："今通西域则虏势必弱，虏势弱则为患微矣。孰与归其府藏，续其断臂哉！今置校尉以轩抚西域，设长史以招怀诸国，若弃而不立，则西域望绝。望绝之后，屈就北虏，缘边之郡将受困害，恐河西城门必复有昼闭之儆矣。"

张骞出使西域壁画

中国在这些区域建立的保护国，对文明的发展有着极大的影响。正是在这一时期，通过开通穿越塔里木盆地的两条线路——经由罗布泊、焉耆、龟兹和疏勒的北路，以及经过罗布泊、尼雅、于阗、莎车和疏勒的南路——中国与罗马世界建立了商

张骞墓

业联系。正是通过这些路径，中国向罗马的亚洲区域出口了他们的产品，其中最重要的是丝绸。这条穿越塔里木盆地的商路，连同两条通道，就是丝绸之路（Silk Road）。

中国的养蚕业可以追溯到很远的时代。《禹贡》和《周礼》（前者成书于公元前9到前6世纪，后者形成于公元前4世纪）这两部经典，都记述了在相当于今天山东与河南的区域，丝绸是一种主要的收入来源。到了汉代，在与外国王室的官方交易中，成卷的丝被当作货币使用。

当希腊—罗马世界开始熟悉丝绸之时，没有比它需求更大的产品了。亚历山大和罗马为各种货物的目的地争执不休。卢卡①（Lucan）告诉我们，克利奥帕特拉②（Cleopatra）想要在宴会上令她的客人眼花，就穿着一件丝制长袍闪亮登场。维吉尔③（Virgil）在其《牧歌》中如此歌颂蚕茧："精致的羊毛，赛里斯人从其树叶上梳下。"用赛里斯人来称呼中国人是有启发作用的，它源于"丝绸"一词，因为对于罗马人来说，中国首先是"丝绸之国"，也就是赛里卡（Serica）。以丝绸作为时尚变得十分流行，以至于提比略④（Tiberius）制订了反奢侈法令，禁止男人穿着丝绸服装，以保证对女性的充足供应。小普林尼⑤（Pliny）和马提雅尔⑥（Martial）同样提及了丝绸贸易，它是在首都最时髦的街区进行的。所有贸易都必须经过帕提亚帝国，因此中国史书提到，帕提亚人试图维持他们对中国丝绸的垄断，因此就阻止后者与罗马之间的一切直接交流，正如我

---

① 卢卡（公元39—65），古罗马诗人。
② 克利奥帕特拉（前69—前30），埃及托勒密王朝最后一位女王，有"埃及艳后"之称。
③ 维吉尔（前70—前19），古罗马诗人。
④ 提比略（前42—37），罗马帝国的第二位皇帝，公元14至37年在位。
⑤ 小普林尼（公元61—113）， 罗马帝国元老和作家。
⑥ 马提雅尔，古罗马诗人，生活在公元前1世纪。

们在甘英的事例中所看到的那样。

公元1世纪，一位名叫蒂提亚诺斯（Maes Titianos）的希腊—罗马商人（他是马其顿当地人，主要业务似乎在叙利亚）产生了一个大胆想法：让其代理人探测从叙利亚直到中国的丝绸之路，以绕开帕提亚人的干扰。其探索的结果，通过推罗的马里诺斯（Marinos of Tyre）（大约公元110年），经地理学家托勒密（Ptolemy）传到了我们手中。这条道路，显然是从安提阿开始，在希拉波利斯（Hierapolis，在今阿勒颇以东的曼比季）渡过底格里斯河，进入帕提亚帝国，并从这里穿过阿克巴塔那（今哈马丹）和赫卡托姆皮洛斯（今沙赫鲁德），再经过马雷（今木鹿）的安提阿，到达印度—斯基台人帝国的马克特拉（今巴尔赫）。从这里再转向北，在帕米尔高原脚下，一直攀上科默多伊山路，接着穿过群山，转向南方，直到那个通向平原的峡谷。在这里，你就来到了一个被称为"石塔"之地，以此命名的地方还有很多，分别位于塔什库尔干，莎车西南，阿莱的上游河谷及疏勒西部。根据马里诺斯和托勒密的描述，此路从那里经过了"迦西亚国"——这里可能正是（尽管可能与事实相反）疏勒（梵语为Kacha）——接着，经过伊塞顿·希西卡（可能是库车绿洲），达姆纳（可能是焉耆绿洲）和伊塞顿·塞里卡（可能在罗布泊地区）。这条通道经过了达克斯塔（也许是玉门关，从甘肃边塞进入中原的门户）和吐火罗（可能是今天甘肃省的甘州城），在当时，所有来自中亚的沙漠商队都要赶到这里。此路的终点是"丝都"，可能就是汉代早期的都城长安（今西安），它是从西方到达中国后的第一座大城市。

丝绸之路并非大汉与罗马两个帝国联系的唯一通道。亚历山大城的地理学家——推罗的马里诺斯和托勒密还描述了一条海路——未来的"香料之路"，其终点为卡提喀拉港，很可能就是今天东京湾海防（Haiphong）附近的某地。《厄立特里亚航海记》（公元90年）中讲到，一直向北航

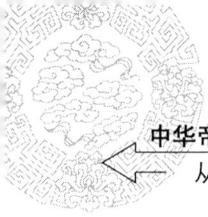

行，穿过黄金半岛（马六甲半岛），可以到达一个名为"秦那"的内陆城市，从那里，中国的丝绸出口到巴克特拉。在当时，希腊地理学家所说的秦那（中国名China的希腊语翻译），也许就是汉帝国的新都城洛阳。①最后，我们从中国编年史作家那得知，公元166年，一位大人物来到了中国，他自称是罗马皇帝马可·黎勒留的使节。（在中文里，"安敦"就是这位皇帝名字的可靠汉译名。）这位陌生人自"日南微外"，从海路来到中国——此地为中国的驻军管区，相当于今天的安南南部。

通过这两条通道——横跨两大洲的陆路及海路——佛教得以进入中国，对远东命运来说，这是一件极为重要的大事。

---

① 原书注："China"一词似乎来自一个古老的梵文名，指的是东方地区，而非人们经常猜想的来自秦国（Chin）的名号。当必要时，中国人会把世界的中心（即他们生活之地）与外围地区区分开来。一种古老的措辞变成了这个国家今天的名称：中国。字面意思是"中央之国"。

第十一章
佛教的启示

　　本质上说，佛教是一种印度宗教，在六百年时间里只局限于当地。其创立者释迦牟尼，赢得了佛陀的名号（也就是智者之义），在公元前563至前483年间生活在恒河东部流域。他是尼泊尔丛林中的一位年轻贵族，放弃世俗世界，过起了隐居生活。经过一段漫长的禁欲修行，他意识到这是徒劳无益的，而在伽耶（Gaya，今巴特以南）的菩提树荫下，他却得到了彻悟。佛陀理解众生皆苦的法则，这显示整个世界不过是变化的激流，最终会归于悲痛。必须指出的是，这种悲观情绪来源于在印度普遍流行的一种信念，即灵魂转世或轮回的观点。西方宗教为人类提出了永生的奖赏。而印度教义中的永生，采取了一种噩梦的形式，因为，一切转世机会——出生、苦楚与死亡——皆是为了永恒的苦难和死亡而再生的，如同宣判了一场永久的苦役。

　　针对这种噩梦，佛陀提出了一种解决方案。为了逃出轮回世界中的这种无休止的转世循环，有必要首先根除"对人格的渴望"——正是这种欲望引发了再生；还要根除自我，而这种消灭才是真正的涅槃或者至福。为达到这个目的，佛陀并不宣扬自杀（这只能将人投回到最可怕的转世之中），而是鼓励与激情做斗争，为了众生的利益牺牲个体，并将普遍的善行推广到为所有生命（包括人和动物）不断自我牺牲的程度。他的教义，尽管在形而上学上是消极的，却成就了克己、贞洁、宽容及温顺的道德准则。

要理解佛教的无限扩张，我们首先应当意识到，这样一种精神气氛，对真正高贵的心灵来说，注定是很有吸引力的。必须特别指出的是，那些关于佛陀的"前生"（Djataka）之传说中，所存在的诗意元素，几乎和方济会①（Franciscan）的亲切如出一辙。这些传说在文学和艺术中都能够发现，佛陀的前生呈现为各种人类及动物的形象。其中包括为鹿群而牺牲自己的牡鹿王，为拯救濒死道士而自投火中的野兔，将自己的长牙送给谋害者的大象，以及许多其他的传说。

创立者在世期间，佛教就已经在恒河东部、摩揭陀（南比哈尔）、贝拿勒斯和奥德等各邦宣传，并经由这些区域，逐步传播到印度其他地区。佛陀所创建的教派，由一个僧侣阶层组成，他们集中居住在寺庙中，周围聚集了许多底层的信徒。在随后的五个世纪里，佛教教义逐渐得到了改良。在其创立者那种略显冷酷的道德信条之上，添加了一种满足人类心灵需要的神学。历史上的佛陀，已经达到了涅槃境界（也就是说"寂灭"），对祈祷者来说几乎无法接近。后来的佛教，通过创立许多未来的佛——菩萨——从而避免了这种困境。这些菩萨正等待着在极乐世界得道成肉身的时刻，并利用这个等候期来拯救尘世的生灵。其中的某些菩萨，最终会从历史上的佛陀那里赢得青睐。弥勒佛（Maitreya）就属于这类情况。作为菩萨，他即将道成肉身，出于这个原因，他被称为"佛教的弥赛亚"。接下来还有观世音菩萨，其梵文名说明她是一种佛教的神，并承担了"佛教的圣母玛利亚"之功能。这位观音"女神"，将在中国佛教中扮演一个极为突出的角色。与观世音菩萨密切相关的是阿弥陀佛（"无量

---

① 天主教托钵修会派别之一。其会士身穿灰色会服，故也称"灰衣修士"。在拉丁语中，是小兄弟会的意思。方济各会提倡过清贫生活，互称"小兄弟"。

光"），他在中国和日本一些虔诚教派中承担了同样重要的角色。佛教这座"万神殿"的建立，显然是公元1世纪期间在印度北方完成的，就在它准备承担起皈化远东的责任之时，佛教的主要特色确定了。

新近创造的菩萨，将对这次皈依做出很多贡献。这些崇高的灵性形象，充满了同情与宽容，在他们周围产生了一种信任与关爱的氛围，这是一种虔诚且私人化的宗教，在东亚找不出竞争对手。特别是中国（当地的儒教和道教，与之没有任何相同之处）。在这里，将从佛教中发现一种全新的精神世界之启示，这对中国社会所有阶层的人来说，都很有吸引力。哲学思考在佛教中发现了一股取之不尽的营养源，多亏了形而上学，在它的帮助下，到了公元1世纪，印度佛教已经达到了顶峰。一般来讲，这种精心构建的学说体系，宣扬的是一种建立在自我和外部世界非现实的基础上之绝对理想主义。宇宙变成了一个"纯粹思想"的王国，一个"理想之海"，此种信条与中国古代的道教有一定相似之处。而且，人们的情感不可能不被每一位菩萨的无数传说吸引，被为了供他们崇拜而设计的佛像之温柔亲切、壮观奇妙吸引，被圣徒们的生平——"佛教的黄金传说"——吸引，被其天堂与地狱的五彩斑斓吸引，最后也是最重要的，是被佛教艺术本身吸引。

直到基督纪元开始后，印度佛教才创造了一种充满魅力，并受该国永恒的自然主义所启发的艺术形式。这些最早的、完全印度雕塑风格的艺术家们，从不敢冒险去描绘佛陀的可能相貌，正如同一个穆斯林，从不敢画出安拉或者穆罕默德的肖像。毫无疑问，这不单单是出于尊敬，还是个逻辑问题：希望一个已经达到涅槃状态的人，也就是说已经非人格化的人，通过肖像使其再生肯定是矛盾的。即使在其生活场景中，佛陀的塑像也为许多传统符号所取代。不过，当希腊文化在印度东北扎根之后，（起初是在亚历山大大帝的希腊继承者统治之下，随后又为接替他们的印度—斯基台人国王所管理，这些人本身都是坚定的希腊精神捍卫者。）皈依佛教的希腊人，认为有必要现实地描绘佛陀，并从他们自己的神阿波罗那里得到了灵感。因此，最早的佛陀雕像（大约于公元1世纪初在白沙瓦地区，即古代的犍陀罗塑造）几乎就是一座阿波罗，只是添加了佛陀的一些仪式特征：双眼之间的智慧标志，很长的耳垂（当佛陀还是王子时，他佩戴沉重耳饰，导致如此），最后是用来戴花头巾的假髻，而当这一种装饰风格被遗忘之时，假髻则演变成为脑壳的突起部分。

在古犍陀罗和更西边的哈达（在白沙砖瓦与吃喀布尔之间）进行的考古发掘中，出土了数以百计的这种希腊雕塑，它们有着古典主义的轮廓及希腊风格的服装。正是这种同样希腊风格的佛陀，一个世纪接一个世纪，一步接一步，穿越了整个中亚，传播到了中国和日本，并诞生了不可尽数的佛像。不用说，在这场穿越时空的漫漫旅程中，最初的希腊佛陀模样已经被修改。这种改变通过佛陀的中国化而结束，但即使此时，从轮廓的线条及服装的安排上，依稀能让人回忆起它的希腊出身。

在其着手皈化中亚（塔里木盆地）和中国之前，印度佛教已经采用了这种希腊式的肖像法。

看起来很有可能的是，佛教僧侣在中国传布其教义的工作异常迟缓。释迦牟尼去世于公元前483年，而直到公元60到70年，才有首个佛教团体被人提及。事实上，也只有在那个时候，佛教僧侣在中国的传教，才因两起重大政治事件的并发而成为可能。首先，印度西北及阿富汗（当时，这一地区也和恒河流域一样，有着浓厚的佛学根基）成了一个大帝国的组成部分。这是印度—斯基台人的帝国，此民族产生于中亚，也正是因为这个原因，他们一直与中国保持联系。不过，一旦在印度和波斯边境，作为最后的印度—希腊人国王的继承者安顿下来，他们就同时开始了与印度信仰——特别是佛教——及希腊文化的接触。在这些印度—斯基台人国王中，最著名的就是迦腻色迦，他很可能与班超和图拉真是同时代人。迦腻色迦留下来的一些精致的硬币上面有用希腊方式处理过的佛陀图像，并用希腊字母刻着"佛"（Baddo）这一名号。除了公元88年一次短暂的反目之外（当时印度—斯基台人试图干预塔里木盆地，结果被班超所挫败），他们与中国的关系非

白马寺始建于公元 68 年，
是佛教传入中国后兴建的第一座寺院。

常良好，这就确保了印度与塔里木地区的中国保护国之间交流沟通的安全。

在汉代，中国对西域的征服所产生的宗教后果，再怎么高估也不过分——这正是有利于佛教传播到东亚的第二个历史原因。汉代所形成的"天下"帝国，最远一直延伸到了帕米尔高原，也就是说，抵达了印度的门户。加上丝绸之路的开通，使中国成为印度—斯基台人帝国的邻居。作为一种普适的宗教，佛教很快从这种前所未有的形势中受益。大致在同一时期，罗马征服以同样方式，使天主教在西方的传播成为可能。就这方面来说，远东的"中国治世"与地中海世界的"罗马治世"，有着几分相似的精神结果。

因地理原因限制，佛教使徒的传道线路，开始于塔里木盆地南部的于阗地区，正如那里发现的希腊—佛教雕塑所显示的那样。于阗东北部拉瓦克（Rewark）一座佛塔的院落中的浅浮雕，可以追溯到公元1到2世纪，其服饰具有纯粹的希腊风格。佛教的传播路线跟随的是丝绸之路的沙漠商队通道。在古于阗（约特干，Yotkan）以及更东靠近尼雅的地点上，发现了

罗马工艺的凹雕，表现的是古代诸神——雅典娜、宙斯、厄洛斯、赫拉克勒斯——或者是四马战车（由四匹马并排牵引的战车）。显然，大部分凹雕，很可能是流动的宝石工匠当场雕刻出来的；他们是亚洲的希腊人，叙利亚人或者大夏人（Baktrian），出于利益的诱惑，亦或是对旅行生活的热爱，吸引他们来到遥远的赛里斯。在罗布泊南部的米兰一座大约公元3世纪的古代佛寺中，发现了一些壁画。这些作品除了有佛教的灵感之外，很可能也会在罗马的亚洲部分或者庞贝出土。人们会惊讶地发现由僧侣伴随的佛陀，长着翅膀的精灵，戴着弗里吉亚（Phrygian）帽的无须男人，女性琵琶弹奏者，最后还有四轮战车，它直接源自叙利亚的罗马艺术。其中一幅壁画上有印度文的题字，给出了画家的名字：提塔（Tita），这也可能是提图斯（Titus）一名的印语翻译。还有一些东西比这些佛教和罗马绘画更能透露实情，它们是在罗布泊沙漠的心脏区域发现的，就在沙漠商队通道到达敦煌（首个中原边境站）之前的最后一站。

但是，对那些来自印度西北的佛教使徒来说，塔里木盆地仅仅是进入中国的门户。在公元60—70年间，在汉朝一位王子的宫廷中，组织了一个最早的佛教团体。此王子的封地位于今天的江苏省。让人感兴趣的是，这位王子是名道教徒。事实上，当佛教刚开始在中国传播之时，它对中国人来讲，似乎只是道教的一个教派；就像罗马天主教，起初也被人仅仅看作犹太教的分支一样。不管有意还是无意，佛教使徒从这种初始的误会中得到了好处。要创造出一套全新的词汇体系，将印度人的思想变成中国人的语言——有人也许会说，是变成中国人的思维——从道教术语中借用对等词汇，并按后者模式仿造他们新词的表达方式，就是自然而然的事情了。类似地，17世纪的耶稣会传教士，为将天主教的神学概念转化为汉语，不得不从儒家学者处借用其一部分词汇。公元3世纪的天主教护教论者同样如此，从柏拉图和斐洛（Philo）处借用他们的哲学术语。中国最早的佛教团体，正如马伯乐所说，是"一个越来越有佛教气息的道教组织"。

最重要的的佛教团体，自然是在公元2世纪下半叶，在帝国都城洛阳发展起来的那一个。它由某个帕提亚人创建。此人公元148年来到中国，死于公元170年。一位帕提亚人居然会出现在最早的佛教布道者之列，这似乎有些奇怪，但它绝对不是一起个案。在这一时期，以及公元3世纪上半期，在中国的各个佛教僧侣阶层中，可以找到其他一些帕提亚人，同样还有印度—斯基台人，后者是统治阿富汗及印度西北的印度—斯基台帝国土著。在大汉帝国新建立的佛教团体中，这些人的出现，赋予了佛教在此国家传播之外附加的意义，因为佛教给远东带来的不仅是印度思想和希腊艺术，同样还有来自古代波斯文明的某些影响。

有汉一代，佛教尽管在中国取得了一些局部成功，但并没有获得普遍的青睐。尽管起初它得益于同道教的混淆，但道教徒很快就开始指责这种基本错误，并以无法平息的宗派仇恨，来驱逐佛教传道士。至于儒家知识分子，他们做出了最终判决，抵制此"外来宗教"：佛教的出家制度是反社会的，因为它毁坏了家庭生活，并危及了祖先崇拜；与此同时，佛教的僧侣，表现了他们对国家命运的漠不关心。这不过是一场争吵的开端，它一直持续到了当代。许多世纪以来，儒家学士与佛教徒使用不对等的武器相互争斗，因为儒家思想——就此词最广泛的意义而言——依旧是这个国家的官方思想；而佛教，即使在那些自身向佛的皇帝统治下，也仅能代表一种非官方的思潮，是一种特殊的宗教。无论它在宗教狂热时期多么受人欢迎，对汉人家庭及华夏国家来说，依旧还是外来的。

在汉代，佛教尽管从来没有被镇压，但相比图拉真和奥勒留时代罗马帝国的基督教，它所扮演的角色并不会更为重要。

第十二章
汉帝国的兴与衰

在大汉帝国的统治下，长期和平给中国带来了前所未有的财富。关于这一点，这一时期的艺术可以作证。

我们对汉代艺术有着特别的兴趣，因为它代表了佛教引入所产生的外来影响彻底颠覆一切传统之前，中国早期艺术发展的巅峰。

马王堆汉墓出土的素纱单衣（西汉时期）

我们已经描述了中国古代青铜器发展的几个重要阶段。首先是商朝，一个有着惊人创造力的时期，它有着充满活力、自然发生且形式多样的主

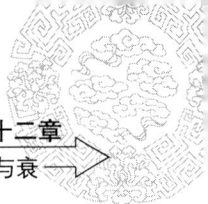

题，是此后任何时期都无法比拟的。接着是周朝初期，一个无论形态还是装饰都笨重和贫乏的时期。最后是战国和秦朝时期。这是一个创造力恢复的阶段，其装饰因一种活泼的风格而生机勃勃。随着汉代的建立，形态被大幅简化，以至于这一时期的青铜器，尽管线条很纯净，有时却带有希腊花瓶式的严肃。在它们的装饰上（除了带有把环的饕餮之外，装饰没有彻底被禁止），战国时期青铜器的丰富与复杂被简朴所代替，后者同样引人注目。所有的过度装饰——在某些古代器物上被发挥到极致——都消失了。从此时开始，图案的优雅就存在于装饰的对称，巧妙地使用线条和标志，以及圆雕中立体感的"节制"。浮雕中的装饰，往往为雕刻的图案，或者镶嵌的绿宝石、孔雀石或银饰所取代。"通过这种方式达到了非凡的装饰效果，要么是几何图案，要么因真实或者虚幻的场景而生动活泼：妖怪的形象，跳舞的鬼神，以及狩猎或作战的场景，都因其异常的活力而引人注目。"类似的宝石和贵金属镶嵌，也在汉代的带扣上发现（其他一些则确定无疑地要追溯到战国时期）。正如我们已经指出的那样，服装的装饰很可能来源于匈奴。汉朝时期在中国得到普遍发展的镶嵌技术，也许是从希腊—波斯世界引入，这也并非不可能。

在战国时期和汉代，铜镜首次出现，并很快传遍了这个国家。这些镜子与其说是为了实用，不如说是出于某些神秘目的，带有这两个时期的装饰特征。汉代的镜子上，同样显示了在青铜器皿上所发现的那种几何意义上之简朴，这种简单绝不会妨碍道教徒归因于镜子的那种神秘力量。

我们在汉代镶式青铜器上发现的隔行交错、卷筒及螺旋图案，也运用在了同一时期的漆器上。这些漆器不仅在中国本土可以发现，而且在韩国的汉人坟墓，在诺颜乌拉（蒙古的库仑附近）以及贝格拉姆（靠近阿富汗的喀布尔）都发现过。

在河南和山东发现的一些小墓穴中，出土的石雕及浅浮雕，也许是工匠们用凿子仿照消失许久的宫廷壁画复制的。它是一种线条与绘画的艺术，画面上的战车的队列及前行，亦或狂放起舞的神明鬼怪们，都充满了速度与动感。这些艺术具有双重意义，因为在贵族和军事生活场景中，它试图依照汉代知识分子的想象还原古代历史；在幻想的场景中，它唤起了一种因官方儒家思想所禁止而部分消失的神话，这种神话如不是保留在道家传说中的话，后人肯定知道得更少。我们有机会看到新道教在汉代末期的作用，以及它在导致王朝崩溃的宗教运动中所扮演的角色。河南和山东的墓穴浮雕，有助于我们理解这条溪流的暗流，它正在逐步侵袭着当时表面上稳定的儒家社会。

在四川出土的墓柱雕刻，特别是那些刻在著名的"神柱"上的，具有更高水准，其风格更接近于希腊—罗马的古典主义。尽管如此，这些都是艺术家的作品，而非出于工匠之手。顺便说一下，请注意一下某些汉代浮雕，例如陕西的狮子造型（这种动物在中国未曾发现），看起来，启发其灵感的原型即使不纯粹是波斯的（如一些人所说的那样），至少也是希腊—波斯的。这很可能是一个受丝绸之路影响的例子。

圆形的雕塑，似乎在商代大理石雕之后就从中国消失了。在战国时期，它又以镶在青铜器盖子上的龙，以及诸如老虎和公牛一类的动物形式重现。这些造型的朴素现实主义在汉朝得到了发展。圆雕不再仅仅用来作为装饰图案，其本身也被当成一种艺术目的。这一时期出现了大量的赤陶墓穴雕像，包括人物、动物及神话造型。正如在古埃及一样，我们在这里看到了活物的替代品，制作它们，是为了使死者继续他们正常的每日生活。这些小雕像，特别是动物造型，其主要特征还是朴素生动的现实主义，没有过于发达的肌肉，并且充满了动感。

汉代艺术还没有让人感受到佛教的影响，但某些技巧依然与草原的动物艺术相关，正如前一时期的战国一样。我们已经指出，这些草原艺术的

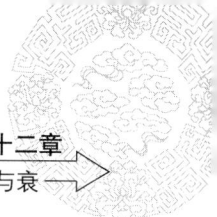

特征，以作为装备及马具的青铜小物件为代表，如带扣、扣环及饰板等，装饰着固定风格的斗兽图案，或多或少地纠缠在一起，经常被置于不对称的相反方向。我们还看到，尽管根据时间地点的不同而有许多变化，草原艺术，从南俄罗斯的斯基台—萨尔马提亚人领地，一直延伸到了鄂尔多斯和外蒙古的匈奴人控制区。在俄罗斯阿尔泰的巴泽雷克，考古发掘显示了这种艺术的持续性；出自公元前1世纪初的物品，属于斯基台—萨尔马提亚人或匈奴人的，数量看起来平分秋色。外蒙古库仑附近的诺彦乌拉（Noin Ula）古墓，可以追溯到这一时段的早期岁月，甚至更能让人感兴趣。在这座某位匈奴首领的墓穴中，可以看到并排放置着一件标注有日期的中国漆器，（公元前2年）一些中国丝绸，以及一件引人注目的羊毛地毯，其上以纯粹的草原风格刺绣着斗兽；此墓穴是两种文化相互交融的明证。作为进一步的证据，在（法国）巴黎的塞努奇（Cernuschi）博物馆中有一件汉代青铜器，其主题表现的是草原动物间的一场争斗，是以一种纯粹的中原方式处理的。我们已经看到，在公元前1世纪，汉朝如何建立了一个匈奴边区，作为自己的蛮族同盟以及鄂尔多斯边境的守卫者。在这一地区，中原与草原的艺术风格的相互影响，一直持续到了成吉思汗时代。

这些匈奴同盟者在长城脚下建立的定居点，显示了汉朝对自身力量的信心。这种自信并没有用错地方。直到公元4世纪，鄂尔多斯的匈奴人，依然可以证明是易于管教的附属。与此同时，大约在公元前150年，上蒙古（鄂尔浑盆地）的匈奴人，丢失了他们在东蒙古的霸权，新霸主是另外一个游牧民族鲜卑，他们是兴安岭北部的土著，似乎还是历史上蒙古人的祖先。[①]像其他所有新兴部落一样，鲜卑人当然也会攻击中华帝国边陲。公元2世纪后半期，特别是在今天的满洲南部，这些入侵断断续续地一再发

---

① 原书注："西伯利亚"的名称可以追溯到鲜卑或者锡伯。

生，但每一次都被打退了。不同于罗马帝国，汉帝国从不屈服于侵略。它的衰落是内部危机的结果，这些危机既有政治和社会方面，也与知识分子有关。

从一种纯粹的政治视角来看，汉代在公元25年复辟之后，似乎获得了一种新的活力，但很快故态复萌，重新陷入衰弱甚至衰败之中。它的皇子们，在很小的年龄就登基，因年轻人的放荡而油尽灯枯，在人生盛年就死去。在宫廷虚伪做作的氛围中，奸党变得无所不能，而皇太后、嫔妃和宦官的影响力也能起支配性作用。不过，正当中央权力日益衰落之时，儒家文士却通过为帝国和社会提供一种官方教义而巩固了自己的基础。公元79年，一个由学者组成的委员会，编撰了一部孔子及其学派著作的最终版本，从这时候起，它就有了规范的权威。而在此之前，儒家经典的的原文与解读，在不同的"书籍"与学派那里都会不同。公元175至183年间，为了永久流传，这部书籍被刻在一系列的石板上，从它们上面拓下来的墨汁拓片，就是印刷术的雏形——事实上，中国印刷术必定有着类似的起源。①当儒家著作被确立为一种权威教义，其结果是文士们成了一个有组织的阶层。出于官方教义受托人的强烈意识，他们倾向于成立一个官方社团——国家的领导团体——并试图确保自己在朝廷中的权力。他们遭遇到了以宦官为代表的奸党，经过令人绝望的政治斗争之后暂时失利，公元175到179年间，他们中的几位因阻止汉王朝的衰败而失去了性命。

大约在同一时间，某些道教派别开始将他们自己发展成有组织的"教

---

① 原书注：在这些早期的文本雕刻中，字符被正着刻进石头中，如此一来，在摹拓时，它们出来时就是黑色底的白字，而且是反着的。真正意义上的雕版，最早并不是出现在碑铭上，而是（从公元6世纪早期）产生于印章。当时，文字被反着刻成浮雕一般，当印刷时，文字就以黑色或者红色，印在白色背景上。

会"①正如我们所看到的，道教起源于由一些巫师组成的古老学派，而且，尽管其形而上学很崇高，但它从来没有同巫术划清界限。直到这一时期，它还局限于少数先知的小圈子。但是，到了汉代末期，由于严重的社会危机及农村阶层日益贫困，道教获得了大量皈依者。我们已经看到了这场危机的早期表现，王莽的改革就是想解决它，而他失败之后，危机持续发展。"汉代的农村社会，"马伯乐说，"由少数富裕的上层地主，大部分是官员或者官员后代，以及下层真正的无产阶级——没有土地的农民，或者小土地所有者——组成。后者之中的最幸运者，耕种着分到的乡村土地，而其他人却被迫离开家乡，变成士兵或者强盗，或者被雇佣成为农业劳动者，或者成为大地主庄园中的佃农。但除了极少之外，他们从来都无法摆脱穷困。"

这个时代青睐政治煽动者。在四川及汉水上游，某张姓道教术士家族组织了一个秘密团体，在公元2世纪后半期的政治活动中扮演了积极角色。②张氏创造奇迹，治疗病患，宽恕罪过，并通过从疏于职守的地方当局处，接管了诸如修桥铺路、免费向饥民分发食物等公共事务，赢得了大众的感激。在短短几年之内，他们就拥有了数十万追随者。张氏兄弟将这些人武装起来，并组成了军事分队，由合格的指挥官领导，并以黄色头巾作为识别标志。随后他们宣布，根据星相组合，公元184年相当于一个新太平盛世的开端。

---

① 原书注：早期道教是基于小的且无疑是高度排外的新教徒之派系，因为道教体系的创立者们，相当不关心任何形式的公开宣讲。正是通过模仿佛教（尽管他们一直进行着反对后者的艰苦斗争），汉代末期的新道教徒们，才想到成立一种专注于宣传及政治和社会问题的教会组织。

② 原书注：一位十二世纪的作家洪迈，因此总结中国革命的领导规律："自古以来，盗之显弸，端赖于水旱饥荒。民为饥寒所驱，啸聚山林，恣意劫掠……当是时也，必有操巫术之徒，妖言惑众，伺机谋反，其为害之烈，不可测也。"

　　在得到信号之后，叛乱在河北南部、山东毗邻地区及淮河流域爆发。当局完全被惊呆了，各地纷纷陷落。朝廷被迫征募大批军队以重新夺回地盘。当黄巾军被逐出山东之后，他们重新集结在汉水流域，只有当其最后的堡垒南阳（位于河南西南部）被攻克时，叛乱才得以平定。所有能够发现的造反农民通通被处决。但经过这种恐怖之后，人民的苦难却日益加重。诗人王粲（177—217年）描绘了一幅这些可怕年月中的悲惨图景：

西京乱无象，豺虎方遘患。

复弃中国去，委身适荆蛮。

亲戚对我悲，朋友相追攀。

出门无所见，白骨蔽平原。

路有饥妇人，抱子弃草间。

顾闻号泣声，挥涕独不还。

未知身死处，何能两相完？

驱马弃之去，不忍听此言。

南登灞陵岸，回首望长安，

悟彼下泉人，喟然伤心肝。

第十三章
三国时期

　　黄巾军农民起义将中原多地变成了废墟，与此同时，朝廷中的太监团伙继续控制着一系列无动于衷的执政者和儿皇帝。公元189年，一些高官怒不可遏，计划发动一场针对宫廷太监的彻底大屠杀。但密谋者请来充当援手的董卓将军，却趁此机会建立了独裁统治。这是军事无政府状态将要爆发的信号，为对抗黄巾军而征召的各地民军，已经促成了地方武装的形成，他们只忠于自己的统帅。就在董卓以首都的主人自居之时，其他将军也在各地攫取了政权。事实证明，董卓只是个粗俗残忍的老兵，他自己没有能力控制这种混乱局面。公元190年，董卓决定将自己的住所迁到长安，就纵火烧掉了洛阳皇宫，并纵容其士兵洗劫这座都城。因此，过去二百年间汉朝政府所积累的所有艺术珍品都毁于一旦。董卓的暴政及嗜血本性的一再发作，最终令其将领们与他疏远，他们暗杀了董卓，并将其赤裸的尸体扔到了百姓面前。（董卓是个大块头，肥胖臃肿，市民们将灯芯草插入其肚脐眼并点燃，尸体连续烧了好几天。）

　　这些事件之后，随之而来的是一个混乱时期，比以往所发生的一切更加糟糕。

　　利用中原的内部动乱，匈奴恢复了他们的抢掠。女诗人蔡琰曾被他们俘虏，在其《悲愤诗》中，她留下了一幅有关这些掠劫刻骨铭心的图景：

斩截无孑遗，尸骸相撑拒。

马边悬男头，马后载妇女。

长驱西入关，迥路险且阻。

还顾邈冥冥，肝脾为烂腐。

所略有万计，不得令屯聚。

或有骨肉俱，欲言不敢语。

失意几微间，辄言弊降虏。

要当以亭刃，我曹不活汝。

······

　　此时在朝廷中，不同派系依旧为争夺政权而争斗不止。直到公元196年的一天，一位军队领袖——曹操率领其部队来到洛阳，并于此宣布自己为帝国保卫者。这样，年轻的皇帝就成了曹操手中的傀儡，就像之前他的命运由董卓操纵一样。

　　与不久之前被推翻的那位草莽武夫相比，曹操具备领袖才智。他是一名优秀军官，严格执行纪律，当然，他也不择手段，并惯于残暴，但他在政治上却相当老练，同时还是有相当才华的学者，其诗作被各种选集收录。其中大部分诗篇都情感丰富，并带有一种阳刚之气。[①]如果帝国在一

---

　　① 原书注：例如其广为传诵的《短歌行》，这是他在一次宴请其部下文士的酒会上即席而做的：

对酒当歌，人生几何？譬如朝露，去日苦多。慨当以慷，忧思难忘。
何以解忧，唯有杜康。青青子衿，悠悠我心。但为君故，沉吟至今。
呦呦鹿鸣，食野之苹。我有嘉宾，鼓瑟吹笙。皎皎如月，何时可掇？
忧从中来，不可断绝。越陌度阡，枉用相存。契阔谈宴，心念旧恩。
月明星稀，乌鹊南飞。绕树三匝，无枝可依？山不厌高，海不厌深。
周公吐哺，天下归心。

位强人掌控之下能够统一，曹操必将是完成这一任务最有可能的人选。事实上，经过八年不间断的战争（196—204年），他只是成功地统一了黄河流域。不过，这些北方省份，组成了帝国之中最为富庶、人口最为稠密的部分。在长江流域，其他几位军事首领已经为自己缔造了王国。其中一位是孙权，他声言自己在长江下游的独立地位。而且在短期内，整个华南都承认了他的权力。他是个求知欲很强的人，喜欢新的学说，并偏爱佛教僧侣。

曹操

与此同时，第三位权力觊觎者——刘备也出场亮相了。他是个出身高贵之人，系汉朝宗室。但刘备只是出身于这个家族的一个偏远分支，并已经陷入到了可怕的贫困之中。他不得不自食其力，靠编草鞋来养活自己和老母亲。刘备看到了堂侄的衰弱，这位身在洛阳①的懦弱皇帝，只不过是独裁者曹操控制在手的傀儡。刘备感到自己血管里皇室的鲜血在沸腾。他找来了三位无与伦比的同伴来帮助自己，这三位义士在后来的历史、传说、传奇及戏剧中都名垂千古。他们中的第一位是关羽，在民间宗教中，他被推崇为战神。第二位是张飞，他出身低微（曾是个屠夫），凭借自己无畏的勇气而闻名于世。他和关羽都为主人献出了自己的生命。最后一人是诸葛亮，既是勇士也是外交家，他放弃了自己的产业，全身心地投入到

---

① 应当是许昌。

了觊觎者刘备的事业中，并成为后者的首席顾问。事实上，正是在诸葛亮的建议之下，刘备选择了四川省，最终，他在这里成功地建立了自己的政权。

直到今天，这三位觊觎者——曹操、孙权和刘备——之间的斗争，在中国依然享有非比寻常的欢迎。这是因为，他们的历史已经为传说所保持和放大。《三国演义》——事实上该书不会早于14世纪——以及不可胜数的、起源于它的戏剧，使得这些争斗有了史诗般的价值而高贵，并使《三国演义》在中国拥有相当于西方中世纪英雄史诗的地位。以公元208年的江陵之战为例，当时刘备为曹操的军队所包围，被迫带领一小队骑兵去冲击敌人的阵线。此时，一旦主人脱离危险，张飞就回到了殿后位置，如同巴亚尔①一般，单枪匹马地守卫一座桥梁。他"怒目横矛，立马于桥上……厉声大喝曰：'我乃燕人张翼德也！谁敢与我决一死战？'"他在自己的阵地上守候了一段时间，为的是恐吓敌人。稍远一点处，赵云发现了主人的小儿子，敌人正准备抢走他。赵云将这个"宝贵的负担"横放在了马鞍之前，飞奔着穿过敌阵，来到了长江岸边，那里有条船在等候。与此同时，曹操及其大军在准备横渡长江，打算征服南方，就像他们之前兼并北方一样。他们的船队已经就位，以便在大军渡河时实施保护。当时，周瑜派出了很多火船，乘风前行，向敌军船队放火。大火一直蔓延，最终烧到了敌人营地的草棚，这是曹操在较远的堤岸上建立的。无数人马葬身火海，或者死于江涛之中。这位北方独裁者被迫放弃了吞并华南的计划。

此时，汉朝的合法性依然存活在人们的心中。刘备已经成了这种朝代情节的化身，他似乎就要确定自己的胜利，并将篡夺者赶回北方省份。但刘备忽略了孙权，即第三位觊觎者。后者直到此时仍是刘备的盟友（他们

---

① 法国中世纪的骑士英雄。

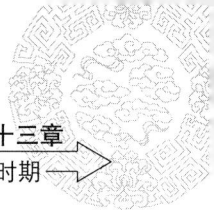

甚至已经成了内兄弟），但孙权开始担忧，唯恐这个正统派过于成功。通过内战，他正忙于为自己开拓一个幅员辽阔的王国，其地盘包括长江下游各省及广东地区。孙权担心自己领地的未来，公元217年，他突然中止了同刘备的联盟，并同曹操勾结。这一背叛粉碎了正统派夺回中原的希望，也导致了关羽的遇难。此人是刘备在军队中的老伙伴及最英勇的战士。关羽正与北方军作战时，孙权的手下从背后向他发动进攻。关羽被其军队遗弃，在率领少量忠诚的跟随者撤退之时，陷入了埋伏。（公元219年）他被俘虏并立即被斩首。

这种权力平衡的改变，增强了曹操的力量。这位北方独裁者正准备采取最终措施，废黜他的国君，那位软弱无能的汉朝皇帝。公元220年，曹操自己却死掉了。他将权力移交给了儿子曹丕，后者继承了其父的野心，也传承了曹操的才华（他同样是一位天才诗人）。这位新独裁者的当务之急，就是实现其父的帝王野心。在同一年，他在洛阳宣布自己为皇帝，成了魏朝的创建者。

至少在北方各省，篡位已经完成了。但正统派的反抗依旧强烈，他们拥护刘备。从此起，他就成了公认的汉朝继承人及代表。在刘备的地盘四川，他同样自称皇帝，而事实上，他远比其竞争对手更有资格得到这一头衔。如果刘备能利用对自己的普遍拥护情绪，在曹丕巩固其地位之前发动攻击，他甚至可以重新统一中国，并重建从自己家系传下来的正统王朝。这是完全有可能的。但是，为了维护脸面，刘备觉得他首先必须要做的，是为其忠实追随者关羽报仇雪恨，后者被第三位觊觎者，长江下游的君主孙权杀害。就这样，刘备将自己的兵力转过来攻击孙权。这是一个战略错误，此后的历史学家、小说家及剧作家一直不间断地批评他。因为他这么做，就巩固了敌人的联盟，而不是设法离间他们。在战斗中，刘备损失了自己另一位忠实追随者张飞，后者在其帐中被叛徒杀害，割下首级献给了孙权。刘备因这一系列变故而心灰意冷，从这场灾难性的战役中脱身之后，他很快就去世了（公元223年）。他将其子监护人的职责，赋予了宽宏大量的诸葛亮。

现在，中国被分成了三个不同王国。首先是刘备在四川建立的国家，这也是帝国属性被后世历史学家认可的唯一政权，因为刘备身为汉朝的王公，是唯一正当的觊觎者。其次是个"非法帝国"，由曹姓篡位者所建立的王国，它占据了皇城洛阳，以及全部北方省份。第三个王国是孙权在长江下游建立的，它采用了吴国的名号，从公元229年起定都建业（今江苏南京）。吴国控制了几乎整个华南。

诸葛亮

很有意思的是，我们注意到对中国的划分，与其地理上的分界线何等接近。北方与南方的对立，是一种自然的事实。所有一切都让它们有所不同。前者受制于草原气候，而后者属于亚热带；一个延伸到了戈壁的边界，而另一个则与亚洲季风带相会。中国北方，由黄土和冲积土构成的大平原，以及形成其腹地的黄土高原所组成，是一处小麦和粟稷之地；而南方，由连绵起伏的山地和丘岭——长期为森林覆盖——所构成，沐浴在季风雨之下，是茶与米的国度。在这里，水牛在农活中取代了马匹。在北方，黄河依旧没有被驯服，是陆路运输之地；在南方，长江形成了一条不可思议的通航水道，为水路运输之地。人们还可以补充说，在公元3世纪，从人类学的视角来看，这种差别并非不显著。中国北方人口过多，加上其

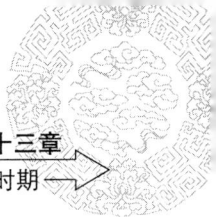

精耕细作，是真正的中国；南方除了长江下游各省之外，依旧是一片有待开发的土地。这是一处新的中原，森林密布，居住着各种族的民众，汉朝所安置的汉族移民依旧处于分散群居状态。即使忽略依旧处于半开化、人口稀少、几无开发的广东区域，长江中下游地带（吴王国的都城武昌和南京就在这里）尽管在属性上更接近中原，但也仅是秦始皇统治时期才开始这样做，他是第一个为将江南殖民化及同化而实施系统工作的皇帝。

汉朝正统性的支持者选择四川作为一处不可侵犯的庇护之所，并不是没有充分理由。事实上四川（四条河流）构成了中国"大陆"上最为清晰的地理单元。它与中国历史上主要的中心区域都相隔甚远，令人敬畏的高山峻岭防护着北部和东部，进一步将它与外界隔绝，宜昌的激流使其免受从长江逆流而上的舰船攻击。四川的偏远迫使它自给自足，而土壤的肥沃，又使这一切成为可能。在四川的核心区域，是著名的"红色盆地"，由第三纪软岩砂所构成。就可耕地面积来说，它几乎与东北的"中原"大致相等。这一区域的海拔高度，以及温和潮湿的气候，使同时种植大米和小麦成为可能。四川的天然自主性，曾经被地理学家、经济学家及历史学家们反复强调。在中国历史的每一个转折点上，它都扮演着突出角色。

总而言之，在汉朝的的大一统帝国分崩离析之时，其划分受到了永久性地理因素的影响。华北与华南——旧中原与新中原，宗主国与殖民地——以及西面的四川，偏远并有其自身的生活方式。

三国时代如史诗一般开始，其第一代主角类似中世纪传说中的英雄。但到了第二代之后，就只剩下不肖子孙了。特别是在北方，曹氏家族即魏朝的皇族，衰败得非常迅速。他们变成了区区傀儡，任由实权落入曹操的重要谋士司马懿之家族手中。司马懿之子司马昭野心勃勃，似乎要将魏朝的命运推向终点，这个政权的事务已经被他所掌控。公元263年，司马昭推翻了四川的蜀汉，并将之合并到自己主宰的版图之中。事实

司马懿

司马炎

上，这场征服主要是为了增强这位全权大臣的权威。公元265年，他的儿子和继承人司马炎，实施了明显且决定性的步骤：废黜了魏朝最后一个傀儡，并作为晋朝的创建者，登上了皇帝宝座。公元280年，司马炎吞并了吴国——三国中的最后一个，并因此使华南重回统一的中国，从而完成了自己的任务。

经过六十年的分裂之后，帝国在司马家族的统治下实现了统一，建立了新的晋王朝。似乎汉朝的伟大岁月又回来了。但事实上，没有一个王朝像晋朝衰败得如此迅速。他们的历史，就是一部亲戚们在可怕的宫廷大戏中互相残杀的故事。没有任何政治理念或者伟大迹象来平衡这些单调的杀戮，也没有任何重要的大人物出现。

就在这个时候，突厥—蒙古游牧部落入侵了帝国。

第十四章
大入侵

我们已经看到，汉帝国在其鼎盛时期，是如何允许某些匈奴部落作为帝国同盟者，在黄河河套地区，沿着长城部分区域建立自己的地盘。在相当长的时期内，这些匈奴部落已经证明了他们是忠实的藩属。但是，公元2世纪末期，在标志汉王朝垂死挣扎的连番内战之中，他们因这种普遍混乱而受益，并开始了自己的蚕食行动。匈奴人利用中央政权的虚弱，没人费心去阻止他们，就穿越长城，在山西的心脏地带建立营地。（公元195年）此时中国正处于汉王朝崩溃的前夜。这些匈奴人的首领，及时地回忆起了他的一位女性祖先，正是出自那个辉煌的家族。他厚颜无耻、不失狡诈地采用了这个伟大汉人王朝的皇族姓氏，来命名自己的家族。因此，在中原地区，经过一系列谋权篡位之后，汉室的正统性已经灰飞烟灭，却在某个匈奴部落的帐篷中再生了。公元308年，在山西太原举行的一次盛大集会上，这位匈奴首领——此后以刘渊而闻名于世——被庄严地宣布为汉王朝的合法继承人。刘渊自大地要求承继"其祖先的遗产"，也就是大汉帝国。

刘渊的儿子刘聪，将要把这些威胁付诸实行。像许多年轻的蛮族同盟者一样，刘聪在洛阳的宫廷中被抚养成人，根据本朝史书记载，他甚至还成了一名优秀的中土学者。但无论如何，这位学者也从来没有忘记自己民族的军事特质，他依然能够拉开三百磅的大弓。而且，在逗留首都期间，他还获得了一些有价值的信息。皇宫中的浮华与排场，也许让一个漫不经心的旁观者看不到王朝的衰败，执政者的缺点，制度的腐烂本质，以及泥足巨人真实的虚弱性，但这位匈奴王子并没有被迷惑。公元311年，他调动了四队骑兵进攻皇城洛阳。匈奴人闯入城市，突袭皇宫，并擒获了皇帝。皇太子被害，这座城市的三万居民被屠。皇宫被付之一炬，皇陵的财富被抢劫。皇帝本人则被抓去当了刘聪的战俘。后者迫使他充当酒保，直到有一天，刘聪兽性大发，将废帝处死。

皇室家族的另一个皇子，于西京长安（今西安，在陕西省），在匈奴骑兵最近一次入侵所留下的废墟上，自立为皇帝。"即位时，长安城中不盈百户，篙棘成林。"①公元316年冬季，匈奴人毫无征兆地再次出现在长安城下。因为这支军队由骑兵组成，无力担负一场正规的围攻战，他们就排起了没有尽头的队列，围绕城池奔走。这种持续的"旋转木马"起到了严密封锁之效果，城市因为饥荒而被迫投降。（当年12月）匈奴的国王刘聪再度坐上了宝座，接纳汉族皇帝为他的俘虏，并"使帝行酒洗爵"。随后有一天，当另一位中原俘虏被这一景象所触动，潸然泪下之时，暴怒的匈奴王下令处死了这个不幸的俘虏。

经过这一系列灾难之后，晋王朝将整个北方丢弃给入侵者，逃到了华南，越过长江，并在南京建都。在接近三个世纪的时间里（317—589年），南方维持的这个政权，无论就它的不完善，还是其荒谬的生命力来说，都可以与拜占庭帝国相提并论。在罗马世界中，拜占庭取代了罗马和米兰；而南京则以同样的方式，取代了长安与洛阳。

在同一时期的中国北方，突厥—蒙古人的游牧部落在短命霸权的不断颠覆中，彼此竞争，相互毁灭。（公元329年）刘聪死后，其统治被他从前的一位军官、名叫石勒的匈奴首领推翻。这位目不识丁的匈奴皇帝足够开

---

① 出自《晋书·孝愍帝本纪》卷五。

明，喜欢听别人为他讲解中国经典；但其继任者，却将与生俱来的残忍，同一个衰败文明的全部恶行结合起来。石勒的侄子石虎（334—349年在位）是一个纵情酒色的恶棍，连其亲生儿子都想暗杀他。后者被其父及时处决了。这位鞑靼的蓝胡子①常常将自己最迷人的嫔妃做成烤肉并呈上餐桌："妆饰宫人美淑者，斩首洗血，置于盘上，传共视之。又内诸比丘尼有姿色者，与其交亵而杀之，合牛羊肉煮而食之，亦赐左右，欲以识其味也。"②在蛮族中，这种性格反差并不罕见，当他们与汉族文明初一接触时就更加变态，但通过圣人的训导，是能够改良的。石虎就是一位最为热心的佛教保护者。

事实上必须承认，佛教的普及是蛮族入侵的结果。在野性流行的年代，在精神上受到折磨之人，会求助于佛教所分发的精神寄托，这是很自然的事情。而且，像匈奴人这样粗俗的野蛮人，不可能和儒家知识分子一样，对佛教抱持顽固的偏见。尽管有后者的反对，石虎还是发布了一道诏书，正式许可佛教徒布道。著名的苻坚（357—385年在位），是一度控制整个中国北方的另一位蛮族君主，也采取了同样的态度。而且，时间已经发挥其作用，不会再有部落首领将印度的奇迹创造者仅仅视为一种高级杂耍，能给自己的事业带来奇迹的情形了。苻坚是一位处于改变中的蛮族人，是中国文化真诚的支持者。他既是一位真正虔诚的佛教徒，还是一位高尚宽容的统治者。不过，尽管一些首领有着个人的善意，当一个部落被另一部落摧毁时，他们采用的措施很快就归于无效。不必试图列举这可怕的数十年间，所有为争夺黄河流域和北京地区而厮杀的蛮族部落。我们完全可以说，这场竞争，大体上是在匈奴人（很可能是"原始突厥人"）与

---

① 17世纪法国小说中的主人公，先后杀害了自己多位妻子。
② 出自《晋书·石季龙载记上》卷一零六。

鲜卑人（很可能是"原始蒙古人"）之间进行的。正如我们已经看到的那样，前者来自鄂尔多斯草原，后者来自北京东北部的满州边境地区。两者轮流行使在中国北方的霸权。

长远来看，游牧部落在这个古老的农业国度的核心区域安家，所造成的破坏是无法估量的。不仅如长安这样伟大的历史名城遭到洗劫、焚毁和人口锐减，而且田地本身也荒芜了，被农民抛弃。如此一来，围绕长安的富饶的渭河河谷里，居民被清除一空，变成了猛虎与恶狼的栖息地。蛮族首领苻生，从公元354到357年统治陕西。他那些整日担惊受怕的汉族臣民，恳求皇上将他们从虎狼的威胁下解救出来，后者拒绝了。苻生所采用的方式，让人猜想他同情恶狼胜过人类。"野兽饥，"他说，"则食人，饱当自止，终不能累年为患也。"[1] 在其残忍的幽默之下，人们能够看出这位蛮族首领隐秘的满足感。草原野兽对这个国家的入侵，似乎在突厥—蒙古游牧部落占领期间达到了顶点。匈奴国王们将整个部落安置在人口下降的地区，这项措施必定对中国北方的种族结构产生深远影响。[2]

过去两百年间，华北差不多已经成了游牧部落的附属国。当这些灾祸

---

① 出自《晋书·苻生载记》卷一百一十二。

② 原书注：这一时期（公元5世纪？）有一首著名的民歌，记录了一位名叫花木兰的女英雄之生平。她女扮男装去参战，顶替了老父的位置，在一位竞逐华北的蛮族首领麾下服役：

东市买骏马，西市买鞍鞯，南市买辔头，北市买长鞭。
旦辞爷娘去，暮宿黄河边，不闻爷娘唤女声，但闻黄河流水鸣溅溅。
旦辞黄河去，暮至黑山头，不闻爷娘唤女声，但闻燕山胡骑鸣啾啾。
万里赴戎机，关山度若飞。朔气传金柝，寒光照铁衣。

我们并不知道，木兰的父亲是一位蛮族殖民者，还是已经养成了匈奴习惯的汉人。无论怎样，这是一个非同寻常的例证，说明了中国北方正在适应游牧民族的生活方式。

降临在北方大地之时，南方中华帝国的衰落更为明显。这发生在晋朝末期建康（今南京）——远东的拜占庭——的皇宫。五世纪初，一位名叫刘裕的幸运军人，由昔日的皮匠升为将军，给这个古老的帝国带来了短暂的活力。在几次反抗蛮族的胜利鼓舞之下，他终结了晋朝，宣布自己为宋代的皇帝（今天被称为刘宋，以便将它与10世纪建立的大宋王朝区分开来）。刘裕的家族（从公元420到479年一直占据着南京），陷入了一种比之前任何时期都更加堕落的状态。这一世系的第三个皇帝，因其一个儿子的煽动而被暗杀（公元453年）。此后，这个弑父者被其亲弟弟送上了绝路（公元454年），后者则成为皇帝（公元454—465年在位）。此人担心类似的命运，就屠杀了有皇室血统的大部分皇子。下一任皇帝只统治了六个月（公元465年）——他十六岁登基，十七岁被暗杀——有点像那位处死了自己摄政者、近亲及嫔妃的尼禄。此人被杀不久，他的叔父和继任者（公元465—472年在位），因肥胖而得到了"猪王"的绰号，此人依旧嗜杀，他依次将其所有兄弟和侄子处死。当"猪王"死时，他将皇位传给了自己最喜欢的儿子。这个意外之君是个早熟的年轻人（十岁继位，十五岁被杀），他表现得过于凶残，在一个醉酒的晚上，人们被迫砍下他的脑袋（公元477年）。到了公元479年，刘裕的家族已经是大批死亡，名誉扫地，一位政府官员废除了刘宋，建立了一个新王朝，国号齐。

齐朝从公元479到502年占据着南京的皇位。现在，轮到他们因皇权的滋味而很快堕落了。他们的历史，就像之前的王朝，几乎等于是一系列的谋杀史。每一位统治者，都以除掉家族其他成员作为防御措施，直到某位他所忽略的亲戚抓住机会除掉他。在这一时期，权力由朝中的宠信来行使，而皇位则由少年皇帝所占据。他们因为过于残忍，经常在成年之前就被暗杀掉。在公元502年，一位将军，即未来的梁武帝，取得了皇权，尽管他与此皇族有亲戚关系，为使自己摆脱这个可憎的家族，他建立了一个

梁武帝真像

新王朝，国号梁。

梁武帝从公元502到549年在南京执政。他是位有一定抱负的君主，根绝了前朝的腐败传统。武帝几乎一直过着简单朴素、诚实仁爱的生活。他将一名军人的美德，与对文化和读书人的尊敬结合起来。起初，武帝非常尊敬儒家思想，他在南京修建了一座孔庙，并于庙宇落成之际，就在这个荣耀之地恢复了读经。本着同样的精神，他重组了官僚阶层，使之形成了一个特权等级。在经历了对之前各朝的憎恶之后，他努力将中国社会所依赖的传统道德理念重新带回国家和家庭，这是值得称道的。但梁武帝的同情心很快发生了转移。在一些印度僧侣的影响下（他们经水路来到南京）他皈依了佛教。他首先禁止在祭祀祖先时宰杀动物，以显示自己对佛教不杀生信条的尊重。这条禁令让他受到了儒家知识分子的非难。公元527年，梁武帝走得更远，他宣布自己是个和尚，这个国家被迫从僧侣处赎回自己的统治者。虽然他的佛教理念似乎是真诚和有所启迪的，但必须向知识阶层让步，从那时起，后者就一直是皇帝无情的批评者，而他的僧侣身份，则因作为政治家被毁灭而终止。梁武帝深受佛家大慈大悲精神的感染，以至于在一起阴谋叛乱中，他无法让自己宣判死刑。到了老年，他又陷入了虔诚信仰之中，听任自己为一位叛乱将军所欺骗。后者在毫无征兆的情况下包围了南京。八十六岁时，梁武帝死在了宫殿的废墟里面——也死在了其幻觉的毁灭之中。梁王朝因为他的错误而被削弱，只比他多存在了短短几年；而接下来的陈朝（公元557—589年）则还没有时间展示其能力，因为就在公元589年，中国北方的统治者占领了南京，并终结了南方的"拜占庭"式帝国。

在我们已经大致陈述的这一时期，帝国的存在，仅仅不过是一场苟延残喘。而正是北方创造了历史，我们现在要转向的，就是北方的中原——突厥人的历史。

第十五章
北魏的艺术

　　我们已经看到，在整个公元4世纪的中国北方，接踵而至的突厥—蒙古游牧部落，在一系列短命王朝的颠覆中自相残杀。在这场混乱中，最终脱颖而出的是一个更为持久的政权，即拓跋人的王朝，这是一个无论在文明史还是艺术史中均扮演重要角色的朝代。其王朝被称为魏（通常被称为拓跋魏，以便将其与三国时的魏朝区分开来）。

　　拓跋族是一个突厥部落，在大入侵时代的初期，他们生活在山西最北部。公元396到439年间，他们摧毁或兼并了其他所有在中国北方定居的部落，并将这一区域统一在自己的支配之下。正如在欧洲，当勃艮第人、西哥特人和伦巴第人消亡之后，法兰克人幸存下来，并在他们的废墟上建立了加洛林帝国。同样，就像法兰克人能够融合日尔曼文化与拉丁文化一样，拓跋人能在长期保持他们突厥民族活力的同时，又日益融入了中华传统。而且，他们在汉人眼中赢得了尊重，被视为北方抵御新入侵者的卫士，特别是蒙古部落的阿尔瓦人（柔然，当时是戈壁的主人）。通过一系列防御性的远征及决定性的反袭击，拓跋人迫使这些游牧民族退回到了蒙古腹地。

　　国王拓跋焘（太武帝，公元425—452年在位）将一生投入到了一场双重争斗之中，最终建立了家族大业。他在戈壁作战，保护中土不受北方游牧民族新的入侵；同时，他持续不断地对南京的南朝帝国施压。在一次奇怪的讲话中（这被史学家们记录下来了），他自己暗示说，他享有的

优势是，相比蛮族，自己是半个汉人，而相比汉人，自己又是半个蛮人。"汉人（指南朝之兵）皆步卒，吾辈为骑手。一群小马小牛何以抗拒一头老虎，或一群狼？至于那些牧民，夏天驱赶着畜群于戈壁北部放牧，冬天他们回来沿我们的边境掠夺。我们所要做的，就是在春天去其草原攻击他们。在那个季节，他们的马毫无价值。公马一门心思取悦母马，而母马却只关心它们的马驹。到那时候，只要突袭他们，切断牧场和水源，短短几天之内，他们就得受我们支配！"①公元425年，他按自己所言行动。四路轻骑兵从南向北穿越戈壁，他们的行军没有被供给车队所拖累，每人都携带了十五天的给养。柔然完全惊呆了，因此被赶出了蒙古大草原，逃到了靠近贝加尔湖附近和鄂尔浑河沿岸的山岭之中。公元429年，拓跋焘又亲自实施了另一次攻击。再度惊慌失措并陷入混乱的游牧部落，被迫献出数以十万计的马匹、马车、牛群和羊群。差不多四百年之后，同样是这些柔然人，他们最后的子孙被另一位文明的捍卫者——查理曼大帝给彻底消灭了。

就查理曼大帝协调日尔曼和拉丁两种文化的方式，以及拓跋焘融合本民族的突厥信仰及汉民族思想信仰的努力，我们可以做出进一步对比。天神（Tengri，阿尔泰部落的神）很容易转化为天（T'ien）——凌驾于儒家哲学之上的天。而大地女神及各种春天与山顶之神，也可以认定为汉人自然崇拜中的神明，正如罗马人将周边国家的神明同化为自己的神一样。但拓跋焘比其前任们走得更远，他放弃了那些不能改造得与儒家信仰相一致的阿尔泰祭仪。不过，即使致力于通过这种方式汉化他的民族，拓跋焘并不允许他们丢掉自己的军事素养。正是因为这个原因，他拒绝放弃其祖先在山西最远端的边境营地（位于大草原边缘），而迁到他的军队已经占

---

① 这段话，参考的是《魏书·崔浩传》卷三五的相关内容。

领的汉人古都长安和洛阳。而且，他保留了一个野蛮而审慎的祖制，即一个新的拓跋君主继位时，就应该处决其母亲，从而避免这位未来太后或其家族成员的任何敌意或野心。最后，与许多其他蛮族君主不同的是，拓跋焘怀疑佛教令人丧失力量，以及僧侣的增加。公元438年，他颁布了一道直接针对佛教信徒的还俗法令，并在公元444及446年，用实际的迫害措施予以强化。儒教的史学家怀有敌意地坚持说，公元446年的法令，归因于在一座最著名的佛教寺院中发现酗酒者及妇女。但是，对这一伟大的印度宗教，儒家文士所采取的主要控诉却更为严重：佛教禁欲生活"废除了家庭"，并最终动摇了祖先崇拜的根基；而且，它给了男人一个逃避兵役的机会（对拓跋焘这样的军人来讲，是很生动的论据）。

随着拓跋焘被暗杀及其孙子拓跋濬（文成帝）的最终继位，这场迫害也告一段落，时为公元452年。下一位统治者拓跋弘（献文帝，公元466—471年在位）公开宣布自己是一名佛教徒。公元471年，他放弃皇位并传给自己的儿子①——一个五岁的孩子——并成为一名和尚。"他退隐到修建于皇家花园的佛塔之中，在那里与冥想的僧人为伴，他拒绝倾听一切消息，除非事情特别重大。"他的儿子，那位年轻的国君，也展示出了对这种伟大印度宗教的同样热情。在佛教影响之下，他对拓跋王朝的严酷立法实行人性化；杀头的刑罚为监禁所代替。佛教同情一切生命的精神，甚至导致了对用牺牲动物祭祀天地、祖先和神明的禁止，或至少是一定程度上的减少。公元494年，这位君主通过将首都从平城（在山西最北端）迁到洛阳（古代的东都），并命令其官员使用汉语、穿着汉服，从而完成了王朝的汉化。

公元515到528年间，拓跋王朝由胡太后统治。这位老蛮族首领的女

---

① 即孝文帝拓跋宏（公元471—499年在位）。

继承人，是本朝最后一位伟大统治者。作为一个肆无忌惮且活力充沛的女人，为了保住权力她可以不择手段。她担心一位昔日对手，就迫使她出家为尼，并在那里将她处死。同样地，胡太后还处死了那些不再讨她欢心的情人。公元528年，她毒死了自己的儿子，因为后者对太后情人的监护日益感到厌烦。但就在此时，愤愤不平的政府官员们开始反叛。这位无情的太后预见到了她的末日，就割下了头发，并匆忙在一家尼姑庵内立誓出家。但叛乱者还是将她拖了出来，并丢进了黄河。这位胡太后尽管罪行累累，但如同之前的几位国君，是一位最真诚的佛教徒。著名的龙门石窟，其部分建筑要归功于她，也正是她，（公元518—521年）派出了朝圣者宋云出使印度。

流血的时期，通常也是信仰的年代。中国最伟大的宗教建筑，即山西北部的云冈石窟（建于公元452—512年），以及洛阳附近的龙门石窟（从公元494年开始修建），都要归功于拓跋魏。

北魏建筑一直被称为罗马式及哥特式风格的远东翻版。后者是六到八个世纪之后才在欧洲成型的。它们的起点——中国的希腊—佛教风格，以及欧洲的高卢—罗马风格——是非常相似的。而正如哥特式或罗马式雕塑作者，使得希腊—罗马塑型艺术传统适应于纯粹的精神需要一样，北魏时期的艺术，也求助于犍陀罗的修饰技术及阿波罗式外部特征，其目的仅在于更完美地展现佛教的纯粹灵性。这一点至关重要。古典的模型，当时尚未消失；衣着，当时还没有程式化为大尖褶皱或者小圆波纹；还有，这种特色的人性魅力，当时还没有几乎完全瘦弱——所有这些都追随形而上学的思维方式。这里只留下了虔诚、热忱及纯粹的信仰。云冈石窟中的某一尊佛像，就像是一种人格化了的冥想。另一尊云冈雕塑，带着一种感动人的微笑，如同兰斯（Reims）的天使，表达了对尘世的超然态度，同时还有一种神秘的嘲讽，当然也许是无心的——但这种嘲讽却充满了对普遍的

云冈石窟一隅

愚蠢与空虚景象的宽容。更为常见的是，这种超然的讽刺似乎在逐渐消失，因此从这种意味深长的冥想中，闪现的不过是解脱之后的无限平和。

云冈石窟的演变是可以追溯的。首先是来自阿富汗的希腊—佛教风格的影响，是由拓跋国王宫廷中数量众多的犍陀罗传教士带来的。因此，在这些洞穴中占支配地位的巨型佛像，其严肃的处理方式，让人回想起了阿富汗的巴米扬大佛。更引人注目的，是壁龛中那些更小的雕像，已经突破了犍陀罗艺术的经验。这些瘦小、细长，而且经常显得生硬的形象，有着刚健褶皱之衣饰，却保持着一种令人宽慰的俭朴及青春的典雅，呈现了某些在纯粹"标准"的犍陀罗雕塑中所缺失的元素。这是一种纯粹灵性的艺术。正如哈金[①]（Harkin）所写："这些形式，以一种令人愉悦的严肃为特征，证明了艺术对信念需求的一种快速适应，它们预示着某种高水平的精神生活，其造型外表被小心地削弱，不再引人注目，不过那些温柔微笑，保留的是'圣尊'对这个世界仅有的妥协。"这是一种从来未曾同时实现的和谐。据喜龙仁[②]（Siren）说，云冈石窟的艺术，是由一种极为神秘的瘦弱，向着造型形式的相对恢复发展的："云冈艺术，一旦达到成熟，似乎就在一定程度上背离了起初的风格。其外形更圆更丰满，衣服的褶皱变得不那么僵硬，线条的相互影响更为灵活。不

---

① 哈金（1886—1941），法国考古学家。
② 喜龙仁（1879—1966），瑞典汉学家。

过，雕塑依旧保持着一种相对冷峻的外观。一种难以形容的内省、超然的氛围，令它们在宗教雕塑中处于很高的水平。"[1]

龙门石窟的雕像，是云冈风格的一种延续。其神秘色彩与格式化甚至走得更远，例如出自公元509到523年之间的雕像。极大拉长的僵硬外形，固定的微笑及突然变成大褶皱的衣饰，或者琐细地沉淀为小波纹，这些都与任何专注于造型的思路相反。在围绕着它们的巨大光轮（这形成了僧袍的一种程式化符号）尖拱下，不再有实物的外形。这种僧侣的独特气质，赋予了龙门雕像（准确地说，是从6世纪起）一种最引人注目的神秘感。

龙门石窟

可以将这一时期的艺术与欧洲的罗马艺术做一次对比，如果我们明白，这样做是从比较哲学的视角出发，是出于分析及比较人类价值的目的。如果穿越时空的界限，北魏与罗马的艺术之间是有一种关联性的。这是因为，两者都源自古典标准，尽管这一标准不受习惯制约，且被一种巨大的神秘力量所革新，从此之后被用来表达纯粹的精神价值，而非肉体之美。云冈、龙门的艺术，和希腊佛教艺术之间相隔的时间距离，与罗马艺术跟欧洲大教堂艺术的距离很相似。伟大的宗教艺术高峰期是不多见的，而北魏是其中之一。

---

[1] 原书注：其中最精美的佛像，现存于巴黎的塞努奇博物馆。

第十六章
隋炀帝，天之骄子

终于有一天，拓跋王朝彻底汉化了，完全融入到汉人之中。如此一来，也就不可避免地走向了衰败。公元534年，这个王朝分裂为两个部分，它们分享了中国北方领土。此后，两个皇室家族都分别被各自的权臣所取代。公元581年，两个王国为一位雄才大略的大臣重新统一，此人就是杨坚，他建立了一个新王朝——隋。公元589年，杨坚征服了中国的"拜占庭"帝国（此时在陈朝统治之下），以及后者在南京的都城，也就是整个中国南方，从而完成了自己的任务。经过271年的分裂（318—589年），中国重新统一了。古代的西京长安，再次成为王朝政府的所在地。

杨坚（隋文帝）是一位品质优秀的男人，他尽管受教育不多，但却是一名细心的管理者，一位节俭之人，他对不诚实的官员分外严厉，并成功地恢复了国家和社会的严格秩序。不过，在完成这一切的过程中，杨坚有时采用的手段并不令人满意。在外交事务上，他因中国统一而受益。

隋文帝

公元6世纪中期之后，一件最为重要的事情已经在上亚细亚发生，这就是突厥帝国的建立。事实上，只是到了这一时期，突厥才首次登上历史舞台，至少是有了名字（在汉语中被称为突厥）。在突厥语中，它的意思是"强大"。这也许是源自外蒙古杭爱山脉某个匈奴部落之名。在公元6世纪上半期，突厥人依然附属于阿尔瓦人（柔然），后者是个蒙古部落，也是戈壁及外蒙古的主人。公元552年，突厥人起兵反抗，打败了柔然，并将他们逐出了外蒙古。部分柔然人一直逃到欧洲，并在匈牙利建立了一个汗国，威胁着拜占廷，直到250年之后，才为查理曼大帝所灭。

如此一来，突厥人就成了整个蒙古的主宰。他们的首领获得了可汗头衔，或称为大汗，定居在上鄂尔浑地区，即今天的哈喇和林（Karakorum）附近。公元565年，突厥人从白匈奴（Hephthalites）的蒙古部落手中，夺取了今天塔什干、布拉哈及撒尔马罕的土地，其领地扩大了一倍。接着，他们控制了整个上亚细亚，从中国的长城延伸到了波斯的边境。蒙古的和硕柴达木出土的阙特勤碑，可以追溯到公元732年。它，以宏大的诗篇讲述了这些征服：

> 当上方蓝天、下方褐土初创之时，人类亦在二者之间生成。在众人之上，我的祖先土门可汗与室点密可汗成为君主。他们成为君主之后，便组织和治理着突厥人的国家与体制。天下四方之人均对他们怀有敌意。他们率军远征，讨伐了天下四方的所有民族，从而征服之。他们使高傲的敌人俯首，强大的对手屈膝。他们令突厥人向东移居到卡迪尔汗山林，向西则远至铁门关。他们治理着这两地之间从无部落组织的蓝突厥人。①

---

① 本书阙特勤碑的汉译，采用的是芮传明先生的译文。

这个庞大无边的帝国几乎刚一产生，其主要突厥系统的两个分支就分裂了。东突厥汗国将其大本营留在了鄂尔浑（Orkhon），统治着蒙古地区。西突厥则在伊塞克湖（Issyk kul）附近建立了西突厥斯坦，前者与中原作战，后者对抗的是萨珊王朝（Sassanid）的波斯。

一旦恢复了中国的统一，杨坚就将自己的外交目标，放在了煽动东西突厥之间的不和上面。到公元604年他去世之时，突厥人因为他们自己的内战而几近瘫痪，从而容许隋朝能在中亚重建其霸权。

杨坚的儿子杨广（隋炀帝），是一位伟大的君主，更准确地说，他在位年间是一段伟大的时期（605—618年）。杨广是个喜怒无常、性格不稳的人物，其一生可以分为两个时期，前期极度活跃，后期却沮丧懒散。尽管有各种缺点与恶习，但他充分意识到恢复帝位的尊荣，以及重建中国在亚洲的支配地位之使命。

隋炀帝

杨广因其对浮华与奢侈的热爱而闻名。除了其父在长安的都城之外，他将洛阳作为陪都。"筑西苑，周二百里；其内为海，周十余里；为方丈、蓬莱、瀛洲诸山，高出水百余尺，台观宫殿，罗络山上，向背如神。北有龙鳞渠，萦纡注海内。缘渠作十六院，门皆临渠，每院以四品夫人主之，堂殿楼观，穷极华丽。宫树秋冬凋落，则剪彩为华叶，缀于枝条，色渝则易以新者，常如阳春。沼内亦剪彩为荷芰菱芡，乘舆游幸，则去冰而布之。十六院竞以淆羞精丽相高，求市恩宠。上好以月夜从宫女数千骑游西苑，作《清夜游曲》，于马上奏之。"[1]但

---

① 出自《资治通鉴·隋纪四》。

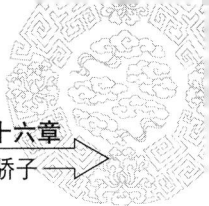

是，除了这些私人的宏大排场之外，杨广还负责了一些伟大的公共工程，包括将洛阳与长江连接起来的大运河。

在外交事务上，杨广继承了其父的政策，在敌对的突厥首领之间激化矛盾，使得他自己能在各汗国之间扮演仲裁者角色。公元608年，中国的声望已经恢复到相当程度，皇帝可以沿甘肃边境出巡。在那里，他受到了几个西部绿洲的敬意，特别是来自吐鲁番的人们。在朝鲜，隋炀帝却鲜有成功。公元612、613和614年，他指挥的三次针对这个国家的大远征，都以失败告终。抱着在突厥各部落中恢复中原皇帝声望的目的，（615）隋炀帝沿戈壁边缘的长城巡幸。在那里，他却突然被一队突厥人攻击，并在一处边境哨岗被困了一个月之久，才艰难地逃脱出来。

隋炀帝的深重税赋，他的建设工程，以及过度的劳役，让人民日益厌倦。公元616年，一场普遍暴动开始了。这位中国的薛西斯①（Xerxes）（因其在朝鲜的灾难性失利而被人如此称呼），像传说中的萨丹那帕露斯②（Sardanapalus）那样结束了自己的一生。公元616年，杨广撤退到了长江下游的江都（今扬州），在那里，他希望在享乐生活中忘记自己的不幸。公元618年4月，杨广的卫士闯入了宫殿，在其眼前杀害了他最喜欢的一个儿子——鲜血从皇子的袍子上涌出——随后，其中一人勒死了皇帝。当时他不过才五十岁。

历史对两位隋朝皇帝的审判是严苛的。但正是他们，恢复了中国的统一，并开始重建中国在中亚的霸权。但事实是，二人的光芒被其继承者——几位唐朝皇帝——所掩盖。后者完成了杨坚及其子所承担的任务，并再度使中国成了东亚的仲裁者。

---

① 薛西斯一世（约前519—前465），古代波斯帝国皇帝，好大喜功，在入侵希腊的战事中惨败。

② 古亚述帝国的末代君主。

第十七章
伟大的唐太宗

隋帝国的衰落，似乎注定要使中国陷入另一段分裂与混乱的时期。各地军事领袖纷纷起兵，争取霸权。接着出现了一位军事天才，他命定要重建帝国，并为之后的中国历史与文明带来一段三百年的新进程。

唐太宗

他叫李世民。其父李渊号称唐国公，任山西一个军事辖区的统帅。李渊是有良好家庭背景的绅士，受人尊敬的将军，对一位处在如此重要位置的官员来说，他是再诚实不过了。李渊是个胆小怕事之人，经常担心自己受到危害。他足够忠诚，只有到了走投无路的时候，才违背自己的职守。除此之外，他还富有儒家智慧，熟知圣人箴言。李世民同样如此，尽管很年轻（他出生于公元597年[①]，其时不过是二十出头），却是伴随着历史掌故及精妙格言长大的。他军营生活的体验（其父的封地位于边境，经常会遭遇突厥人的袭击）以及在宫廷中的经历——隋朝皇帝的宫廷极尽奢华，腐败与怪异在远东尽人皆知——教会了这个年轻人如何利用儒家智

---

① 李世民的出生年份，《旧唐书》认为是隋开皇十八年，即公元599年，而《新唐书》则认为是公元597年，中国学者大都认同前者，而本书作者取后者。

慧，而不是被其所束缚。在其全部生涯里（其中也留下了一些古怪的阴影），李世民始终确保传统道德站在自己一边。而且，惊人的活力，几乎从不出错的决策能力，勇敢、狡诈、大胆及良好的判断力，所有一切很好地融合在一起，成就了他的完美性格。李世民是他那个时代的理想人物。

隋帝国挣扎在军事混乱的巨痛之中。已经退到扬州的隋炀帝，过着一种纵情酒色的生活，与此同时，他的将军们却在相互厮杀以争夺地盘。年轻的李世民，确保自己在山西的领地内有强大军事后盾，并因与几位突厥可汗的良好关系而更为强大。而且，他还与各地官员建立了有价值的联系，因此，他对其父守旧的忠君思想日益不耐烦。为了迫使后者有所行动，李世民采取了一种典型的中国式计谋。他和一位宫廷宦官勾结，在李世民的怂恿之下，后者送给了李渊一个原打算做后妃的女孩。这位少女必定非常有魅力，因为，这位受人尊敬的李将军接受了这份危险礼物，并未仔细考虑此举的后果。此后，李世民向他的父亲指出，他们已经让自己变成罪犯了，诱拐一位宫中的女性，可是杀头的大罪。李渊惊慌失措，惶恐不已——但接下来能做什么呢？想挽回已经太迟了。因此，李渊将其追随者召至其太原的住所，并动员军队听命于自己。与此同时，他还宣布，自己不过是作为一名忠臣起兵的，目的是将皇帝从其他觊觎者那里解救出来，以此来缓解良心上的不安。

一切都完全按照李世民所期望的向前发展。正如通过阴谋，他获得了后宫的支持一样，通过军事上的坦诚，他得到了突厥的同情，这些危险的邻居将五百名精选雇佣兵和二千匹骏马交由他调遣。同时，李世民的姐姐，一位和他同样骑术精湛的年轻女英雄，变卖了自己的珠宝，用这笔钱招募了一万名壮丁，并将他们交给弟弟。很快，李世民手下就有了六万可靠的士兵，这些人能和他一起吃苦，能被他的榜样激励，甚至能为他献出生命。在四年多的时间里（618—622年），李世民率领自己的士兵转战中原各省，与一支支军队交锋，并从混乱中恢复了秩序。

李渊的顾虑很快就随着形势而打消。在长江下游的皇宫里，皇家卫队利用普遍混乱之机，杀害了合法的皇帝隋炀帝。唐国公李渊于是宣布自己为王朝的复仇者，并以隋朝皇家世系最后一位代表的名义，掌握了帝国的军事指挥权。（618年）几个月之后，在李世民的怂恿之下，他废黜了那位影子国君，并宣布自己为皇帝。

帝国首都长安（这座城市过去在中国历史中所扮演的角色，与罗马在西方发挥的作用类似）率先打开大门，欢迎新皇帝——因为李渊不是陕西本地人，而这里自秦始皇时代，已经目睹了所有伟大王朝的崛起。随后，李世民率军包围了洛阳，此城在一位其父最可怕的对手控制之下。这是一项艰巨任务，因为城市非常坚固，而其他的觊觎者，出于对唐军势力的成功而惴惴不安，都在火速赶来支援守军。陪同这位年轻英雄的，是一位他从前的对手尉迟敬德。在俘虏了此人之后，他说服后者加入了自己的阵营。李世民以自己一贯的慷慨大度，不顾追随者的劝告，让尉迟敬德指挥一支军队。

当他们刚一看到洛阳城，李世民就带领一支由八百人组成的骑兵队，前去侦察攻城路径。但守军看到了这一切，出城包围了这小股人马。当这位唐军首领手提军刀，试图打开一条退却之路时，一个敌军军官认出了他，并拖着长矛向他冲了过来。因为自己的草率，这位未来的皇帝几乎丢掉了性命。但一直跟着他的敬德，冲上前来杀死了袭击者。就在此时，唐军主力到达战场，救走了他们的统帅。同时，一支由某个觊觎者所率领的敌军，从河北赶来解救洛阳。当他们距离城市仅有几英里之时，李世民率领一队精选的骑兵，在晨光初现时动身。他们向敌人营地疾驰，出其不意地突破了对方的防御，并一路杀到了主帅的营帐。在混乱中，主帅被长矛刺伤并做了俘虏。几天之后，洛阳就投降了。

（621年）李世民凯旋而归，回到长安。就这位年轻征服者的回归，中国的编年史作者们给出了一副极不寻常的华美画卷。他们描述，李世民骑在盛装打扮的骏马上，缓缓地穿过都城的街道。他身披战袍和金色胸甲，头戴钢盔，他的弓挂在吊索上，箭囊扛于肩头，宝剑握在手中。被征服的觊觎者们走在李世民坐骑的两边，靠近他的马镫。《唐书》中所表现的这一场景，根据最近的考古发现，能够描述得更为生动一些。在墓葬的赤陶雕像中，可以发现唐代的骑兵，他们的战马前足离地腾跃，后足抓在地面上。我们甚至可以找到李世民最喜爱的坐骑塑像、名字与记录。这些强健的马匹，身上的鬃毛打了褶，栩栩如生地雕刻在他的坟墓中。参加长安凯旋的骏马，毫无疑问就是"秋露"，作为其主人的忠诚伙伴，它在河南战事的全过程中闻名遐迩。至于这位征服者所穿戴的盔甲，在墓葬雕塑所塑造的武士，或是佛教塑像的护法天王之强壮肩头上，都有其精确的复制品。

中原的统一，恢复得恰到时候。突厥人依然在边境上图谋不轨。

中国的军事混乱，似乎给突厥人提供了一次入侵的绝佳良机。东突厥的可汗颉利与其侄子突利率领着大队骑兵，横扫了边境各要塞，并抵达了帝都长安的郊区。老迈的高祖皇帝（昔日的李渊）大受惊吓，提出要撤离都城。李世民让父亲继续唠叨着，与此同时，他自己却带着一百名精选的骑兵，开始向突厥挑战。他大无畏地策马来到敌人面前，进入他们的队列并向所有人喊话道："国家与可汗誓不相负，何为背约深入吾地？我秦王也，故来一决。可汗若自来，我当与可汗两人独战；若欲兵马总来，我唯百骑相御耳。"[1]同时，他对一些首领，诸如突利这样的，提出了个人的呼吁。这些人跟李世民注定会通过军事友谊联系在一起，而后者则再次唤

---

① 《旧唐书·突厥列传上》卷一百九十四。

起了他们的战火兄弟情。李世民坚定的举止，以及他对突厥人思维方式的了解，威慑住了这些生性多变的游牧民。多个部落的首领碰头商量了一段时间，随后就调转马头，策马离开。几小时之后，这一地区被倾盆大雨侵袭，李世民立即将其将官召集起来。根据他的传记作者说法，李世民向他们做了如下训话："弟兄们，现在是时候展示我们的勇气了。整个平原都变成了一片泥浆。马上就到晚上，到时天会很黑。只有当这些突厥人能射箭时，他们才会让人害怕。让我们用马刀和长矛攻击他们。在突厥人能够准备好抵抗之前，我们一定能消灭他们！"他的确做到了。在拂晓之前，突厥人的营地被攻陷，唐朝骑兵一路杀到了可汗的营帐。后者请求休战，并退回到了蒙古。

随着时间推移，李世民日益维护了他作为帝国保护者的权威。他的两个兄弟，对他的荣耀也越发嫉妒，并决心除掉此人。即使李世民的父亲，靠他才当上的皇帝，也逐渐对他的声望感到不快，并停止将国家大事托付给他。因此，一场残暴的大戏拉开了序幕。这种表演，在中国的禁宫与拜占庭圣殿里发生得同样频繁。当追踪《唐书》中关于这些悲剧日子的记录时，读者们很可能在拜占庭历史的书页里也能读到。李世民的兄弟们为他办了一场庆功宴，并给后者下了毒。李世民喝了解药，恢复过来。接着，两兄弟又雇佣刺客，隐藏在某座宫门附近等候他。但是，一名叛徒提醒了他，整个故事中充满了背叛，正如充斥着杀戮及道德雄辩一样。于是李世民先发制人了。因为已经得知了对手的图谋，李世民的忠实支持者就将骑兵部署在一些适当地点。在敌人约定的伏击时间，在这起暗杀战中，李世民如同在战场上一样向对手发起进攻。"他扣上胸甲，戴上头盔，拿起弓箭，前往宫殿。"他的两个兄弟一看到他逼近，立即乱箭齐发，但并没有射中。而李世民的第一箭，就射倒了一个兄弟，而他的副将则杀死了另一个。就在此时，这位副将安排埋伏的士兵现身来保护李世民了。根据《唐书》记载，这时"没有人敢上前一步"。同时，宫廷卫队和当地百姓开始聚集过来。李世民于是脱下头盔，让别人认出自己。他站在两个兄弟血淋淋的尸体前面，向着人群喊话："子民们，不要为我的安全担忧，那些想暗杀我的人已经死了！"随后，李世民忠实的追随者尉迟敬德砍下了两个皇子的人头，并将它们展示给众人。

剩下的事情，就是将这场处决通报给皇帝了，李渊一直对两个受害者表现出明显偏爱。李世民将任务委派给尉迟敬德，后者漠视最为神圣的礼节规定，全副武装地进入皇帝的住所，他的双手可能依旧是红色的，还沾着两位王子的鲜血。读者可以在官方记录的字里行间，通过阅读猜测到底发生了什么。这是一个体现儒家伪善的壮观场景，凶手们依旧充满杀机。为这样一种目的引用道德格言，只是想证明他们的行动并不丢脸。

当得知这一消息之后，老皇帝无法抑制自己的泪水，也不能控制他的愤怒。李渊的第一个行动，就是命令进行严密调查。他不清楚，自己已不再是局势的控制者了。皇帝的一位大臣小心翼翼地提醒他事件的真实状态。"没必要做进一步调查了……不管这些事件是如何发生的，两位死去的皇子必定是有罪的，而秦王（李世民）是无辜的。"这些辞令堪与塔西佗①的雄辩相媲美，并给这场尼禄式的大剧添上了最后一笔！随后，大臣们详细罗列了这两个行凶皇子所犯下的各种弥天大罪。二人不曾与其父的几位皇妃私通过吗？仅这点而言，就足以令他们的死刑合法化了。

随后皇帝得到通知，李世民来了。这位杀害兄弟之人，让自己展示出各种最感人的孝顺表征。而年迈的君主则泪流不止，拥抱着儿子，甚至祝

---

① 塔西佗（55—120年），古罗马元老院议员、历史学家，著有《日耳曼尼亚志》。

贺后者拯救了他们的家族。这是一出"感人场景"。"皇帝,"编年史家平静地写道,"一直犹豫如何在他的儿子中做出选择。两位年长皇子之死,①结束了他的困惑,而昔日对李世民的喜爱,完全占据了皇帝的心。当他看到李世民跪在自己脚下,如同一名祈求宽恕的罪犯时,皇帝拥抱了他,并向后者保证,自己根本不认为他是犯罪,并相信,李世民的行动,只是出于合法的自卫。"在做完这番宣讲之后,皇帝如人们所期望的那样,将皇位传给了自己的儿子。如果没有进一步的感人场景,这出大戏就不算完美:李世民遵守礼节规范,拒绝了皇位;即便内阁全体一致地支持新主人,也是徒劳——他再度拒绝,"放声痛哭,并跪倒在其父脚下,恳请对方继续执政直到去世"。但这位老人下了命令,因此李世民作为孝子和忠臣,不得不服从。因此,公元626年9月4日,李世民被迫登上了皇位。为了终止任何可能的仇杀并稳定帝国,新君主下令,立即处死其兄弟的所有妻妾及子女。先皇退隐于一处宫殿,在那里,我们得知:"他生活在极受尊重且快乐祥和的享受之中,而他的儿子,也从来不曾让他有丝毫的理由,来后悔自己放弃皇位的举措。"

与此同时,这场宫廷政变也给了突厥人新的希望。新皇帝甫一登基,十万骑兵就从外蒙古穿越戈壁,开到了长安城下。公元626年9月23日,他们出现在都城北门的吊桥之前。大臣们再度恳请他们的年轻君主,放弃这样一座无法防御的都城。但李世民——从此之后,我们就要用他的规范头衔"太宗"来称呼了——可不是一个任人恐吓之人。突厥人的领袖颉利可汗,傲慢地派出一个使者来索要贡赋,并恐吓说,如果不支付,百万游民就将这座都城变成废墟。太宗做出的回应,则是威胁要砍掉来使的首

---

① 这一点与中国传统史家的观点有出入。一般认为,李世民杀死的是哥哥、太子李建成,及四弟、齐王李元吉。

级。他冒着巨大风险，因为当时长安的兵力非常稀缺。为了蒙蔽敌人，太
宗命令其军队从各个城门列队开出，并在城墙下面列队排开， 同时他以
自己惯常的方式，带着一小队骑兵去侦察敌情。尽管有随行的反对，太宗
还是策马沿渭河前行，正对着突厥的骑兵队伍，并处在他们弓箭的射程之
内。相比自己的随从，太宗对游牧民的心理有着更好的了解。"突厥人知
道我，"其传记作家引述他的话说，"他们已经学会了害怕我。即便仅仅
是看我一眼，就足以将恐惧植入他们的心里；而当看到我的队伍列队出城
时，他们就会相信，我们的人数比实际数量要多得多。"太宗继续纵马奔
向敌人，"他表现出的信心，就好像是要去检阅自己的营地一样。"一看
到他，"突厥人对太宗尊贵庄严、无所畏惧的举止印象深刻，纷纷从马上
下来，用本民族的方式向他致敬。"与此同时，在太宗身后，唐朝军队在
平原上占好了位置。如此一来，他们的盔甲和旗帜在阳光下熠熠生辉。太
宗继续向突厥营地前进，随后他勒住缰绳，向唐军做了个手势，让他们后
退，并保持作战序列。

这位皇帝提高嗓音，向两位突厥首领——颉利可汗和突利喊话，并要
求进行一对一决斗，就像草原勇士中习以为常的那样："李世民当了皇帝
之后，从来没有忘记使用武器！"以军人荣誉之名，太宗用突厥人自己的
语言，激起他们的勇士精神，并激烈地指责对方破坏停战的协议，违背他
们自己的誓言。突厥可汗面对这样的挑衅，屈服于这样令人敬佩的勇气展
示，并吃惊于唐朝军队的调度，于是求和。第二天，在横跨渭河的桥梁边
上，遵从传统献祭了一匹白马之后，双方达成了和平。这一次，突厥人记
取了教训，他们再没有来过。

太宗的顾问们建议他加固长城，以防止类似的恐慌再度发生。太宗微
笑着答复："何须固边？"事实上，鄂尔浑突厥人的权威，正被太宗刻意
煽动的内部纷争与叛乱渐渐破坏。在颉利可汗的一起鲁莽挑衅之后，太宗

出动了整个唐朝的兵力来对付他。帝国军队突然攻打位于内蒙古归化（今归绥）附近的颉利可汗，突袭其大营，并驱散了他的部落。接着，又将他赶到了外蒙古，直到鄂尔浑河及克鲁伦河，在那里，颉利可汗被迫依附于某个部落，而后者却将他交给了唐王朝。自此之后，东突厥的可汗一直臣服于唐朝，历时五十余年（630—682年）。

《唐书》沾沾自喜地描述了突厥首领们在太宗面前拜倒的壮观场景。在一次公开接见中，皇帝倾向于集体召见他们，包括亲近臣服的可汗，以及许久之前已经归顺的头目。"他们一进入觐见大厅，就开始履行致敬仪式，行三拜九叩大礼。"那些忠诚部落的首领走在颉利可汗前面，后者却被当作战俘对待。不过，经过一通羞辱之后，皇帝精明地宽恕了他，并在宫中为他安排了一个住所，在那里，颉利可汗处在了软禁状态。

（630年）整个东突厥汗国，即今天的内蒙古地区，被并入了唐帝国。和硕柴达木的突厥文阙特勤碑内容如下："原来的突厥贵族之子，成了汉人的奴隶。他们保持处女之身的女儿，变成了女奴。突厥贵族们放弃了头衔，接受汉人取代他们。他们臣服于汉人可汗，为他服役五十年之久。他们为汉人的利益进行远征，从日出地，向东一直征战到莫利可汗之地，向西则一直打到铁门（在突厥斯坦）。但他们向汉人可汗交出了其帝国及习俗。"

在接下来的二十年里，在这些外援的帮助下，太宗将突厥斯坦的突厥部落及戈壁的绿洲纳入了自己的势力范围。随着他的到来，一个意想不到的、史诗一般的汉人之国，展现在了亚洲各民族面前，令他们非常吃惊。太宗根本没有与蛮族媾和，也没有用黄金收买，而是让他们听到自己的名字就战栗不止。这一时期的现实主义艺术，很好地表达了此种精神。在浮雕、雕塑和墓葬陶俑中，那些强劲有力的动物及军事主题，以它们几乎过度饱满的气势（例如龙门石窟中体格健壮的护法天王），以及制作者对于着重强调的偏爱，经常能达到强烈的漫画讽刺效果。就连唐代的磁器，以

吐蕃使者朝见唐太宗画像

及它们相当强劲的橘黄与明绿色彩，都显示出了这一时代的艺术品味。

如果太宗曾经将自己的功业与昔日的伟大君主们做过比较，他必定会想起古代中国最为知名的皇帝，即汉武帝。存在于公元4世纪蛮族入侵之前的大汉帝国，事实上已经复活了。而且，唐朝骑兵的赫赫战功甚至超过了其汉代同行。即便是古代疏勒的征服者班超，也没有像大唐的将军一样，能夺下这么多畜群，打垮这么多蛮族部落，或者砍下如此数以千计的人头。因为，在汉朝与唐朝之间的三个世纪中（当中原已经成为蛮族入侵的牺牲品），汉人一直从获胜部族那里吸收血脉；如今，她因此而健壮和强大，并能用从草原人那里吸收的力量，再加上一种超过千年的文明之巨大优势，与他们抗衡。

来看看那些墓穴雕像吧。那些骑兵和步兵的形象，都是半鞑靼外观的扁平面孔，其特征几乎僵硬到了鬼脸的地步；它们戴的要么是突厥辅军的帽子，要么是唐军的头盔。粗糙地包裹身体的，是僵硬的皮革装甲，胸甲及背甲用金属加固，围裙是皮革或者金属鳞片做的。他们手持装饰有奇怪脸孔的或方或圆的大盾牌——这些人准备穿越戈壁，或者登上杭爱山。即使是佛教工艺品的表现目标，例如护世天王，或是有监护天赋的金刚手，我们也会发现类似的甲壳装甲，以及同样可怕且乖戾的外貌。那些陶俑骑兵战马，依旧在嘶鸣，发出喷鼻声，用前蹄刨着地面，似乎它们已经等得不耐烦，准备开始对疏勒或龟兹的一场袭击！曾让萨珊帝国恐慌战栗，后来又令年轻的阿拉伯势力发愁焦虑的西突厥，也要在与他们自己很相像的大唐雄兵面前低头。不久之后，西突厥人就能看到，大唐军队扫荡了自己的营地，烧毁了他们的车辆，拆散了他们的毡帐，一路向西打到了塔尔巴哈台峡谷——并发现对方依旧追逐着自己，穿越了一马平川的吉尔吉斯大草原。

一旦击败了蒙古的东突厥，太宗就可以腾出手来对付突厥斯坦的西突厥了。当时，后者在一位强大的君主之下，其控制范围从阿尔泰山延伸到了咸海。夏天他住在天山，冬天则居于"热湖"，即伊塞克湖附近。因为佛教朝圣者玄奘的一篇描述，这位可汗极为出名。公元630年年初，在伊塞克湖西岸的托克马克城（位于今天的吉尔吉斯共和国），这位朝圣者与可汗相会，后者正率领其庞大的骑兵队伍向西行军。"戎马甚盛。可汗身著绿绫袍，露发，以一丈许帛练，裹额后垂。达官二百余人，皆锦袍辫发，围绕左右。自余军众，皆裘毼氉毛槊纛端弓，驼马之骑，极目不知其表。"[1]太宗皇帝相信，"远交近攻"战略是明智的，只要他还在对付蒙古的突厥部落，就会放任这些西边的势力。但是，到了公元630年，他征服了蒙古，机会——并不完全是主动提供的——来到他手上了。在多少有点神秘的形势下，那位西突厥可汗（其权力给朝圣者玄奘留下了深刻印象）被人谋杀了，而他的王国也分裂成几个相互敌对的部落集团。因此，相比蒙古的突厥汗国，西突厥汗国并没有存活更长时间。公元642年，在乌鲁木齐附近，一支唐朝远征军一个接一个地消灭了所有试图抵抗的部落，剩余的都承认了唐朝的霸权。

消灭突厥之后，太宗皇帝就能够在塔里木盆地重新建立汉人的保护国了。

---

① 出自《大唐大慈恩寺三藏法师传》卷二。

如今的塔里木盆地绿洲已经衰败不堪。为理解它在中世纪早期所扮演的重要角色，我们必须概括一下先前谈到过的汉代时期。从人种学角度来说，这些绿洲中至少有一部分——吐鲁番、焉耆及库车——居住的是讲印欧方言的民族，他们不仅与亚洲的雅利安语系（伊朗语和梵语）有密切关系，而且和某些欧洲语言（斯拉夫语、拉丁语和凯尔特语）相当接近，更不用说疏勒地区所讲的"东伊朗语"了。从文化视角来看，公元3到8世纪，作为佛教传播的结果，"中国的突厥斯坦"（新疆）事实上成了外印度的一个地区，在这里，与在恒河两岸一样，梵语和古印度语的文学与哲学著作得到了同样的尊重。从艺术方面来讲，这块土地是亚历山大大帝身后的征服之地——这依然是佛教传播的结果，当地人学到了亚历山大时代的肖像法。虽然希腊可以说已经死于拜占庭，但它的艺术影响力，从那时候起就与佛教教义不可分割地联系在了一起。一直持续到公元7世纪，从疏勒东部到吐鲁番及罗布泊，依然能感受到这种身后的影响——也许在一些中国镜子自由的古典风格上，我们可以追溯这些影响。[①]这样，一颗死亡之星的光芒可以持续数个世纪，穿过时间与空间的界限，来到我们身边。今天的塔里木盆地，没有留下任何商业、宗教与艺术的辉煌遗迹。沙漠的推进破坏了土壤，而伊斯兰教则吞没了古老的佛教文化中心。在那里，人们发现了社会大厦整体坍塌所遗留的残垣断壁，并意识到了文明必然灭亡的宿命。但如果没有这座大厦，就不可能有印欧世界与华夏世界的通道。而这一切，离我们并不遥远。

有关塔里木盆地的这些绿洲，当时曾经有过生动的描述，是中国朝圣

---

① 原书注：唐代的许多镜子，只是简单地继承了六朝的本土传统，不过，有些则装饰有跳跃的马匹、牡鹿和狮子在涡旋图案及葡萄串之中互相追逐，似乎能让人联想起希腊—罗马的工艺品，或者偶而还能回忆起伊朗的工艺品。

者玄奘在前往印度的旅途中写下的。（公元629至630年，他向西行进，公元644年返回。）1912到1914年的考古发现，大部分属于这一时期。

在那个时期，塔里木盆地的艺术直接起源于阿富汗的佛教作坊，后者有其双重源流：希腊—印度及伊朗—佛教的影响。在丰杜基斯坦（位于喀布尔与巴米扬之间）发现的模型墙雕，更加阐明了这些影响。这些雕塑的年代，是根据同一地点发现的萨珊国王库思老二世（Khosroes Ⅱ）铸币来确定的。它们显示，阿富汗的佛教艺术，依然按希腊模式复制着佛教神灵的塑像，但完全结合使用了印度模式来加工女像，而掺杂了萨珊波斯模式来制造男像。在克孜勒（塔里木盆地北部靠近库车）佛窟的壁画上，发现了同样的结合形式。哈金认为，壁画分属两个时期，最早的可以追溯到公元450到650年间，而其他的则源于公元650到750年间。它们共同显示，虽然类似库车这样的绿洲，因为佛教的关系，其精神文明几乎完全是印度的，而物质文明则体现出萨珊波斯相当程度的影响。事实上，这些躺着的贵族画像，同时还有公主像，透露出一种对波斯原型的直接模仿。沙漠通道上的这些绿洲，不仅是从中国到印度的朝圣驿站，还是中国与波斯之间的商业停靠点，没有什么能比这更清楚地显示它们发挥的重要作用了。我们对克孜勒壁画的相关评论，放在硕尔楚克（焉耆附近）的雕塑、吐鲁番绿洲的壁画与雕塑，以及丹纳纳里克（于阗附近）的绘画上，同样是适用的。

唐代中国渴求控制上亚细亚，它自身对塔里木盆地的众多绿洲不可能不感兴趣。在当地建立的保护国，对于控制通往印度和波斯的通道是不可或缺的。太宗皇帝希望运用和平手段，将他们纳入自己的势力范围。吐鲁番是西部绿洲中距大唐最近的一个，受中原文化的影响也最为直接，正如当地的佛教壁画显示的那样，在其中，唐代风格与印度和波斯作品的模仿融合在了一起；而且，其执政王朝也有着汉人血统。公元629年，在前往印度朝圣的途中，唐朝佛教徒玄奘路过了吐鲁番，受到当地国王的盛情款

待。（事实上，招待是如此热忱，以至于玄奘试图从接待中脱身，重新开始旅程，都有了极大困难。）第二年，国王向太宗皇帝表示效忠。但是，在公元640年，他愚蠢到了与突厥叛乱者结盟，要切断中国与印度和波斯之间的沙漠通道。国王指望穿越戈壁沙漠的漫长距离能够保护自己，但是，一队唐朝骑兵却穿过了戈壁，出其不意地到达了吐鲁番。当听到这一消息时，国王惊吓而死。唐朝军队包围了这座城镇，很快，雨点一般的石块落在了这片绿洲上。新国王非常年轻，他出城来到了唐军营地。他的致歉并没有谦卑，因此一位中国将军站起来说："我们的首要任务是拿下城池！跟这孩子辩论有什么用处？发出进攻信号吧！"这位年轻国王的衣服被汗水浸透了，他拜伏于地，无条件投降。唐军将领将国王扣为俘虏，后来，在举行庆功仪式的大殿上，又将他交给了太宗。后者为勇士凯旋举行庆功仪式，大摆酒宴三天。呈交皇帝的吐鲁番国王的镶钻宝剑，被赐给了突厥将领阿史那社尔。

焉者（向西通道上第二重要的绿洲）民众帮助唐朝击败了吐鲁番人。他们与后者不和。一等到吐鲁番被兼并，焉者人变得惶恐起来，并与持不同政见的突厥人缔结了同盟。太宗派出一支新军，在一位足智多谋的将军郭孝恪指挥下，穿越了戈壁。"焉者所都周三十里，四面大山，海水缭其外，故恃不为虞。孝恪倍道绝水，夜傅堞，迟曙噪而登，鼓角轰哄，唐兵纵，国人扰败，斩千馀级。"太宗在都城遥控着一切行动。（644年）一天，"帝语近臣曰：'孝恪以八月十一日诣焉者，阅二旬可至，当以二十二日破之，使者今至矣！'俄而遽入以捷布闻"。[1]

塔里木盆地中最为繁华的城市是龟兹，城中的佛教壁画显示，它拥有很高的文明与优雅生活。龟兹国王名为苏伐叠（Swarnatep），在当地的

---

[1] 两段引文出自《新唐书·西域传上》卷二百三十七。

印欧语中，意为"金色之神"。公元630年，他给予中国朝圣者玄奘热情的接待，并承认了唐朝的宗主权。但公元644年，他却转向了，与焉耆结盟来对抗帝国。此后不久他就去世了，其年轻的弟弟继承了王位，在佛教梵语中，此人被称为诃黎布失毕，也即"神圣之花"。（646年）新国王意识到了风暴即将临近，急忙向大唐帝国宫廷派出使臣，声明自己的忠诚。但太迟了。在唐朝效力的突厥将领阿史那社尔已经出发，率领汉人正规军及鞑靼辅军向西杀来。

龟兹人预料袭击会来自东南，唐军会穿越戈壁进攻。但攻击却来自西北。阿史那社尔遵循的路线，是从乌鲁木齐经尤尔都斯河（Yuldus）源头，翻越天山隘口。龟兹人没能看到来自焉耆的援军，却惊恐地发现，大唐骑兵队伍在延伸到城北的多石沙漠中扎下了阵脚。当国王诃黎布失毕出城迎敌时，唐军采用了一种古代蒙古的作战策略，假装退兵，引诱龟兹出色的武士们进入沙漠，并在那里歼灭了他们。克孜勒的佛教壁画中，描绘了这位出色将领的"克雷西战役"和"阿金库尔战役"。①阿史那社尔胜利进入龟兹城，接着，当国王率领残兵败将逃到城防坚固的拨换城（今阿克苏）时，他也一路追赶到这里，经过四十天的围攻之后，占领了这座城池。在龟兹，阿史那社尔斩首一万一千，"西域震惧"。

龟兹的失守，对于戈壁城市的独立性无异于致命一击。这标志着一个一直幸存的、迷人而优雅的世界之终结。克孜勒的壁画，让人回忆起那段灿烂的文明，自从这次惨败之后，它再也没有彻底恢复。约瑟夫·哈金在克孜勒所开展的调查显示，在这一时期（648—650年），两种绘画风格存在着断裂，第二种采用了更为强烈的色彩，以弥补浮雕的缩小。在这种

---

① 克雷西战役发生于1346年8月26日，阿金库尔战役发生于1415年的10月25日，均是英法百年战争中，英军以少胜多的著名战役。

风格中，还使用了一种新式波纹，可以看到明显受萨珊波斯风格影响，但实际上，这是波斯难民的作品。公元652年，阿拉伯人占领了这些人的国家，此后他们就远逃，并在大唐新的保护国中避难。

在控制了塔里木盆地的北部绿洲之后，唐朝人将其注意力转移到了南部。公元632年，于阗国王承认了中国的宗主权。公元635年，他派其子到唐朝宫廷中担任护卫。不过，这些表达善意的证据似乎并不能让汉人满意。公元648年控制龟兹之后，唐朝认为，是时候对南部绿洲采取一种更为严厉的控制措施了。"公破龟兹，西域皆震恐。"他们说，"愿假轻骑，羁于阗王献京师。"一旦说了，就立即付诸行动。唐朝骑兵出人意料地到达了于阗绿洲，国王惊恐不已。唐朝指挥官"陈唐威灵，劝入见天子"。这位国王遵从了他的建议，而且，国王这么做什么损失都没有。因为，在长安宫廷逗留几个月之后，他被允许返回家乡，还受赠蟒袍，以及五千卷丝绸。

直到当时，吐蕃依然是蛮荒之地，一位积极有力的首领，在逻些（拉萨）地区建立了一个王国。在与此中原交锋之后，这个王国最终被纳入了唐朝的势力范围。公元641年，太宗皇帝将一位汉族公主许配给他。如此一来，文明开始在这些粗野的山民之中渗透。太宗甚至派出一名使臣去印度，朝见北天竺国王那陵提婆（Harcha）。中国向该国派出的最出色使节，就是名声卓著的朝圣者玄奘。公元629年，他离开长安，在遍游中亚与印度之后，直到公元644年才返国。我们已经提到他的西向旅行，途经吐鲁番、焉耆、龟兹、天山、伊塞克湖、托克马克、撒尔马罕、大夏及喀布尔河谷。而他的返乡之旅，则经过了帕米尔高原、疏勒、于阗、罗布泊和敦煌。事实上，他遵循的正是古丝绸之路的两条通道。大唐所强加的和平，重新打开了从中国到印度和波斯的横跨大陆之路。自从汉朝灭亡之后，这条通道总有一些地方被阻塞。有时，朝圣者的足迹，甚至追随而来的是太宗的威力。公元647年，一个唐朝使团在前往印度途中遭到袭击，使臣王玄策去找吐蕃和尼泊尔的首领寻求支援，二者都是唐朝的臣属。王玄策带领他们的分队返回印度，向挑衅者复仇，并将匪徒用铁索带回了长安。

作为其征服的结果，唐朝的直接统治一直行使到了帕米尔高原。人们可以理解太宗的自豪感，这合情合理。"曩之一天下，克胜四夷，"其传记作者引述他本人的话说，"惟秦皇、汉武耳，朕提三尺剑定四海，远夷率服，不减二君者。"[1]

中国势力向印度和波斯的拓展，在精神层面也产生了效果。

北魏王朝自始至终，都在积极地推广佛教。自从它倒台之后，这一宗教就遭受了无数的攻击。公元574年，中国北方的一个短命王朝颁布了一道法令，取缔了这个"外来宗教"及道教。但六年之后，这一迫害就告一段落了。两位隋朝皇帝，一开始都站在正统的儒家信徒立场上，因为像所有其他新王朝一样，他们要求官僚阶层的支持，以巩固其合法性。但随着时间流逝，二人日益表现出对佛教的认同。至于那位后来成为唐太宗的粗野武夫，在他继位时，对这种屈服与遁世的印度宗教只是感到怀疑。"（梁）武帝末年，"他评价道，"频幸同泰寺，亲讲佛经，百僚皆大冠高履，乘车扈从，终日谈论苦空，未尝以军国典章为意。及侯景率兵向阙，尚书郎以下，多不解乘马，狼狈步走，死者相继于道路。"他认为道教的"无为"同样也不值得称道："孝元帝在于江陵，为万纽于谨所围，帝犹讲《老子》不辍，百寮皆戎服以听。俄而城陷，君臣俱被囚挚。"[2]在这些事件上，太宗的私人顾问是一位年迈的儒家学者，自然憎恶佛教。他呈上了一篇至今依旧闻名的奏表，其中列举了国家儒学对佛教僧人的抱

---

① 出自《新唐书·西域传上》卷二百三十七。

② 这两段引文出自《贞观政要·慎所好第二十三》。

怨。以下的节选内容，更加清楚地阐明了这个国家发生的观念之争：

"佛在西域，"这篇文章直言不讳地说，"言妖路远，汉译胡书，恣其假托。故使不忠不孝，削发而揖君亲；游手游食，易服以逃租赋。"而且，"演其妖书，述其邪法，伪启三途，谬张六道，恐吓愚夫，诈欺庸品。凡百黎庶，通识者稀，不察根源，信其矫诈。乃追既往之罪，虚规将来之福。布施一钱，希万倍之报；持斋一日，冀百日之粮。遂使愚迷，妄求功德，不惮科禁，轻犯宪章。"文章继续说："况天下僧尼，数盈十万，翦刻缯彩，装束泥人，而为厌魅，迷惑万姓者乎！今之僧尼，请令匹配，即成十万余户。产育男女，十年长养，一纪教训，自然益国，可以足兵。"①直到今天，人们还能发现对佛教出家

制度的反复指责，说它反社会，反国家。在儒家知识分子，也就是几乎整个官僚阶层当中，这种反教权主义已经成为一种传统。

太宗皇帝也认同这种观点，自从在公元626年继位以来，他已经大大削减了僧人及寺院数量。但是，像塔里木盆地这样佛教影响特别深的地域，随着汉人支配权的确立，加上随之而来的与印度本身的政治关系，终究改变了这位皇帝的态度。这在玄奘的故事中得到了表明。公元629年，当这位著名的佛教学者寻求许可，以踏上前往恒河圣地朝圣的旅程时，当局拒绝给他发放必要的通关文书。玄奘被迫秘密地越过边境，避开敦煌的边关哨卡，进入茫茫戈壁之中，没有向

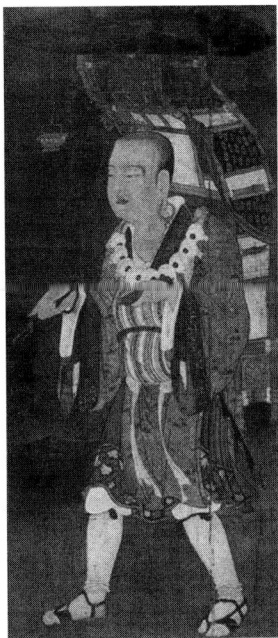

玄奘画像

---

① 出自《旧唐书·傅奕传》卷七十九。

导引路。在旅程的第一阶段，他几乎丢掉了性命。当玄奘穿越塔里木盆地时，大唐的威望，以及当地统治者佛教徒一般的虔诚，共同保护着他。因此他能够通过突厥斯坦和阿富汗到达印度。在天竺，玄奘受到了最为热烈的欢迎，接待他的不仅有佛教同道，还有印度的王公。他们好奇地想见到这位旅行者，因为他从中国远道而来，要在他们的国家学习梵文哲学。

玄奘是一位虔诚的佛教徒，被想要见到这块与佛陀出生、布道及涅槃的圣地之愿望鼓舞着。他同样还是一位最卓越的哲学家，对波罗门教和佛教的各种形而上学体系，都做过深入周密的研究。他最终加以发展并以一种非凡洞察力进行详细说明的体系，属于绝对理想主义，有一些类似贝克莱与费希特的哲学。他承认，无论个人的自我，还是外部世界，都是虚无的。或者说，它们共同简化为他所称的"唯识"，如果人们喜欢，也可以叫作"理想的平面"。这是一种摇摆于主观主义与一元论之间的、微妙的隐蔽哲学，但它不能恰当地定性为这两种理性姿态中的任意一种：因为不像一元论，它否认一切物质的观念；又不像西方的主观主义，它否认了自我，或者至少是物质的自我。

事实上，它远远超出了如玄奘这样的译者展示给中国的那些体系。它是一套完整的思想财富，包括了概念、观点、形而上学构建及知性分析。它确实是印度思想的完整遗产，不过已经改造得让唐朝国民能够接受了。尽管有儒家知识分子的反对，但动态观念的一场入侵还是发生了，它无法抗拒。一个证据就是，宋代正统的新儒家（由朱熹详尽阐述），无意中被渗透了这些观念。这里有一种"精神输血"，唯有二十世纪西方观念的突然入侵，方能与之媲美。玄奘最为重要的成就，也许并不是穿越戈壁、天山、帕米尔高原及印度的库什，而是对印度思想这一未知世界的探究。这是一片树木茂盛但明显无法通行的森林，但他却平安且没有过失地追踪到了路径。这是一项庞大的工作，毫无疑问要追随许多先行者，但玄奘将他

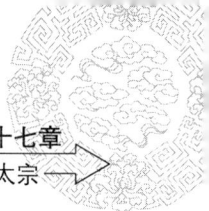

们全都超越了。他成功地翻译了最为复杂、精细和微妙的印度形而上学概念，并且是用一类合于目的的中国词汇（这几乎是一种新的语言），以及并不完善的工具（即中国的书写文字）来加工改造的。只有那些不得不将托马斯主义哲学①翻译成中文的天主教传教士，才能领会这一成就。

除了是一位虔诚的朝圣者，以及有着惊人能力的形而上学作品翻译者之外，玄奘同时还是一位眼光敏锐的探险家以及精准的地理学家。他的旅行记录，是7世纪上半期中亚和印度自然、政治与经济的调查书，一国接着一国，一英里接着一英里。他开列了自己经过的所有地区之农业及商业活动——从大唐的边疆，到波斯的门户，以及从阿富汗到阿萨姆（Assam，在印度）。他还列举了在其旅程中邂逅的所有民族语言（包括一份梵文语法的摘要），制度及风俗（连同一篇种姓制度的概览），迷信，宗教及哲学。最后，就各种不同的政治势力，他给出了一份极为准确的报告，还包括了不同国君的性格。

这些最新的观察记录，对太宗皇帝的"世界政策"想必特别有价值。公元629年，太宗曾希望阻止这位朝圣者动身，但在公元644年，当后者返回中国时，皇帝却给予他最为奉承与友好的欢迎。太宗详细询问这位旅行者印度各王国的情况，并对他的回答非常满意，以至于希望授予后者大臣的职位。玄奘则愿意全身心地投入到自己的宗教和哲学事务中，拒绝了邀请。不过，他在长安定居下来，住进了尚未完工的大慈恩寺。自此以后，太宗一直很欣赏玄奘，经常将他召到皇宫。大慈恩寺的献祭仪式，因一场皇帝出席的庄重游行而出名，他是出于和玄奘的友谊，才答应到场的。玄奘的传记作者，描述了这次气势不凡的游行，伴随队伍的是多面旗帜，

---

① 托马斯·阿奎那（约1225—1274）的哲学和神学体系，被称作托马斯主义，19世纪末，教皇利奥十三世将它确定为罗马教廷的官方哲学。

以及从印度带回来的佛教雕像。最近的考古发现，证实了这一时期某些中国佛像的印度起源。在山西北部天龙山的石窟中，发现了一些菩萨雕像，显然属于唐代作品，是对印度笈多（Gupta）王朝艺术的直接模仿。它们有着柔软的造型，圆润的魅力及混和的形态，看起来显然非大唐风格，表现了纯粹的印度美感，以及与生俱来的热带感觉。而且，在隋朝和唐朝早期，还有一种塑性造型的普遍复兴。佛教雕塑，放弃了"中国罗马式"的乏味，逐渐恢复了对模式的强调。毫无疑问，这个改变部分是源于印度模型的示范，它是由玄奘这样的朝圣者带回国的。

大唐帝国的扩张，最远达到了印度及波斯边境。这不仅促成了与佛教印度更为紧密的联系，而且使基督徒从波斯及河中出发的旅程成为可能，并导致了景教在帝国心脏地带的确立。公元635年，一位名为阿罗本（叙利亚头衔"拉班"之汉语翻译）的景教①（Nestorian）牧师来到长安。公元638年，这位传教士在首都建起了一座教堂。这一事件记载在公元781年的"大秦景教流行中国碑"上，碑文还谈及了太宗皇帝对基督教的仁慈态度。②

---

① 景教即聂斯脱利派，起源于今日叙利亚，是继承东方教会主教聂斯脱利的基督教（天主教会）分支宗派之一，也是强调神圣性的宗徒继承教会，唐朝初年传入中国，称为景教。被视为中国官方最早承认的基督教派。值得一提的是，元世祖忽必烈的母亲也是景教徒。

② 原书注：大唐扩张到中亚，同样有其对中原经济生活的回应。例如，正是在唐朝时期，中国人模仿印度人，首次学会了如何从甘蔗中提取蔗糖（这一事件的重要性，可以从当今四川与广东地区的甘蔗种植上判断出来）。他们还学会了如何用葡萄酿酒。在西汉帝国时期，中国首次与疏勒、吐鲁番、焉耆及库车绿洲有了直接联系，所有这些地方，都以他们的葡萄种植而闻名。根据传说，大约在公元前125年，葡萄首次被引入中国。但直到7世纪的唐朝，中国人才第一次用葡萄酿酒，毫无疑问，他们模仿的是吐鲁番的葡萄酒酿造者。而除此之外，从远古时代起，他们就掌握了用稻米、高粱及其他谷物酿酒的方法。茶树是一种生长在南方的植物。自从周代起，中国北方人就知道了茶叶。但在汉代，它依旧是一种奢侈饮品，只有上流社会及中等阶层方能储备。直到唐代，在8世纪中期，它才成为一种全民饮品，所有阶层都能够享用。

经过23年的统治（这是中国历史上最为辉煌的时期之一），公元649年7月10日，在其五十三岁时，太宗在长安皇宫去世，被安葬在礼泉附近的昭陵。太宗让人在陵墓周围雕刻了他所征服国家的国君雕像，以及自己在战争中所骑骏马的造型。太宗的老兵们对他是如此忠诚，以至于其中的一位，古老突厥民族的阿史那社尔，想要在其主人的遗体前，遵照古代方式自尽："请以身殉，卫陵寝。"①

---

① 出自《新唐书·阿史那社尔传》卷一百二十三。

第十八章
唐朝的宫廷大戏

　　太宗的儿子高宗继位时年仅二十二岁，他的统治持续了三十三年（650—683年）。高宗勤勉刻苦，尽管让人遗憾的是性格软弱，但却是个好心之人。他尊重各种不同的宗教仪式，曾登上神圣的泰山，向至高无上的天神献祭。另有几次，他既陪同朝圣者祭拜孔子墓，也参观了最古老的道观。根据长安的"大秦景教流行中国碑"记载，高宗同样保护景教基督徒。在其统治期间，至少是在执政初期，多亏他父亲那些经验丰富的将领，中国的扩张依旧继续。对朝鲜的征服战争中，高宗在无论是其前任太宗大帝还是隋朝的炀帝都失败的地方成功了。公元660到665年间，他的将军们占领了朝鲜三王国之一、位于半岛西南沿海的百济。公元668年，他们吞并了位于首尔西北的高句丽（高丽），这是三王国中最重要的一个。由于第三个朝鲜王国——位于东部沿海的新罗已经主动承认了大唐的宗主权，整个半岛就这样纳入了中国的势力范围。在突厥斯坦，皇室军队在伊塞克湖东北，平定了西突厥人的一次叛乱。当冬天临近之时，唐朝将军苏定方向反叛者推进。"冬天到来，地面为冰雪所覆盖，突厥人从来没有想到，唐军会在这样一个季节，在如此荒凉孤寡之地，发动一场战争。"苏定方镇压了拽至河（Boratala，艾比河的一个支流）畔的游牧民。在伊塞克湖西侧的双河（River Chu），苏将军再次击败他们，最终迫使其可汗逃到了石国（塔什干）避难。但就在这里，可汗被出卖给了汉人（657）。西突厥被迫接受唐帝国提名的人来担任他们的可汗。

看起来，高宗皇帝在形势突然反转之时，就已经成功完成了其父的毕生功业。从公元665年开始，西突厥出现了公开叛乱。公元670年，依旧几乎处于蛮荒状态的吐蕃人，侵略了塔里木盆地，并占领了龟兹、于阗、焉耆和疏勒——唐朝的"安西四镇"。更严重的是，蒙古的一个东突厥人汗国（以鄂尔浑河上游为中心，公元630年为唐太宗所灭），在昔日执政家族的一个后裔咄禄可汗的领导之下，又重新建国了。大唐帝国再度陷入了苦难岁月。在三十九年时间里（682—721年），来自长城之外的蒙古突厥人，"如同恶狼一样"，破坏着唐朝人的土地，而后者却"如同绵羊"。

与此同时，在首都长安，高宗的统治，因皇后武则天而走向了悲惨的尽头。

武则天原本是太宗皇帝的一个宠妃。公元637年，她进入后宫，时年十四岁。因为自己的智慧与美貌，武则天脱颖而出。未来的高宗还是太子之时，就在其父的嫔妃群中见到过她。而正是从那时候起，高宗就萌发了对她的暗恋。太宗死时，他的妻子和嫔妃都不得不削去头发，进入寺

一代女皇——武则天画像

院。官方的哀悼期刚一结束，新天子就传旨，将这位年轻女性从退隐处带出，并恢复了她在宫中原有的地位。但对这位野心勃勃的宠妃来说，一个次等角色是不够的。根据其对头、诗人骆宾王的说法，她"入门见嫉，蛾眉不肯让人；掩袖工谗，狐媚偏能惑主"。①为了达到自己的目的，武则天做好了一切犯罪准备，无论多么恐怖。她用自己的手，勒死了她给皇帝

---

① 出自骆宾王：《为徐敬业讨武曌檄》。

生的孩子，导致了合法皇后被指控犯下了这桩十恶不赦的罪行。

唐代史书中关于这一出好戏的叙述，是一种塔西陀式的追忆，加上虚假的优雅作为场面背景。孩子是个女孩。皇后在小公主出生之后，来看望武则天母女。她爱抚着这个孩子，将其抱在怀中，向年轻的母亲祝贺。皇后刚一离开，武则天就勒死了这个新生儿，并将她重新放回摇篮中。有人通报皇上驾到。武则天去迎接，她的脸色因兴奋而通红，揭开摇篮让他看自己的女儿。高宗的眼中闪出了一丝可怕的神情，摇篮里躺的是孩子的死尸。武则天痛哭流涕，但小心翼翼地不直接指控那个她一心想要送其上绝路的女人。最终，当被问起时，她仅仅谴责了一下仕女们。正如预料的那样，仕女们为了摆脱嫌疑，就描述了皇后几分钟之前的到访。场景设计得如此巧妙，以至于高宗对皇后的罪行确信无疑。她就这样被废，而武则天爬到了皇后的位置（655年）。尽管父亲的老臣们反对，这位皇帝还是彻底被其新配偶所控制。她就像古罗马的阿格里庇娜一样，隐藏在纱帘后面，参与朝廷事务的审议。由于高宗继续秘密探视前皇后，武则天就下令将那个不幸女人的双手和双脚砍掉。

从公元660年开始，正是武则天，一直以虚弱的高宗之名义管理着国家事务。通过一个由她建立的告密体系，武则天能够不受惩罚地在朝中实行恐怖统治，充分放纵自己的妒忌与报复心理，极力消灭她的敌人，即使他们碰巧是唐朝皇室成员也不例外。在将反对她的官员斩尽杀绝之后，武则天又逼迫他们的妻子和女儿成为奴隶。软弱无助的皇帝，意识到那些受害者是无辜的，却不敢采取任何措施。据说，这种悔恨影响了他的健康，他的虚弱因妻子的施政而加剧，这是完全有可能的。编年史家讲述了高宗一生中最后的那段日子：

上苦头重，不能视，召侍医秦鸣鹤诊之，鸣鹤请刺头出血，可

愈。天后在帘中，不欲上疾愈，怒曰："此可斩也，乃欲于天子头刺

血！"鸣鹤叩头请命。上曰："但刺之，未必不佳。"乃刺百会、脑

户二穴。上曰："吾目似明矣。"后举手加额曰："天赐也！"自负

彩百匹以赐鸣鹤。[1]

不过，一个月之后，人们听说皇上突然病倒，他死时身边没有证人

（683年12月27日）。在以后的二十二年中（683—705年），武则天以其

子的名义执政，依然是这个帝国绝对的女主人。

尽管其行为寡廉鲜耻，武则天确实是一个能力出众的女性，而且相比

她那位不幸的丈夫，此人在处理国事方面更有技巧。尽管在后宫里悲剧接

二连三地发生，唐帝国的统治机器在武则天的积极掌控下仍继续运行着。

几乎在所有地方，富有经验的将军们都挡住了野蛮人。正是在她的统治

之下，（692年）中国在塔里木盆地重建了"安西四镇"，包括龟兹、疏

勒、焉耆和于阗。不过，在处理与蒙古突厥人的关系方面，武则天并不成

功。几乎没有一年突厥人不发动突袭，不抢劫甘肃、陕西、山西及河北的

边境地区。"在那段时间，"阙特勤碑讲述道，"我们有许多成功的远

征，奴隶自己都变成了奴隶主。"

在国内事务方面，武则天克服了一切障碍。在这位不屈不挠的女人之

意愿面前，所有人都要屈服。她的厚颜无耻达到了可怕的程度，公元684

年，她甚至于废黜了自己的亲儿子，即年轻的中宗，然后宣布自己为皇

帝，坐在了儿子的位置上。（690年）皇族子弟耻于被一个昔日的嫔妃统

治，在诗人骆宾王的一篇檄文激励之下，实施了一起最终流产的反叛。叛

乱被平定，他们的首级被割下献给了女皇。与此同时，武则天意识到了与

---

[1] 《资治通鉴·唐纪十九》卷二百零三。

蒙古突厥人和解的必要性，这样既能终止后者的侵扰，同时还可以得到他们的支持以打击自己的敌人。武则天派出一名特使，去拜见突厥人的默啜可汗，请求将其女儿嫁给她的侄子。但这个突厥人却轻薄地拒绝了此项提议。他可不打算将女儿嫁给一个篡位者的侄儿，而是想许配给已经被武则天废掉的合法皇帝。默啜可汗将他本人摆在中原各派及皇室的调解人之位置上，声称自己是正统的拥护者，并威胁说，如果唐朝得不到恢复，他就要亲率骑兵出战，以达到复辟的目的。武则天害怕了，从而正式承认了中宗的权力，尽管事实上，她依旧是唯一的统治者。

确保了权力之后，武则天就要满足自己每一个奇思妙想。纵然青春不再，时光荏苒，她还是挑选了一个年轻和尚做自己的情夫，并安排他担任洛阳一座重要寺院的住持。"随时可以出入皇宫，无论日夜与早晚。"而且，除了欣赏年轻高僧的个人魅力之外，这位老贵妇还对佛教深深迷恋。在这个非凡女性的性格当中，与所有凶残和淫荡的冲动为邻的，是一种强烈的宗教感情。有好几个阶段，她都证明了这最深的热爱。因此，在公元672到675年间，她下诏并监制了龙门石窟著名的石佛，以及伴随他的菩萨、僧侣及法王之雕塑。这类作品中，先前时代的理想主义与神秘感，已经为一种惊人的现实主义暴力所代替。毫无疑问，这在一定程度上解释了武则天最有可能喜欢某种佛教的原因。它们还见证了最高统治者给予这类信仰的特殊保护。这种保护的一位著名接受者，就是朝圣者义净，一位来自河北的僧人。公元671年，他乘船经苏门答腊（Sumatra）来到天竺。在印度及外印度的寺院中修行二十四年之后，义净由海路返回中国，并带回了大量梵文佛经。当他到达杭州时，武则天带领庞大的随行人员去迎接。义净将其余生都献给了经典的翻译，而女皇则为他的工作提供了一切方便。

这时，武则天的统治已经接近了终点。公共舆论的敌视，突厥干预的

威胁，促使她决定让中宗皇帝复位——至少是名义上的。事实上，在其新宠张氏兄弟的协助下，武则天依旧大权独揽。但是，一场针对她的图谋正在酝酿中。公元705年的某个夜晚，同谋者拿起武器侵入了皇宫。他们拜见了胆怯的中宗，这位无权的君主。这些人在欢呼声中将中宗送上帝位，并且用武力将他拖到了武则天的寓所。这位年迈的女皇从睡梦中惊醒，孤立无援，就在她脚下，两个情夫被杀掉了，但她依然有能力反抗。武则天最后一次尝试着威胁中宗，如果同谋者们给她时间的话，也许她真的会实现自己的目标。但他们却用一把匕首对准女皇的喉咙，逼迫她退位（公元705年2月22日）。几个月之后，武则天在愤怒中死去，时年八十二岁。

中宗皇帝再一次成了国家的领袖，但表现得还和以前同样善良且软弱。他最喜欢的休闲方式，就是去找佛僧义净并与之交谈，当时后者正致力于翻译他从印度带回来的梵文经典。而且，中宗想必回忆起了往事。当他被其可怕的母亲迫害时，自己是如何一次次地向菩萨祈祷（后者无论从身体还是灵魂来说，都是一位好医生）以及他的祷告是如何应验的。公元705年重新登基之后，中宗可不想表现出对其上天保护者的忘恩负义，于是，他就经常将首都最虔诚的僧人召到自己的宫中。中宗最钟爱的是义净，在公元707年夏天，后者一直和他在一起。皇帝甚至亲自前往这位朝圣者的工作之地，坐在他的垫子上，用自己尊贵的手，帮助义净翻译印度经文。

不幸的是，和善帝王与得道高僧之间的友好合作，很快就为另一起宫廷大剧所打断。中宗的妻子，年轻的韦后，是一个可悲的淫乱放纵者。她曾将英俊的武三思——已故女皇武则天的一个侄子——作为自己的情夫。中宗被蒙蔽，什么都没注意到。（707年）一位年轻的皇族王子，被这种堕落行为激怒，刺杀了武三思。但一切都是徒劳，因为皇帝否定了他的复仇。最终（710年7月3日），这位中国的梅萨利娜①（Messalina）发现她的影子丈夫依旧是个麻烦，于是就毒死了他，以便自己取而代之。但是，韦后并没有武则天那样令人敬畏的权威，因此她的罪行一暴露，就招致了皇室的反叛。领头的是年轻的王子李隆基。7月25日夜间，同谋者重演了公元705年的那场好戏，他们侵入皇宫，用一排乱箭射死了韦后。她的首级被长枪挑起并扔到人群里。随后，李隆基让自己的父亲宣布登基，后者就是睿宗皇帝。

在此期间，蒙古的突厥人，在其令人畏惧的默啜可汗领导下，一直持续着他们的掠夺。公元706年，默啜的侄子阙特勤，在宁夏赢得了一场对中原的重大胜利。"我们与中原人作战，"阙特勤碑文讲述道，"阙特勤首先骑在灰马塔地克啜上发动攻击。但他的马被杀。接着，他骑上灰马沙钵略奄达继续进攻，此马以同样的方式被杀。最后，他骑上栗色马叶勤悉利，第三次领导了攻击。他身披盔甲笔直挺立，用自己的箭射倒了一百多个敌人。啊，突厥贵族们，你们许多人都记得他的攻击，我们在那里歼灭了中原军队！"

睿宗皇帝有着相当高的道德品质，但他并不认为自己被赋予了处理国内外局势的必要力量。睿宗对自己应当做什么迟疑不决，就去请教一位道教哲学家的意见。后者依据老子的教义，建议他采取一种普遍惰性。"完美政府存于何处？在于无为！万事顺其自然，天下就会自治。"睿宗更愿意将权力移交给自己的儿子李隆基，即那位诛杀韦后的皇子，其非凡的活力及机警，预示着他能成为一位伟大君主。公元712年9月8日，皇帝让位于李隆基，今天，人们只记得后者是玄宗皇帝，他将拥有整个中国历史上最为辉煌的统治时期之一。

---

① 梅萨利娜（?—48），罗马皇帝克劳狄的妻子，以淫乱和阴险闻名。

第十九章
伟大的时代

　　玄宗皇帝继位时仅有二十八岁。他积极、勇敢，对自己的责任，家族的伟大，以及唐朝在亚洲的霸主天命，都有着真实的感受。玄宗在位年间（712—756年），是最伟大的统治时期之一，从许多方面来看，他的时代都是中国历史上的"伟大盛世"。很少有如此之多的天才一起涌现。玄宗本人就是一位有才华的学者、诗人和音乐家。他是文学艺术的保护人，围绕在其身边的诗人灿若群星。其中两位最杰出的抒情诗人，李白（701—762年）和杜甫（712—770年），正是生活在他的统治时期。

李白

杜甫

　　尽管中国诗歌基本上都要依赖文学典故，因此经常为我们所忽略，但唐代抒情诗，理解起来似乎更为直接，因为它们唤起的感情，是人类普遍经验的一部分。这种特质，也许是因为唐诗所吸取的源头是多重的。如果分析其成分，我们既能够发现古代道教伟大的宇宙幻想（由一种对崇高的狂热激情所导致），也可以看到佛教的忧思（由尘世万物的普遍无常所唤起）。这种双重灵感，在李白一些更为恢宏博大的诗句里，表现得非常明显：

> 黄河走东溟，白日落西海。[①]
> 逝川与流光，飘忽不相待。
> 春容舍我去，秋发已衰改。
> 人生非寒松，年貌岂长在？
> 吾当乘云螭，吸景驻光彩。

有时候，李白的一句诗，就能单独地表达佛教万物无常的全部精神：

> 长波写万古。[②]

有时，语气变得越来越苦涩和无助，正以以下这首诗，它以一种"虚空中的虚空"般的音调结尾：

> 日月终销毁，天地同枯槁。[③]
> ……

---

① 出自李白：《古风》。
② 出自李白：《金陵凤凰台置酒》。
③ 出自李白：《拟古十二首》。

> 尔非千岁翁，多恨去世早。

还有：

> 生者为过客，死者为归人。
> 天地一逆旅，同悲万古尘。
> ……
> 前后更叹息，浮荣何足珍。

以下仍是类似的浪漫主题：

> 海客乘天风，将船远行役。[1]
> 譬如云中鸟，一去无踪迹。

李白的其他一些诗篇，则纯粹是受道教的启示：

> 花间一壶酒，独酌无相亲。[2]
> 举杯邀明月，对影成三人。

至于大鹏的古老神话，就这种明显象征意义的不凡飞行而言，李白甚至比道教本身走得更远：

---

① 出自李白：《估客行》。
② 出自李白：《月下独酌四首·其一》。

大鹏一日同风起，抟摇直上九万里。[1]

假令风歇时下来，犹能簸却沧溟水。

当他们不能上升到如此高度时，唐朝诗人们就会满足于青山绿水、海阔天空的美好景色，这就是对风景的创造。以下是王勃（649—676年）一个著名的对句：

落霞与孤鹜齐飞，秋水共长天一色。[2]

王维（他也是一位著名画家）下面的这句诗，本身就是一幅画：

积雨空林烟火迟。[3]

在李白的诗中，也有许多这样的空间想象，以一种最有穿透力的印象主义风格表示出来。以下就是一幅洞庭湖的图画：

清晨登巴陵，周览无不极。[4]

明湖映天光，彻底见秋色。

秋色何苍然，际海俱澄鲜。

山青灭远树，水绿无寒烟。

来帆出江中，去鸟向日边。

---

[1] 出自李白：《上李邕》。

[2] 出自王勃：《滕王阁序》。

[3] 出自王维：《积雨辋川庄作》。

[4] 出自李白：《秋登巴陵望洞庭》。

风清长沙浦，山空云梦田。

以下是山景：

> 翠影红霞映朝日，鸟飞不到吴天长。^①
> 登高壮观天地间，大江茫茫去不还。
> 黄云万里动风声，白波九道流雪山。

一幅黄昏景象：

> 暮从碧山下，山月随人归。^②
> 却顾所来径，苍苍横翠微。

一幅夜景图：

> 床前明月光，疑是地上霜。^③
> 举头望明月，低头思故乡。

在拜访修道场所的古典主题中（诗歌与图画均如此），人们容易发现佛教或者道教的灵感：

---

① 出自李白：《庐山谣寄卢侍御虚舟》。
② 出自李白：《下终南山过斛斯山人宿置酒》。
③ 出自李白：《静夜思》。

　　蜀僧抱绿绮，西下峨眉峰。①
　　为我一挥手，如听万壑松。
　　客心洗流水，馀响入霜钟。
　　不觉碧山暮，秋云暗几重。

接下来是拜访一位道教隐士：

　　犬吠水声中，桃花带露浓。②
　　树深时见鹿，溪午不闻钟。
　　野竹分青霭，飞泉挂碧峰。
　　无人知所去，愁倚两三松。

　　当谈到李白之时，如果不提及另一位伟大的唐朝诗人、李白的朋友及对手杜甫，那将是不公平的。正如在以下这幅秋景中所显示的，杜甫同样是一位风景诗人：

　　清秋望不及，迢递起层阴。③
　　远水兼天净，孤城隐雾深。
　　叶稀风更落，山迥日初沉。
　　独鹤归何晚，昏鸦已满林。

---

① 出自李白：《听蜀僧濬弹琴》。
② 出自李白：《访戴天山道士不遇》。
③ 出自杜甫：《野望》。

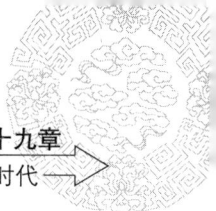

　　李白和杜甫不仅是伟大的抒情诗人，因为玄宗皇帝与他们的友谊，二人还得到了宫廷诗人的地位。他们描写了长安宫廷无与伦比的生活，还描绘了皇帝宠妃，即美丽的杨贵妃之魅力。这位女性，因她的智慧与美貌而闻名，她既是中国的蓬巴杜夫人[①]（Madame de Pompadour），也是汉人中的玛丽·安托瓦内特[②]（Marie Antoinette）。杨贵妃起初是玄宗一位皇子的妃子，但皇帝却倾心于她。玄宗将她从儿子那里带走，并使她成为自己的最爱。正是杨贵妃，被李白誉为著名的汉朝美人"飞燕"：

　　　　选妓随雕辇，征歌出洞房。[③]
　　　　宫中谁第一，飞燕在昭阳。

　　李白进一步表达了这种微妙的敬意：

　　　　只愁歌舞散，化作彩云飞。[④]

　　李白的另一首诗，创作于皇帝的宴请之时，其中提到了这位宠妃：

　　　　云想衣裳花想容，春风拂槛露华浓。[⑤]

---

　　①　蓬巴杜夫人（1721—1764），法王路易十五的情妇。
　　②　玛丽·安托瓦内特（1755—1793），神圣罗马帝国公主，法王路易十六的王后，法国大革命中被处死。
　　③　选自李白：《宫中行乐词八首·其二》。
　　④　选自李白：《宫中行乐词八首·其一》。
　　⑤　选自李白：《清平调·其一》。

杜甫同样吟道：

> 中堂有神仙，烟雾蒙玉质。①

以下，是杜甫描绘的一次有皇家气派的郊游：

> 三月三日天气新，长安水边多丽人。②
> 态浓意远淑且真，肌理细腻骨肉匀。
> 绣罗衣裳照暮春，蹙金孔雀银麒麟。
> 头上何所有？翠微盍叶垂鬓唇。
> 背后何所见？珠压腰衱稳称身。
> 就中云幕椒房③亲，赐名大国虢与秦。

后来，当中国的特里亚农宫（Trianon）曲终人散，而杨贵妃魂断马嵬之后，杜甫回想起了一次宫廷盛宴，以及随从的"女战士"：

> 忆昔霓旌下南苑，苑中万物生颜色。④
> 昭阳殿里第一人，同辇随君侍君侧。
> 辇前才人带弓箭，白马嚼啮黄金勒。
> 翻身向天仰射云，一笑正坠双飞翼。

---

① 出自杜甫：《自京赴奉先县咏怀五百字》。
② 出自杜甫：《丽人行》。原书注：御花园将举办一次大型花会，因此长安城所有名门世家都会漫步前行至此。
③ 原书注：即杨贵妃。椒房原指后妃居住的宫室，也用来指后妃本人。
④ 出自杜甫：《哀江头》。

在下一代诗人中，另一位名家白居易（772—846年），在其《长恨歌》中，描述了这些快乐的聚会：

汉皇重色思倾国，[①]御宇多年求不得。

杨家有女初长成，养在深闺人未识。

天生丽质难自弃，一朝选在君王侧。

回眸一笑百媚生，六宫粉黛无颜色。

春寒赐浴华清池，温泉水滑洗凝脂。

侍儿扶起娇无力，始是新承恩泽时。

云鬓花颜金步摇，芙蓉帐暖度春宵。

春宵苦短日高起，从此君王不早朝。[②]

承欢侍宴无闲暇，春从春游夜专夜。

后宫佳丽三千人，三千宠爱在一身。

金屋妆成娇侍夜，玉楼宴罢醉和春。

除了在敦煌的旗帜与壁画中发现的少数寺庙捐赠者的画像之外，世俗主题的唐朝绘画很少能保存下来。不过，玄宗宫廷里高雅讲究的娱乐活动，在唐代陶俑小人像的发展中被唤醒了——女性乐师和跳舞者，上流女性及她们的随从，"女战士"及女性马球玩家。精致的彩饰，使她们的面色生机勃勃，令她们的腰带更加醒目，同时也让她们的仪态更加优

---

① 原书注：这首诗相当开放地讲述了玄宗皇帝最为著名的故事。"汉"不过是为了表面的让步。

② 原书注：早朝指在黎明之时，国家事务应得到及时处理。

雅。这些小雕像，如李白和杜甫的诗歌一样生动，她们使长安那个无与伦比的宫廷时代苏醒了。同样的，唐代的骑兵整装待发，他们的战马用前蹄蹬着地面；有着强烈清晰的人种特征之蛮族友军，甚至包括佛教的护法天王，都在讲述着从太宗到玄宗期间，汉族人在亚洲史诗一般的传奇岁月。

宫廷生活的消遣，并没有妨碍玄宗施行其伟大祖先在亚洲的扩张政策。在他统治的早期，玄宗很幸运地摆脱了自己的主要对手，蒙古突厥人的统治者默啜可汗。后者在一起反叛中被杀，其首级被送到了唐朝宫廷（716年）。默啜的侄子和继承人毗伽（意为"智者"）可汗，真诚地努力与大唐讲和（721—722年）。 这样一来，长安的辉煌王朝与上鄂尔浑的蛮族宫廷之间就建立起了友好联系，而后者对前者的尊敬表现得非常明显。不过，在公元743到744年，蒙古突厥可汗被一些相关部落的反叛所颠覆，其位置由其中一个即维吾尔人所取代。它取得了蒙古的控制权，并在上鄂尔浑建立了大本营，其都城坐落于今天哈喇和林附近的"黑城"遗址。后来，维吾尔人证明了自己是唐王朝忠诚的同盟。

公元714年，在托克马克（Tokmak）附近，唐军在西突厥人的国家里赢得了一场彻底的胜利，因此令许多突厥部落都归顺于帝国帐下。公元736至744年，在巴尔喀什湖以南的伊利河谷，唐朝将领们取得了进一步胜利，击败了那些反叛的突厥可汗。公元748年，一座汉人庙宇建在了伊塞克湖旁边的托克马克城——这是唐帝国向西突厥内部扩张的一个明显证据。在塔里木盆地，长期不听话的一些小王国，如焉耆、龟兹、于阗和疏勒等，再次成为忠实的臣属。这些属于印欧语系的古老民族，发现唐朝的保护是一种他们抵御新的侵略者——吐蕃人和阿拉伯人——不可或缺的手段。我们已经看到，公元670年，安西四镇为吐蕃所占领，直到公元692年，唐朝才有能力去解救它们。毫无疑问，四地更愿意接受大唐的宗主

权，而不是由几近野蛮人的吐蕃来统治。至于阿拉伯人，在公元652年，他们消灭萨珊帝国并征服波斯之后，就将其征服扩张到了河中地区。公元709年，阿拉伯人将宗主权强加于布拉哈及撒尔马罕的国王。公元712到714年间，他们拓展到了塔什干，渗透进了费尔干纳。后者的国王逃到疏勒，在那里请求中国驻军的帮助。他的要求立即被接受。公元715年，一支唐朝军队开进费尔干纳，赶走了阿拉伯人的前哨，恢复了此人的王位。布拉哈和撒尔马罕的国王试图从唐朝那里得到同样的援助，吐火罗（或称巴尔克）的君主同样如此。从公元718到731年，所有这些王公们都一直向中华帝国上书，声明臣属地位。玄宗做出的回应是，授予他们任职文书，并让处于大唐宗主权之下的突厥人，去援助他们抵抗阿拉伯人。但对于要不要派出一支汉人远征军开赴这么远的战场，玄宗总是在犹豫。相反，他开始干预帕米尔高原的另一侧。

在这里，玄宗的主要任务就是阻止吐蕃的扩张。现在，汉人在一个区域正全方位地遭遇吐蕃人，特别是在库库诺尔①（koko Nor），他们被迫要与对方进行一场令人精疲力竭的边境战争。在吐蕃另一端，吐蕃人正在威胁着位于帕米尔高原南部在印度一侧的那些弱小王国。穿过钵和（瓦罕）、小勃律（吉尔吉特）、大勃律（巴尔提斯坦）这些王国，是大唐在塔里木盆地的保护国与印度之间最为直接的通道。唐代的中国，通过贸易和佛教朝圣的纽带，与印度联系起来，对于穿越帕米尔高原的这些大峡谷的自由通行，朝廷给予了高度重视。吐蕃将宗主权强加给了小勃律，因此在公元747年，一位在唐朝服役的朝鲜将领，时任库车副都护的高仙芝，经由齐里克（Kilik，又称波罗犀罗，Baroghil）越过帕米尔高原，在小勃律建立了一个大唐的保护国。公元749年，当叶火罗（大夏，在印度的贵霜以

———————————

① 即青海湖。

北）的国王请求中国人的帮助，以对付一个较小的山地首领时（此人是吐蕃的盟友，截断了小勃律与克什米尔之间的交通），高仙芝又一次横穿帕米尔高原，再度清理了此地（750年）。在这一时期，克什米尔的首领和喀布尔的国王，都是大唐王朝的忠实同盟，并有好几次得到了帝国的授职命令。

就这样，大唐在天山和帕米尔高原确立了自己的地位，成为塔什干、费尔干那和小勃律的宗主国，克什米尔、大夏及喀布尔（今天阿富汗的很大一部分地区）的保护者。布哈拉和撒尔马罕的人民寻求她的援助以抵抗阿拉伯人，而唐朝在亚洲享受着一种无与伦比的地位。在其库车的官邸之中，高仙芝事实上充当了唐朝的中亚总督。

突然之间，整个体系崩溃了，而同样是高仙芝，对唐朝军队在战场上走得如此之远，是要负主要责任的。

塔什干的突厥国王，过去一直证明自己是大唐的忠实臣属，这个国家也是对抗阿拉伯帝国的最前哨。但是公元750年，高仙芝却希望将国王的财富据为己有，于是乎捏造了一项莫须有的控告来针对后者。高仙芝带兵前来，砍掉了国王的脑袋。这起暴行引发了西突厥人的暴动。受害者的儿子向阿拉伯人求助，后者立即派出了布哈拉及撒尔马罕的守卫军队去协助他。公元751年7月，在靠近今天江布尔（Aulie aAa）的恒罗斯河（Talas）畔，高仙芝的军队被突厥与阿拉伯的联军包围，并全军覆没。阿拉伯人将数千名中国战俘带回了撒尔马罕。这个历史性的日子决定了中亚，或者至少是突厥斯坦的命运：它没有变成中国的，如早期事情的进展似乎所显示的那样；而是变成了穆斯林的。

如果不是碰巧与唐王朝军事力量的一次整体崩溃同时发生的话，大唐在恒罗斯河的灾难也许是有可能挽救的。就在同一年（751年），在云南的大理湖畔，南诏的傈傈王国将一支唐军彻底歼灭。同样在这个糟糕的年份

中，在辽河以西，契丹的蒙古部落击败了中国将军安禄山。

事实是，中国已经因它的军事征服而疲惫不堪。国民对这些遥远的冒险日益厌倦，他们看不到其中的收益；民众特别厌恶的是征兵。像李白一样的宫廷诗人，也无法隐藏这样的情绪：

> 荒城空大漠，边邑无遗堵。
> 白骨横千霜，嵯峨蔽榛莽。
> 借问谁凌虐，天骄毒威武。
> 赫怒我圣皇，劳师事鼙鼓。
> 阳和变杀气，发卒骚中土。
> 三十六万人，哀哀泪如雨。
> 且悲就行役，安得营农圃？

在杜甫的诗中，这种厌战情绪表现得尤为明显。即使他将时代背景转移到汉代，以掩饰自己的批评。以下是他写于公元752年的《兵车行》：

> 车辚辚，马萧萧，行人弓箭各在腰。
> 爷娘妻子走相送，尘埃不见咸阳桥。
> 牵衣顿足拦道哭，哭声直上干云霄。
> 道旁过者问行人，行人但云点行频。
> 或从十五北防河，便至四十西营田。
> 去时里正与裹头，归来头白还戍边。
> 边庭流血成海水，武皇开边意未已。
> 君不闻汉家山东二百州，千村万落生荆杞。
> 纵有健妇把锄犁，禾生陇亩无东西。

况复秦兵耐苦战，被驱不异犬与鸡。

长者虽有问，役夫敢申恨？

且如今年冬，未休关西卒。

县官急索租，租税从何出？

信知生男恶，反是生女好。

生女犹得嫁比邻，生男埋没随百草。

君不见青海头，古来白骨无人收。

新鬼烦冤旧鬼哭，天阴雨湿声啾啾！

第二年，杜甫的批评变得更为直接：

戚戚去故里，悠悠赴交河。①

公家有程期，亡命婴祸罗。

君已富土境，开边一何多。

弃绝父母恩，吞声行负戈。

以下一首诗，描述的是新兵抵达上亚细亚：

驱马天雨雪，军行入高山。②

径危抱寒石，指落曾冰间。

已去汉月远，何时筑城还。

浮云暮南征，可望不可攀。

---

① 出自杜甫：《前出塞九首》之一。
② 出自杜甫：《前出塞九首》之七。

更进一步地，杜甫将老百姓的悲惨生活，与宫廷的奢华，特别是与宠臣之家的财富对比：

> 彤庭所分帛，本自寒女出。
>
> 鞭挞其夫家，聚敛贡城阙。
>
> ……
>
> 况闻内金盘，尽在卫霍室。
>
> ……
>
> 朱门酒肉臭，路有冻死骨。

暴动的条件成熟了。它来自最不可能发生的地区，领导者是朝中一位将军安禄山，这是个在大唐服役的鞑靼冒险家。皇帝和美丽的杨贵妃都非常喜欢他，将此人当成了他们的至宠。但是在公元755年，安禄山获悉了针对当局的普遍不满，突然在辽宁——他的军事大本营举起了反抗大旗。几周之内，他就越过了河北，袭击洛阳，并向帝都长安进军。就在安逼近之时，皇帝连夜逃往四川，与之随行的有杨贵妃、她的两个姐姐以及一个堂兄。杨贵妃已经使此人当上了宰相。在旅途中，皇家的护卫士兵因缺乏给养而反叛。他们杀死了杨贵妃的宰相堂哥，将其首级挑在长矛尖上并呈给皇帝。随后，这些人继续以类似方式处死了贵妃的两个姐姐。皇帝被士兵们的喧嚣惊吓，他走出来，试图用友好的言辞抚慰他们。但叛乱者所要求的是杨贵妃本人的脑袋。玄宗被叛军包围，只能容许士兵带走这位不幸的女人，并将她绞死。这些人得到满足之后，随即恢复了秩序。

在杨贵妃辉煌的岁月里，杜甫曾写诗赞美她。在一首感人的诗篇中，诗人哀悼了后者的悲剧结局：

明眸皓齿今何在？血污游魂归不得。①

清渭东流剑阁深，去住彼此无消息。

一代人之后，诗人白居易在其《长恨歌》中，描写了她的戏剧性死亡：

渔阳鼙鼓动地来，惊破霓裳羽衣曲。

九重城阙烟尘生，千乘万骑西南行。

翠华摇摇行复止，西出都门百余里。

六军不发无奈何，宛转蛾眉马前死。

花钿委地无人收，翠翘金雀玉搔头。

君王掩面救不得，回看血泪相和流。

……

天长地久有时尽，此恨绵绵无绝期。

与此同时，安禄山已经占领了首都长安（公元756年7月18日）。难过的玄宗继续其奔向四川的逃亡之旅。这事实上就是退位。在宁夏地区，其子李亨控制着忠诚的军队。就在那里，士兵们拥戴他为皇帝（公元756年8月12日）。

这位新皇帝肃宗，是一位积极而且善良的王子。他全部的执政时期，都致力于从叛乱者手中光复华夏。在执行此任务的过程中，肃宗得到了一位伟大将军的协助。后者名为郭子仪，是军事忠诚及献身朝廷的典范，就

---

① 出自杜甫：《哀江头》。

恢复唐朝的贡献而言，他超过了其他任何人。为了得到支援，肃宗向突厥求助。自太宗时期以来，大唐在突厥人之中就享有很高声望。最强有力的突厥民族，是当时控制着外蒙古的维吾尔人。他们为肃宗派出了一些分队，正是在他们的协助下，朝廷军队才得以收复长安和洛阳（757年）。但暴乱却远没有被镇压，肃宗死时任务也没有完成。（公元762年5月）叛军甚至再度占领了洛阳。他们的最终被驱逐和平定，还需要维吾尔可汗的亲自干预，（公元762年11月）他率领自己的骑兵从蒙古南下。

在这场战争期间，维吾尔可汗结识了一位摩尼教牧师。此教是公元三世纪于波斯创建的一种混合宗教，部分源于本土的袄教，部分来自天主教。作为其与牧师相识的结果，这位维吾尔君主皈依了摩尼教，并将它定为本民族的国教。这种异端信条，曾一度几乎令圣奥古斯丁也信奉，如今却被一种奇怪的命运用来征服蒙古。我们必须承认，摩尼教对维吾尔人行为和习惯的人性化，起到了帮助作用，而且，还在他们当中传播了一种艺术。此艺术与信条本身一样，主要借鉴于波斯。在吐鲁番发现的摩尼教壁画和微型画（可追溯到公元800到840年之间），事实上是留存的波斯绘画最早之样本。

唐王朝无法拒绝维吾尔国王的任何要求，只因后者曾拯救并恢复了大唐皇位，有几次，他们还娶了中原的公主。维吾尔人运用自己的影响力，来保护中国的摩尼教，而且，在他们的要求之下，长安朝廷批准了在几个城市建立摩尼教教堂。只要维吾尔人的支配地位继续存在，这种保护就会持续。公元840年，当后者的统治为吉尔吉斯突厥人的攻击所中断时，中国的摩尼教团体发现，一夜之间，他们的宗教活动就被禁止了。

另一方面，在唐朝，景教享受着几乎从未中断的保护。我们已经提及，最早的景教教堂于公元638年建于长安。在同一年，太宗皇帝颁布了一道赞同景教的诏书，并称其是朝廷宽容精神的一个值得称道的榜样：

"道无常名，圣无常体，随方设教，密济群生，大秦国大德阿罗本，远将经像，来献上京，详其教旨，玄妙无为，观其元宗，生成立要，词无繁说，理有忘筌，济物利人，宜行天下。"①关于景教在中国的情况，有一块著名的碑文于公元781年在长安用叙利亚文和中文雕刻完成。它以一段景教（光明灿烂的宗教）教义摘要开篇，继而是一份清单，列举了自太宗时代以来朝廷赐予景教团体的恩惠，特别是玄宗，他曾携带一幅亲笔书写的颂扬条幅，来到长安的教堂。在公元845年之前，景教没有遭受过麻烦，而在这一年却被牵涉进了一起直接针对佛教的迫害活动之中。

但是在中国，摩尼教和景教从来没有广泛传播，几乎完全局限于波斯和突厥居民之中。主要的理念之争，依旧在儒教、道教以及佛教之间进行。公元745年，在玄宗皇帝统治的后期（其一生主要受道教影响），道教书籍首次被汇集成一个单本合集，形成了未来道教教规的基础。公元837年，九部儒教经典的全文被刻于石碑上，如此一来，学者们就可以得到任意数量的著作拓片了。至于佛教经文，我们已经看到，诸如玄奘和义净一类的朝圣者从印度带回的整套梵文经典，这些作品很快就被译成中文。②大量汉文三藏经的收藏，佐证了这项工作的实施规模何等之大。

儒家文士们以古代的儒教智慧，强烈地反对佛教和道教神秘主义的推进浪潮。公元819年，宪宗皇帝（其本人对这两种信仰都偏爱）用盛大的仪式来迎接一枚佛陀遗物。因为这个原因，他遭到了韩愈（唐代最著名的作家之一）的谴责，后者呈上了一篇言辞激烈的上奏，至今依然被经常引

---

① 出自《唐会要》卷四十九。

② 原书注：玄奘的朝圣在公元630—644年间，而义净则在公元671—695年。

用："夫佛本夷狄之人，与中国言语不通，衣服殊制。"韩愈诚实而且勇敢，但似乎有些心胸狭窄，他将佛教与道教归于同一类型，并将两者都谴责为反社会及无政府主义："口不言先王之法言，身不服先王之法服；不知君臣之义，父子之情。"①儒家文士总是一直攻击佛教的闲散和出家，以及道教的消极、炼丹及巫术。不过，在特定场合，儒教和道教却能够采取共同立场，来反对"外来宗教"佛教。公元845年，武宗皇帝（他本人是个道教追随者）颁布了一道反对佛教的诏书，在其中他重复了韩愈的所有论证。大量和尚被迫还俗，大批寺庙被关闭。但下一个皇帝懿宗（859—873年在位），却是个虔诚的佛教徒，他统治期间，僧侣们恢复了他们的一切影响力。

而且，佛教明确地在中国扎下了根，原因在于，它在这里变得更加汉化。

当今的佛教，是在唐代早期，从印度北部经由塔里木盆地传过来的。它是古代印度信仰的一种充分发展的形式，事实上几乎是一种新宗教。我们已经看到，在印度，从大约公元初年开始，一种意想不到的形而上学和神话被添加进了最初佛教所宣扬的相对简单之教义中。这场转变，是被称为Mahayana，或大乘佛教的教派之杰作。他们中的一派宣称一种绝对唯心主义，或者更准确地说，是一种唯心主义一元论，它有些类似于费希特②（Fichte）的体系，消除了自我及外部世界，最终仅承认"唯识"或者"理念世界"。正如我们所看到的，这就是朝圣者玄奘从印度带回来的体系。公元6世纪末期，生活在浙江天台山的一位中国佛教徒③，用有

① 出自《旧唐书·韩愈传》卷一百六十四。
② 费希特（1762—1814），德国哲学家。
③ 即天台宗创始人智𫖮（531—597）。

些类似的观念，创建了另一套体系的框架。天台宗发现，在普遍无常（根据佛教的说法，它构成了世界）当中，有一种普遍本质，信徒只要掌握了它，就能实现教化。这种信条导致了某种神秘的一元论，在其中，不难发现道教的渗透。因为，这种普遍本质与"道"有显著的类似。另一个佛教学派，称为禅宗（梵文中称为dhyana，中文中称作"禅"，日文中则称为Zen），试图通过直觉，在心灵深处发现完美的本质。这种内省式的专注，以及神秘的净化，毫无疑问可以上溯到印度瑜伽的苦行，他们既有婆罗门教徒，也有佛教徒。这里，人们能够再度意识到道教理念的逐渐渗透。禅宗的沉思，与道教的忘我境界几无区别。但是，如果说古老的本土道教，就这样影响着佛教演变的话，那反之亦然。如今，道教也在模仿佛教，致力于将自己组织成教会，而其圣人们，也按照佛教寺院的模式聚集在群体之中。

对中国大众来说，佛教的最大吸引力在于它的神话，多种多样的礼拜祈祷，以及首先是对各类菩萨的祭仪。这些超自然的存在物被创造出来，是为了代表历史上的佛陀。这种创造从来都是不可或缺的。一种宗教，必须提供上天保护者，使信徒能够对它倾诉。现在，佛教并不包括任何绝对理念；因此人们如何向历史上的佛陀祈祷呢？他的人格已经达到了涅槃或完全消失（全部佛教教义都依赖这一断言）。因此，从大约公元初年开始，印度的大乘佛教徒们，就赋予了他们的弥赛亚（即中国的弥勒佛）一个相当重要的地位，后者即将道成肉身，并像佛陀释迦牟尼一样，再次拯救世界。在新千年的前六个世纪中，大众的虔诚转到了这位弥赛亚。他在中国北魏的肖像学中扮演了一个相当重要的角色。这从云冈和龙门的佛像上可以判断。随后，当救世主缓慢出现时，对弥勒佛的崇拜就逐渐消退了。大众的热爱转向了另一位菩萨Avalokitesvara（其名字在梵文中意为"俯视众生之人"），这是一种佛教的"上

166

帝"。在他来到中国之后，通过一种奇怪的变形，这位菩萨似乎呈现了女性的外观。Avalokitesvara变成了"女神"观音，有些类似"圣母玛丽亚"，充满了温和与怜悯，她拯救灵魂，将世人从各种各样的地狱中解救出来。并令他们在自己脚下神秘的莲花内获得重生，进入美好的天堂。观音与另一位神明——神秘的佛陀阿弥陀佛，共同承担这一任务。后者被视为观音的精神之父，他的像被观音戴在头发上。对阿弥陀佛的热爱，催生了一种心灵的宗教，一种纯粹个人化的真正虔信，或者更准确地说，是促成了一种基于对菩萨仁慈的无限信任之无为主义；仅仅是看到阿弥陀佛一个同情的眼神，或者从心底向他发出一句祈祷，受难的灵魂就能得到解救。

这种个人宗教，充满了亲切与信心，也许正是它比一切佛教哲学的深思冥想，能在中国民间赢得更多皈依者之原因。无论佛教还是道教，都无法拿出可与之媲美的东西。观音女神为中国民众所接受，在民间祠堂中，后者将她与儒家先贤和道教神明并排摆在一起。观音同样为道教徒自身所采纳，如今，中国的民间宗教由各种不同的宗教祭仪构成，而观音依然在这种宗教融合占据了首要地位。

在敦煌发现的旗帜，可以追溯到唐朝和五代时期。它们显示了处于发展进程中的各种佛教礼拜。弥勒佛的救世信仰，与观音的天堂福地齐头并进，而在人们的眼中，印度的"俯视众生之人"，已经转变成了中国的观音。这就是敦煌的石窟如此引人瞩目的原因。这里不仅是从依然渗透着印度影响的塔里木盆地，过渡到纯粹中国艺术的结合点，还保留了一种独一无二的证据：中国被佛教征服之后，佛教却被中国人反吞并。

第二十章
社会危机

　　唐王朝，再没有从因安禄山叛乱造成的震动中恢复过来。皇家世系的恢复，似乎终止了反叛大剧，但想复原国家从前的繁荣却是不可能的。在叛乱期间，唐朝丢掉了它除安南之外的全部境外领地。八年的内战（755—763年），加上抢劫的损失，财富的破坏，以及农田的荒废，导致了人口的极大缩减。内战前夕，在一段一百四十年的国内和平时期之后，公元754年的人口调查，显示了相当于5200万人口的家庭总数。公元839年，在复辟王朝已经用了四分之三世纪来抹去战争创伤之后，人口调查却显示，全国人口不超过3000万。

　　人口数量的下降，伴随的是前所未有的经济与社会危机。在唐代，国家理论上仍旧是土地的唯一所有者。而实际上，它只满足于做一个分配者。每个农民到了成年之时，都会得到一份分配的乡村土地，面积从7.5到15英亩①不等。这些地终生都是他的；农民还能得到一份最多3.5英亩的"地产"，他有权利留给自己的子孙；所有田地都是不可转让的。这些恩惠使农民有责任承担土地税、服劳役与兵役。当他死却之后，这份地要返还给村社以重新分配。只有官员才能获得大量地产，而且可以通过继承来保有，这一点至关重要。由此产生的大土地所有者，将他们的土地交给农

---

　　①　1英亩大致相当于6亩。

168

业劳工去耕作，并且按年度向后者支付报酬。这些大地产或者由管家打理，或者出租给佃农。

在公元8世纪中期，农民的小块土地（在每个乡村，农民的生活都要靠这小块土地给予耕种者的恩赐）突然间消失了。安禄山反叛摧毁了王朝的财政，对叛乱的镇压，则使征兵的持续增长成为必要。马伯乐写道，税赋、劳役和兵役变得如此深重，农村人口的债务又如此紧迫，以至于大部分农民都将其土地卖给大地主，自己则变成了佃户或者农业农工，也就是说，比农奴好不到哪里去（尽管法律禁止这样的交易）。小地产就这样消失，被大庄园给吞并了。到了8世纪末期，拥有土地的家庭只占全部人口的5%，此时的中国不再有富裕的农民，而只剩下一种农业无产阶级了。

贸易同样被摧毁了。在公元781到783年间，为了重新充实被内战掏空的国库，政府向所有商人征收了他们的部分货物。在这项措施实行之后，帝国首都长安——最重要的商业中心，丝绸之路的出发点，以及印度和波斯湾沙漠商队的目的地——衰败得就如同被蛮族洗劫过一样。财政上的强求如此严酷，从而导致了骚乱。然而，政府继续对每一种商品的买卖，以及所有商业行为与交易，征收极为沉重的税收。例如，在公元793年，来自四川的茶叶要交10%的税。

革命的舞台已经搭好。在公元874年年底，它终于爆发了。反叛的主要推动者，是一位心怀怨恨的知识分子，名叫黄巢。此人非常聪明，不讲道德且精力充沛，是一起明目张胆的审判不公正之受害者。叛乱发生于河北南部与山东的交界处，从黄巾起义到义和团，这一地区一直都是类似暴动的策源地。正如我们先前所说的一样，此地人口过剩，低洼的冲积土和黄土平原上散布着贫困的村庄，没有一英寸的土地被闲置，但土地容易遭受周期性的旱涝灾害，毁坏农作物，并引发可怕的饥荒。公元874年的运动，是以一场农民暴动拉开序幕的，一群孤注一掷的人揭竿而起，将他们自己

组织成"大团伙"，意在打家劫舍。为了对抗此次叛乱，政府采取的一项措施，只是起到了加剧动乱并使其普遍化的作用：它命令农民将自己武装起来，并为他们提供战斗装备。那些因为过度的税负被迫卖掉自家土地的农夫，以及被税收官逼上绝路的店主，一旦有了武器，很快就加入到了叛乱者阵营。

黄巢将这些不同门类的造反者整合起来。在短短几个月内，他就洗劫了山东部分地区，以及河南富庶的开封平原。从那里，他带着自己的团伙抢掠了华南两大港口：福州（878年）和广州（879年）。在当时，广州是最大的商业中心之一，有着"外国船只停泊最多的港口，以及能满足全部海上贸易的仓库"。阿拉伯的地理学家（他们将其称为广府）告诉我们，广州有着一个极为重要的阿拉伯人及波斯商人聚居地，他们的信仰各不相同——有穆斯林、基督徒、摩尼教徒及犹太信徒，出口的货物包括丝绸、瓷器、茶叶、樟脑、芦荟，以及其他中国产品。当黄巢大军到达时，广州人紧闭门户，准备对抗围城。黄巢提出，如果朝廷任命自己为广州节度使，他就讲和。朝中大臣们拒绝了。"广州市舶宝货所聚，岂可令贼得之。"[①]黄巢用武力占领了城市，屠杀了所有市民，包括阿拉伯人移民，并对其仓库进行了从屋顶到地窖的彻底洗劫。"除此之外，他还下令毁掉了整个地区的所有桑树，如此一来，在很长时间里，没有丝绸出口到阿拉伯帝国"。（879年秋季）与此同时，黄巢叛军中的农民，即北方各省的土著，遭受广州热带气候的折磨，因疟疾而大量死亡。黄巢率领幸存者返回北方，占领了帝国的都城洛阳及长安，洗劫两座城市并屠杀它们的居民。同时，皇室成员再一次逃到了四川。

在如此绝境之下，唐朝向一个被称为"沙丘"的突厥人部落求助——

---

① 《资治通鉴》卷二百五十三。

在突厥语中叫作"Tchol"，在汉语中名为沙陀。这个部落起源于戈壁，过去作为唐朝的盟友，一直住在鄂尔多斯河套。近来乘内战之机，他们在山西北部定居下来（878年）。沙陀人的首领李克用，此时年仅二十八岁，是他那个时代最有同情心的人物之一。[①]在此番唐朝落幕的大戏中，这位突厥人的勇敢和忠诚，与其他角色的腐败行为形成了鲜明对比。朝廷向李克用求助，以使自己从叛乱者那里解救出来。他答应了，并且此后从来没有动摇对大唐事业的忠诚。他的骑兵（因为他们身着黑衣，被称为李克用的"鸦儿军"）从山西进军长安。在这里，黄巢的部队明显已经消失了。在洗劫了首都之后，这些农民造反者想的不过是将自己的战利品运回安全的地方，于是就一批接一批地逃跑，为的是回到他们的村庄。公元883年年初，李克用驱逐了最后一批残留的叛乱者，并将皇帝请了回来。"荆棘满城，狐兔纵横。"[②]黄巢逃到了山东，在那里被杀。他的重要将领朱温，及时重整队伍，投入到了朝廷的平叛事业中，并获得了一块重要的封建开封（汴州），作为自己的回报。朝廷的救世主李克用得到了山西省，后来他又得到了河北北部。

事实上，这些只是全面分割帝国的最为突出之例证。各地长官及军队将领，利用内战和地方民军武装，不同程度地都独立了。在整个国家之内，一种世袭的封建制度在发展壮大，正如大约同一时期的法国（也是在有些类似的形势下）在加洛林王朝崩溃时所发生的事情。整个华南以这样的方式，很快被分成了七个割据政权；同时，在北方出现了两位竞争者：突厥首领李克用和前土匪头子朱温。

最终获胜的是朱温。李克用受制于其忠君思想，这位有着骑士精神的

---

① 原书注：李克用的父亲因其对朝廷所做出的贡献，被唐朝赐予国姓"李"。
② 出自《资治通鉴》卷二百五十六。

突厥人，拒绝违背自己对于唐王朝的忠诚誓言。但朱温却没有被这样的顾虑所困扰。这个前强盗领袖试图将李克用诱进陷阱，从而除掉他自己的对手。朱温邀请后者参加一场宴会，让他喝醉，接着派出一队杀手袭击此人。李克用的随从将冷水浇在主子脸上，从而唤醒他，随后用绳子将他从城墙顶上顺下去，设法让他脱逃了。

朱温对待自己的士兵，也如对付敌人一样无情，他在部下脸上刻下了编队的番号，如此一来，任何逃兵都能被轻易认出，并立即被斩首。他将皇室引诱到自己在河南的封地，随后又暗杀了皇帝（904年9月22日）。随后，朱温又将其牺牲品的兄弟们聚集在一次宴会上，散席时，他将这八人全部杀害。（905年）与此同时，他将最后一位唐朝皇子推上帝位，这是一个十三岁的男孩。公元907年5月12日，朱温废黜了这孩子（9个月之后又将其杀害），并自封为皇帝。

此后半个世纪，中原大地重新陷入了无政府状态。正如我们所看到的那样，华南地区被七个地方王朝瓜分。帝国本土此时已经缩减到了北方几省，朱温家族以河南为中心，仅仅执政了十六年（907—923年）。他们被李克用家族所驱逐，但轮到后者执政时，其统治也不过只持续了十三年（923—936年）。随后被另一个突厥血统的家族所取代。到这个时候，无论在生活方式还是衣着打扮上，沙陀人已经彻底汉化了。不过此时，在辽东地区出现了一支依旧完全野蛮的部落：这就是契丹人，他们声称要在瓜分中原中得到份额。

契丹①是一个蒙古人种的民族，在东北、位于辽阳和达来诺尔（呼伦

---

① 原书注：在蒙古语中，单数是Kitan，复数形式是Kitat。在汉语中是契丹。在突厥语、波斯语和阿拉伯语中是Khitai。但这却成为了突厥人（随后又有俄罗斯人）称呼中国的名字。马可波罗同样使用这一名称（Cathay）称呼中国北方。

湖）之间的松辽盆地上过着游牧生活。他们干预中原事务的机会，是由汉人自己提供的。公元936年，一位反叛朝廷的中原军官石敬瑭，向契丹求助。后者的可汗耶律德光，率领五万骑兵南下进入河北，帮助石敬瑭本人成为了一个新帝国的缔造者，定都开封。作为他们干预的价码，契丹得到了包括今天北京在内的河北最北部，以及包括大同在内的山西最北部。蛮族人从此就深入长城以内，在北部边境定居，并得以控制中原政治。石敬瑭的叛国，打开了中原版图完整性的第一个缺口，这一缺口后来被加宽，在12世纪征服华北、13世纪征服整个中国的游牧民族，正是从这里席卷而至的。北京地区被耶律德光占领之后，它从契丹的蒙古部落手中，转移到了通古斯部落的女真那里，又再次从女真处转给了成吉思汗的蒙古，从公元936到1368年，它以这样的方式，一直为鞑靼人所控制。

契丹人控制北京的痛苦后果，很快就被促成它的同一批人感受到了。石敬瑭的继承者，决心将自己从契丹那不堪承受的保护中摆脱出来，但他只是成功地激起了后者的进一步入侵。公元947年1月25日，耶律德光开进了帝国都城开封。在返回北京之前，他审慎认真地洗劫了这座城市，并将全部中国官员作为俘虏带走。契丹人撤走之后，一个新王朝登上了开封的皇位，但他们只是维持了四年（947—951年）。到了公元960年2月，皇位传给了一个伟大的王朝，即宋朝。但因另一个持不同政见的汉人王国之建立，中原的分裂却进一步加深。后者在山西建国，以太原为都城。因为华南已经分裂成为了七个独立王国[1]，这样一来，就有了八个地方割据政权与一个中央帝国相敌对。实际上，后者只控制着陕西、河南、安徽北部、山东及河北南部。

---

[1] 原书注：更不用说安南，公元939年，安南利用中原的分裂，摆脱了汉人的统治。

第二十一章
宋代及其改革问题

　　长久以来，中国人一直带着景仰之心追忆大宋王朝。它并没有再现汉唐对亚洲的征服，相反，它甚至无法将鞑靼人从那些他们依然占据的中原领土上赶走。而且，在朝代后半期，它被迫放弃了中原北方的全部领土。不过，中国文士从来不曾将军事威力与文化成就相提并论。他们的古典性情，以及对军人或许抱有的一定阶级嫉妒，导致这些人站在哲学立场上，系统化地蔑视一切尚武政策；当他们的反军国主义理论导致了外敌入侵之时，文士们就用无力的抗争与迟来的爱国主义来抵制战胜方的军队。《资治通鉴》——这是一部通史，或许由宋代文人中最为优秀的代表所编纂——正是这种观点的代表。而且，宋代因其对古典文化、哲学思考、学识、考古与业余艺术爱好的推崇，也就不可避免地赢得了文士们的赞赏。

　　宋代没有追随汉唐的辉煌足迹，这并不是其创始人的过错。大宋开国之君赵匡胤，是中国历史上最具同情心的伟人之一。在当上皇帝之前，他是一位在前朝服役的将军。皇帝刚刚去世，留下一个七岁孩子做其继承人。与此同时，一场战争即将打响，对抗的正是令人畏惧的契丹。赵匡胤以非凡的勇气指挥着这场战争。军方认为，让一位强人来掌权是必不可少的，于是强迫其统帅付诸行动。一天早上，刚刚拂晓，士兵们包围了赵匡胤的营帐。后者从惊吓中醒来，发现自己被其军官所包围。这些人提剑在手，宣称要拥戴主将做皇帝。在赵匡胤还没有来得及答复之时，军官们

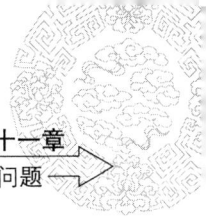

宋太祖赵匡胤画像

就给他披上了皇帝的黄袍，将他扛在肩膀上，并抬上战马。这些人把赵匡胤带到军队中间，士兵们高声叫嚷着欢呼他，并排成整齐的队列，朝着都城方向前进。不过，在马上待了几分钟之后，赵匡胤下令停下来，并向士兵宣讲道："汝等贪富贵立我，能从我命则可，不然，我不能为若主矣。"[①]所有的军官都翻身下马，高喊说他们愿意服从他。"既然这样，"赵匡胤说，"那就听好。太后、主上，我北面事者，不得惊犯；公卿，皆我比肩，不得侵凌；朝市府库，不得侵掠。用命，有重赏；违，不汝贳也。"所有人均发誓遵守这些命令，军队也重新井然有序地向前行军。第二天，他们抵达首都开封（汴州），在这里，赵匡胤特别留意，不仅确保了小皇帝及太后的安全，还让二人衣食无忧。随后，他登上了皇位（960年2月）。

赵匡胤随后的统治，与开始并无区别。作为一位领导者，他宅心仁厚，且又才华横溢，作风稳健，顾全大局。赵匡胤治愈了过去四分之三世纪留下的战争创伤，并几乎重新统一了整个中原。在其统治的十五年间，赵匡胤一个接一个地征服了华南的各个地方政权（广州在公元971年被占领，而南京则在公元975年被征服）。最不同凡响的是，尽管诉诸了武力，这些征服并没有伴随着对平民的暴力伤害。宋朝将军们得到的命令是，一旦占领了某座城池，他们就要宣布大赦。至于那些其领土就这样被并入帝国版图的诸王，赵匡胤非但不会羞辱他们，还给这些人发放津贴，让他们依附于朝廷。在对待南京的前统治者——此人抵抗时间最长——之时，皇

---

① 本章中的文言引文，均出自陈邦瞻所著：《宋史纪事本末》卷一。

帝不无幽默地将后者封为"违命侯"。

自从唐朝解体以来，历朝历代的缔造者，均是通过军事威望登上帝位的，赵匡胤与他们并无不同。可是，一旦掌握了权力，他就决心让这种惯例不再发生。在一次亲切友好的宴会上，赵匡胤召集了所有的军队首脑，即他从前在军队中的伙伴。皇帝仅仅通过劝说，并没有威胁，就获得了后者的保证：为了国家的利益，他们将放弃自己的军事指挥权；作为交换条件，赵匡胤用土地和财富奖赏众将。如此一来，就终结了过往半个多世纪以来，令中原精疲力竭的频发军事政变。"文官帝国"最终得以建立。

直到最后，赵匡胤都表现出了同样的智慧。当意识到死亡逼近，而自己的儿子过于年轻，无法承担政府职责之时，他召来其弟，取下挂在龙床附近的战斧传给后者，作为权力的象征，并忠告他做个好皇帝。随后，赵匡胤就去世了（976年11月）。

新皇帝太宗（976—997年在位）将最后一个地方政权（在山西）重新纳入帝国——尽管有契丹的干预（979年6月），经过长期围攻之后，宋军还是攻克了都城太原——这样完成了其兄长未竟的伟业。随后，他试图从契丹那里夺回后者在长城之内占据的那些领土，即大同和北京地区。公元979年7月，太宗发兵攻打北京并包围了它，但在城市西北，他被契丹击败，被迫仓皇撤退。公元986年，他发动了另一起攻势，但这一次，甚至连北京都没有打到。在北京与保定之间，太宗的军队被击溃了，追击的契丹军队一直打到了河北南部。在太宗之子真宗统治期间（998—1022年），契丹人继续着他们对中原领土的入侵，并抵达了黄河岸边，对面就是帝都开封。朝臣们恐慌不已，建议真宗退到长江下游的南京，甚至是四川，但皇帝拒绝了。在北方，黄河对岸有一座中原小城澶州（澶渊），它已经设法挡住敌军了，其抵抗阻止了契丹向都城的进军。皇帝亲自赶赴澶州，相当勇敢。他的坚定态度令守军士气大振，并使契丹震惊。在澶州，契丹人

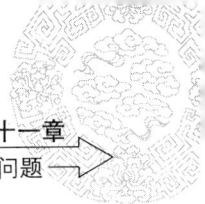

与大宋签订了一份和议，根据条约，他们同意撤出新近占领的河南南部领土，和过去一样，满足于掌控北京与大同（1004年）。与此同时，在与契丹人争斗的过程中，大宋帝国的困难，被一个吐蕃民族唐古特（党项）充分利用。在公元1000年前后，他们使自己成为了鄂尔多斯、阿拉善与甘肃的主宰者，在这片区域，唐古特人建立了独立的西夏王国。

帝国军队两次试图从契丹手中收复北京的努力，均以失败告终，加上西北边境唐古特人新的蛮族王国之建立，使得大宋王朝对尚武政策不再喜欢。执政者满足于阻止契丹的反击，甘愿让后者拥有北京和大同的边境地区，并将鄂尔多斯与甘肃让给唐古特人。就北京而言，这个牺牲远不如今天我们看起来的那么重大。且不说它的偏远位置，当时北京不过是一个非常次要的地方城镇，在中国历史上，它直到这个时期，也还没有扮演过任何重要的角色。北京的重要性，正是从契丹在此建都时开始的。从11世纪中原人的观点来看，一方面放弃北京与大同，另一方面放弃甘肃，都算不上多大的牺牲。除了这三个遥远的边陲之外，大宋王朝拥有全部历史意义上的中原领土。在超过一百年的时间里，他们放纵自己对文学、艺术与智力争论的偏爱；宋代首先是一个意识形态人争论的时期，而最为重要的论战，就是"保守派"与"改革派"的纷争。

不过，这场争论并非仅仅是一起知识分子的消遣。导致了唐朝崩溃的经济与社会危机，已经造成了农村人口的普遍受奴役；小土地所有者被迫出卖他们的地产，并转变成佃农，或者是大地主庄园里的雇佣劳力。这一时期的著名文学家苏洵（1009—1066年）描述了这一情景：

> 田非耕者之所有，而有田者不耕也。耕者之田资于富民，富民之家地大业广，阡陌连接，募召浮客，分耕其中，鞭笞驱役，视以奴仆……而田之所入，已得其半，耕者得其半。有田者一人而耕者十人，是以田

主日累其半以至于富强，耕者日食其半以至于穷饿而无告。①

王禹偁的一首诗，描述了一幅饥荒年月农民穷困者的心酸场景。排成长队的农民，离开他们的故乡家园，被迫尽其所能四处漂泊：

> 谪居岁云暮，晨起厨无烟。②
> ……
> 门临商於路，有客憩檐前。
> 老翁与病妪，头鬓皆皤然。
> 呱呱三儿泣，惸惸一夫鳏。
> 道粮无斗粟，路费无百钱。
> 聚头未有食，颜色颇饥寒。
> 试问何许人，答云家长安。
> 去年关辅旱，逐熟入穰川。
> 妇死埋异乡，客贫思故园。
> 故园虽孔迩，秦岭隔蓝关。
> 山深号六里，路峻名七盘。
> 襁负且乞丐，冻馁复险艰。
> 惟愁大雨雪，僵死山谷间。

必须承认，这种情形并非仅限于宋代时期；在全部中国历史上，饥荒岁月，连同其造成的苦难与不幸，总是周期性地爆发。不过，可以肯定的

---

① 出自《苏洵集·嘉佑集》卷五。
② 出自王禹偁：《感流亡》。

是，在这一时期，解决土地问题的方法还未发现之时，农民的悲惨处境似乎无法避免。除此之外，小地产的消失，完全颠覆了赋税的评估，扰乱了国家财政——无论如何，一个世纪的政变与内战，已经令其破产。①

在经历如此之多的内战之后，似乎有希望看到传统价值的一次全面恢复。大宋王朝从立国之初，就致力于为这种恢复提供一个确定的智力基础。明智的太祖赵匡胤，在他刚刚登上帝位时，就依靠儒家文士。他和他的继承者们，一直从后者之中招募其政府官员。为了保证新成员的充足供应，他们恢复并整顿了科举考试制度，从这时起，科举就有了其最终形式。仁宗皇帝（1023—1063年在位）通过在各主要城市创设府学，并在京城开办翰林院，同时还重建了包括三门主要科目——经义、词赋与策论——的考试大纲，完善了这些措施。最后，他将重要的公职，委托给了两位当时最为有名的学者，即欧阳修（1007—1072年）与司马光（1019—1086），二人都以历史学家而闻名，前者还是著名诗人。

王安石变法影响深远

不久之后，文人学士内部就开始出现分裂。两派都诉诸于儒家正统，但对其解释有所不同，就他们那个时代经济与社会危机的合理解决方案，两派也存在争议。神宗皇帝（1068—1085年在位）统治期间，在赫赫有名的王安石领导之下，改革派掌握了政权。

---

① 原书注：1065年，在王安石变法前夕，根据《宋史》的记录，正常的财政支出总计为120，343，174缗，加上11，521，278缗的额外开支。而与此同时，财政收入仅有110，138，400缗。

179

事实上，在王安石之前很久，改革已经是大势所趋。仁宗时期，1057年开办了"广惠仓"，向老人、孩子、贫困及患病者分发谷物。英宗皇帝（1064—1067年在位）尽管是一位倾向保守的统治者，却向"常平仓"提供了一百万缗的捐助。在收成过于饱和，谷价下跌的年份，这些官仓就以高于市价的价格购入谷物；在收成糟糕，因投机导致物价上升之时，他们就以较低价格将谷物投放市场。如此一来，这些官仓就为双重目标服务：形成储备以应对荒年，以及打击投机来控制谷价。

不过，王安石很快就超越了这些温和的举措。

王安石（1021—1086年）是中国历史上最为有趣的人物之一。很少有人在生前，能像他一样遭到如此猛烈的抨击。王安石饱受责难，是因为他教条主义的固执，他的不修边幅及不洁净的脸庞，一切都与其他文士形成了强烈反差。但是在现今时代，王安石又被捧到了天上，不仅被视作"国家社会主义者"，还被认为是民主主义者，以及孙中山的先驱者。事实上，他的改革，似乎首先是出于财政原因发起的。有必要帮助民众生产更多，以便国家能够从普遍繁荣中增加收入。正是出于这种双重目的——在为国家增收的同时，改善百姓的收益——1069年，王安石创建了一个常设的改革委员会，由他本人领导。对经济体系的重建很快就开始了。王安石制订了一套财政收支的固定预算，这是不能以任何借口超出的，支出因此减少了四成。

在当时，农业依旧是宋朝最主要的收入来源。为提高产量，王安石决心保护农民免于穷困，并摆脱债权人的掠夺。出于这一目的，国家贷款给农民，以收成作为担保。[①]在春季，这笔预付款发放给后者，到了秋天收获之后，贷款与利息返还给前者。农民的另一项报怨，就是地方官员责

---

① 原书注：在中文里，它被称为"青苗法"，这项制度从1067年9月开始实施。（参见周还：《收成信贷》，巴黎，1930年）

令他们服劳役的专横方式。王安石废除了强制劳动，用一种年度税取而代之，并用后者建立了一项支付公共工程的资金。这是一项极为重要的创新，因为此税金是首次针对个人征收的。与此同时，他将土地测量记录更新到最近时期，九世纪的土地变化，令这项改革成为绝对必要。在古代中国，土地税一直按农民的土地来征收，而土地往往是村社的财产。九世纪时，小地产消失，被大庄园兼并，从此以后，就有必要找出另一些办法。这正是王安石提出重建土地登记制度时，一直所考虑的事情——它并不像一些人所宣称的那样，是一种财富再分配制度。公元1073年，王安石以一平方里①为单元，对全国耕地进行划分，这将是评定一种新土地税的基本单位。正如马伯乐指出的那样，这是一次纯粹的财政改革，没有任何"社会"特征："土地所有权保持不变，并与这些新的财政分割没有任何关系。属于几个土地所有者的全部或者部分土地，如果位于同一个单元，个人就按自己在此区域中所占比例，缴纳应付的部分税金。"这种土地所有权制度，依旧是大庄园制（即便王安石这样的改革家，也没有考虑修正它），但大宋帝国却得到了一份准确且方便的地籍勘查数据。

在此期间，国家的监控是成功的。公元1074年之后，每位土地所有者，都必须对自己拥有的一切财物进行申报，"包括家猪与母鸡"。商业也受到了管制。官员们给所有日常商品定价，由他们强制性地限定市场价格变动。国家收购全部未出售的存货。税款可以用实物抵付。可以说，政府官员成了官方的仓库保管，他们储备这些产品，在播种期或匮乏时期重新分配它们，充当预付。"这些措施的目的，就是将物价维持在一个合理水平上，通过阻止任何非法涨价或者商品价格的一切过度下跌，来抵制投机。"但在这里，终极目标又是一项财政行为。仓库中的商品应征收二成

---

① 原书注：1里大约为630码。

的年税，这是以其自身及储存货物的建筑物做抵押的。如果税款未能及时缴付，年税就会进一步上升两个百分点。公元1071到1072年，伴随收成抵押贷款一起，王安石以类似方式创设了财产抵押贷款，以鼓励商业经营。更准确地说，这是"一个专门为市场中的贸易组织成立的法庭"（市易务），有权向以抵押品做担保的商人发放贷款。

王安石是一个学者，但他认为，科举考试科目更有可能培养出的是书呆子，而非管理人才。公元1071年，他中止了文风比理念更重要的文章创作，以及一切纯文学意义上的科目。从此以后，科举科目就只包含经义（依据这位改革家的新注释）、策及论。评判考生的，更多是这些人的个人观点及实务知识，而非他们文风的典雅。

正是这些文学上的变革，而不是其经济创新，让王安石受到了大部分官员的激烈反对。对保守的儒家学士来说，此人根据自己的理解对儒家经典做出的新解释，就是一种悖理逆天的行为。王安石的所有改革措施都受到嘲笑，之后，关于这一时期的记录，读起来就像一则声讨他的长篇檄文。事实上，既然历史是由那些战胜王安石的反对派所书写的，想得出公正见解相当困难。不过，王安石的土地改革，似乎确实降低了（农民的）生活成本。根据他的证言，只要其改革继续发挥作用，"稻米将变得和水一样廉价"。他的一首诗作（像那个时代所有的儒家文士一样，王安石也是个诗人）真挚感人，并显示出了一种深厚的人道主义情感，而正是这种情感激励他采取多项经济措施：

> 婚丧孰不供，贷钱免尔萦。[1]
> 耕收孰不给，倾粟助之生。

---

[1] 王安石：《宣言九首》之四。

物赢我收之，物窘出使营。

后世不务此，区区挫兼并。

然而，这些改革也许执行得过于严厉，导致了一种更为可怕的抵触情绪，这是因为，反抗采取了消极方式。政府实施的产品储备，要求一个清廉的管理团队，但看起来，实际上管理机构远非没有腐败。即使播种季节贷给农民的款项，所产生的后果也违背了立法者的意愿。得到贷款的农民往往无法偿还，因此就会发现，他们自己的财产被当局没收了。保守派领袖、历史学家司马光，有了很好的机会，以这些理由来批评整个改革体系："理论上，堂皇美妙，却华而不实；实践上，危害国家，无过于此。借谷物予百姓，他们遂消费之，再借谷物，他们遂卖之。因此他们不再有主动性，变得懒惰。"就这一点，王安石答复说："人习于苟且非一日，士大夫多以不恤国事，同俗自媚于众为善。"①

针对王安石改革，最为严厉的抨击是：国家以二成利息发放青苗钱，相比私人贷款者五成的利率来说，无疑是相当温和的，但事实却是，农民由此背负了极为沉重的债务。如果收成根本就很糟糕，或者，根据司马光的预言，他们轻率地挥霍掉了贷给自己的款项，那么，到了偿付期，农民仅有的选择是：要么被没收家产，要么流亡他乡。危机越来越重。当穷人无法抗拒一笔资金突然降临的诱惑，地方官员则发现，让前者屈服是符合自己利益的，因为青苗钱的二成利益，构成了地方收入最丰厚的来源之一。如此一来，就促使行政当局动用一切可能的压力，来劝说农民背上债务。尽管王安石动机良好，青苗钱却采用了可憎的形式，成为向头脑简单或一贫如洗之农民强求的附加税。而改革派政府，也扮演起了大级别高利

---

① 出自王安石：《答司马谏议书》。

贷者的角色。根本上说，王安石被悬在了中间，一边是他的仁慈，以及渴望帮助人民的良好愿望，另一边，则是恢复国家财政的必要性。作为其对手的保守派，则不乏技巧地将王安石的青苗钱体系，与更温和但更可靠的"常平仓"制度做比较（我们已经解释过后者）。

公元1085年，神宗皇帝去世，其十五岁的儿子继位，由高太后摄政。这导致了改革派的失宠，权力回到了以司马光为首的保守派手中。此后不久，（1086年）王安石去世，很快司马光也告别了人间。在保守派之中，司马光之后最为杰出的人物，就是诗人苏轼（1037—1101年），通常被称为苏东坡。他的影响力似乎一直是让人愉悦的。苏东坡非常了解普罗大众，也明白卑微小民的立场与真实渴望。他试图减少将君主与其臣民隔开的障碍，并打破朝廷危险的隔离状态。"善政时期，"他说，"最卑微的属民，应当自由地让皇帝明白自己的不幸。"不过，苏轼的率真很快就让他失宠。公元1093年，当摄政太后（她青睐保守派）去世时，哲宗皇帝重新起用了改革派。下一位统治者是徽宗（1100—1125年在位），我们很快就将讨论他的戏剧性命运。公元1106年，徽宗皇帝首先召回了保守派，接着在公元1112年，又再次对改革派予以信任。但从这时候开始，改革运动的命运或许已经成为次要问题，更重要的是两派政治家之间的个人冲突。无论如何，尽管有不少冲突，大宋王朝带给中原的和平，还是产生了若干有益的结果。公元845年的普查，显示有三千万左右的人口。而公元1083年的统计，表明人口已经接近九千万。这可能并不是因为中国北方——旧的中原——的任何大规模增长，它的人口已经相当稠密了；而是因为帝国南部——新的中原——开始达到了一个相当规模的人口密度。自从汉代以来，南方一直就得到了系统的开发。

而且，幸运的是，南方的拓殖在这时已经完成。徽宗皇帝的政策，引发了蛮族大规模入侵北方各省，将要让南方再度成为汉人独立的一个庇护之所。

第二十二章
皇位上的梦想家——宋徽宗

宋徽宗画像

徽宗皇帝在开封登上帝位时（1100年2月或3月）年仅十九岁。他是中国历史上最有文化的统治者之一。身为一名美学家和考古学者，一位伟大的收藏家及艺术批评家，他本人还是个才华横溢的画家。他亲自主持"图画院"的会议，这是个绘画学府，其成员身着紫衣，佩戴金玉徽章，能够进入皇帝的私人寓所。徽宗亲自为绘画比赛出题，并对参赛者做出评判。其中一些题目被记录下来，它们很好地表达了皇帝的品味："竹锁桥边卖酒家"、"野渡无人舟自横"、"踏花归去马蹄香"。皇帝本人擅长花鸟画，一些归于徽宗名下的日本藏品，有可能的确出自他的笔下。在其位于开封的宫殿中，徽宗搜集了一批独一无二的大师作品，藏品目录被保存下来，包括了六千多位大师的姓名。

徽宗同样钟情于宗教冥想。过去百余年间，一场宗教复兴已经出现于中国人的各类信仰之中。在佛教徒中间，它表现于对阿弥陀佛的崇拜上。事实上，这是一种包含在旧信仰里的新宗教；它带给中国民众一种一神论的对等物，或者更精确地说，一种能令所有人都容易接受的虔诚主义与清静主义；它是一种心灵的宗教，像有些事物一样，是东亚之前从来未曾见到过的。虔诚的灵魂，只要将自己的全部信任托付给阿弥陀佛之怜悯，就可以为后者的慈悲所拯救，并在不可言说的来世福祉之中得到再生，那是一块名副其实的福地，名曰"净土"。画家李公麟（1049—1106年）的阿罗汉（arhat，或称佛教圣徒，在汉语中被称为罗汉）肖像，有着苦行僧式的瘦长脸孔，带着不可思议的聪

宋徽宗的《芙蓉锦鸡图》

慧，显示出佛教渗透中国人心灵的程度何其之深，因为这些事实上属于印度的主题，现在都已经彻底中国化了。

大约在同一时期，道教通过创造对一位至高神明"玉帝"（在中国，玉是纯洁的一种象征）的崇拜，也在朝着一种类似的有神论方向进展。事实上，这位至高之神出现得有点晚，公元1012年才首次现身。当时，他向真宗皇帝显露了自己的存在。到了徽宗当政时期，他表现出了对这一神明的极大钟爱。长期以来，这位君主都在寻求与此神祇，以及道教神殿中其他不朽者之间的一些直接联系。突然之间，他的祈祷就被接受了。某个冬季的日子，当徽宗正在开封附近的郊外漫步时——当时是公元1113年2月——他于地平线上看到了一座

宋徽宗的书法

"天宫"，仙女的住所则位于空中的"云层之上"。毫无疑问，这是不朽神明的宅邸了。"天宫给了徽宗一种强烈渴望，去穿越凡间尘世，前往福乐之岛。"根据时人的证明，正是这一福乐景象，是皇帝在自己的一幅画作中，竭力希望再现的。

徽宗似乎已经构想出了一种儒道融合，并同时将佛教包纳其中。他宣布，新道教的至高之神"玉帝"，等同于儒家的"天上之主"和"皇天"。在这位神仙主持的万神殿里，徽宗还吸收进了来自印度天国的各种佛教菩萨。

文人学者应当当心，永远不要卷入政治，尤其是外交政策。徽宗这位皇位上的梦想家，原本可以过着一种快乐生活：收集艺术品、描画鹌鹑和开花的李子树，以及融合各种礼拜仪式与神明。相反，他卷入了"世界政治"，并导致了本人及其国家的毁灭。徽宗犯下了一个无法修补的错误：他让自己与女真人结盟，这是一个通古斯民族，满族人的祖先①，居住在今天的满洲东北部，以及俄罗斯普里莫尔斯克（Primorsk）的丛林中。

这是一个彻头彻尾的愚蠢举动。过去一百多年里，契丹大体上为中华的习俗与思想所同化，并满足于占据北京和大同两座边境城市，以及今天的辽宁、察哈尔与热河，已经成了大宋帝国文明而平和的邻居。而另一方面，女真依旧处于半野蛮状态，经常在其森林空地上举办狂野的舞会，他们的可汗则坐在一堆虎皮之上。因为让女真人取代契丹，中原把一切都失去了。但徽宗渴望收复北京，在其祖先曾经失败的地方获得成功。他对此充满热情，并劝说自己相信，获胜的女真人将因得到内蒙古和满洲而心满意足。徽宗与女真可汗阿骨打缔结了一份和约。公元1114年，后者从满洲

① 事实上，建立金朝的女真人在进入中原之后被汉族彻底同化。今天满族人的祖先是明末入关、建立清朝的女真人。

187

向契丹人背后发起进攻。起初，一切都按照皇帝的意愿发展；契丹被消灭了，他们最后的堡垒北京，于公元1122年落入到女真人之手。正是在这之后，大宋朝廷的麻烦就开始了。

此时，强大的女真人完全控制了昔日的契丹王国，从而也成为了大宋帝国的直接邻居。根据之前两国缔结的条约，徽宗皇帝要求女真移交北京。后者答应这么做了，尽管很不情愿。如果徽宗对此满足的话，那还算是明智的，但他还对北京与长城之间的不少地方提出了要求。当无法得到这些让步之时，他就秘密煽动当地的汉人起来反抗征服者。

此举意味着战争，而且，这是一场开封皇庭完全没有准备好的战争。女真人不仅占领了北京，而且在短短几个月之内，他们的骑兵就突然闯入河北南部，席卷了黄河两岸的华北平原。在开封，朝廷恐慌不已。这位无药可救的文人皇帝徽宗，不是身先士卒地去迎敌，而是改组了内阁。他驱逐改革派，召回了保守派，并按照后者的意愿，重新确立了之前的科举科目，恢复了文学著作的荣耀地位。……在此期间，女真人已经渡过了黄河，开始围攻开封。（1126年底）徽宗忧愁得几乎崩溃，最终还是投降了。（1127年初）他带着自己的太子，随从及财宝，被放逐到了女真国最深处，位于满洲北部。

这位业余艺术爱好者、很有造诣的艺术品收藏家，将要在满洲丛林的某个空旷之地，在身穿兽皮的粗野猎人中间，走完自己的最后岁月。他再也未能看到自己的祖国，经过九年的放逐生活之后，只活到54岁就过世了。

徽宗的一个儿子逃脱了这场灾难。这个年轻人（他当时21岁）将得到"高宗"的庙号，（1127年5月或6月）他在南京（建康）称帝登基，这座城市有长江抵挡入侵者。在此期间，女真人已经完成了对华北的征服。他们接着兵分两路渡过长江。一路攻进靠近鄱阳湖的湖北，另一路则闯入长

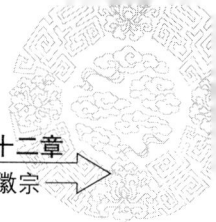

江下游地区。第一路最远一直攻打到江西南部，而第二路通过突袭占领南京，随即开赴浙江沿海的宁波（1129—1130年）。不过，他们的纵队完全由骑兵组成，因为寻找备用马匹困难而耽误。在一片被山丘、河流与稻田所分割的乡下地区，他们面临着很大风险。很快，女真人就打算撤退。现在，他们不得不重新渡过长江——江面如海湾一样宽广，并被汉人的舢板封锁。最终，女真人成功地穿过南京以东，取道河南返回。此时，南方得以摆脱入侵者。公元1132年，高宗皇帝在杭州定都（重命名为临安）。它是今天浙江省的首府，在蒙古人入侵之前，杭州一直是大宋帝国的都城。

利用女真军队暂时的疲惫，宋朝将领们收复了几处战略要地。他们之中最为勇猛的是岳飞。他已经赢得了几次战役。公元1138年，他准备向开封进军。毫无疑问，如果不是一位嫉妒岳飞成功的大臣，他就将为帝国收复前都城。此人先是迫使岳飞停止行动，接着以捏造的罪名将后者逮捕入狱，最终又在监狱里安排人杀害了他。高宗皇帝是一个软弱且懒散之人，已经厌倦了战争。就在同一年（1138年），他与女真人媾和，将后者已经占据的全部领土（也就是说，整个华北，直到淮河）正式割让给他们。大宋保住了华南，也即长江流域以及福建和广东。正如前面所说，宋朝的都城是浙江的杭州。

在北方，女真人已经开始采用中原习俗了。他们的国王采用了"金"①（Chin）的朝代名，从此之后，历史上这个女真人王朝就是这个名字，我们也将用此来称呼他们。1153年，之前一直将皇室放在满洲的金朝，将其首都迁到了北京——这是该国正在汉化的一个明显信号。

---

① 原书注：这与三国之后的晋朝（Chin）不是同一个字。后者于公元318到420年建都南京。

第二十三章
风雅生活

宋代的皇帝们，如今已经放弃了收复北方领土的期望，在其南方版图上，他们将全部注意力，都用在了重建诗歌与艺术氛围，以及生活的精致上面，这些都是曾经在开封皇宫中享受到的。1161与1206年那两场与金朝之间的突发战争，不过是和平期间短暂的花絮。1126年的惨败，尽管让帝国承受了巨大的领土损失，就其本身来说，似乎同样不过是一段插曲。在每一个领域，宋代的高雅文明都继续发展，它是中原文化的精华所在。我们必须设法唤醒艺术与诗歌，因此，我们将首先回到开封年间（960—1126年），随后再延续到杭州时期（1132—1176年）。

有关开封年间山水画的概念，有一篇很有价值的文献，即画家郭熙（生于1023年前后）关于"山水"的论文。在这里，人们可以看出，这些11世纪的大师们，是如何仔细观察大自然的：

> 真山水之云气，四时不同，春融怡，夏蓊郁，秋疏薄，冬暗淡。画见其大象而不为斩刻之形，则云气之态度活矣。真山水之烟岚，四时不同，春山淡冶而如笑，夏山苍翠而如清，秋山明净而如妆，冬山惨淡而如睡。[1]

---

[1] 出自郭熙：《林泉高致》，本章中引用郭熙的文字，均出自这篇文章。

郭熙进一步解释：

> 大山堂堂为众山之主，所以分布以次冈阜林壑为远近大小之宗主也。其象若大君赫然当阳而百辟奔走朝会，无偃蹇背却之势也。长松亭亭为众木之表，所以分布以次藤萝草木为振契依附之师帅也。

郭熙还指出，山峰在外形上，以及（可以说是）特性上的变化，根据人们看它们的距离而有所不同：

> 每看每异，所谓"山形面面看"也。如此是一山而兼数十百山之形状，可得不悉乎！

根据季节变化，它们同样会有气质的不同：

> 春山烟云连绵人欣欣，夏山嘉木繁阴人坦坦，秋山明净摇落人肃肃，冬山昏霾翳塞人寂寂。

值得注意的是，郭熙的论文是对"风景即心境"理念的纯粹且简单之解释，这一观点在西方很晚才被发现。

这位宋代大师特别强调的一个观点，是山的光与影之间相互作用之价值。尤其是雾气介入的重要性。

> 今山日到处明，日不到处晦，山因日影之常形也。……今山烟霭到意隐，烟霭不到处见，山因烟霭之常态也。
> ……

山无烟云，如春无花草。

我们从中国历史学家处得知，郭熙本人遵循了这样格言，从而"做长松巨木，回溪断崖，岩岫巉绝，峰峦秀起，云烟变灭，晻霭其间，千态万状"。[①]归于他名下、现收藏于日本的一些画作，能让我们对其画风有大致的了解。一幅冬景："雪堆岩罅，冰锁河面，偏舟载颤抖之客渡河。"春景："浪击孤舟，山隐轻霾。"一幅秋夜之景，这是他最喜欢的主题："雨过天清，雁阵过长空，似晤远山。"

米芾（1051—1107年）是另一位伟大的画家，他留下了一些类似的山水画。在呈现"中国褶皱"的典型特征上，此人从未被超越。这在他的作品中，表现得如同当代地质学家所描绘的图景，正如"林木茂密的山丘之上，翻滚的浪花刺破雾霭中的圆顶山"。

宋代的许多诗歌，都是绘画杰作的文学版本。例如，诗人欧阳修生活于开封年间（他还是保守派的领袖之一），在他那首《远山》中写道：

山色无远近，看山终日行。

峰峦随处改，行客不知名。

或者比如这篇江景：

寒川消积雪，冻浦渐通流。[②]

日暮人归尽，沙禽上钓舟。

---

① 出自《宣和画谱》卷十一。
② 出自欧阳修：《晚过水北》。

再或者这篇渔夫的主题：

> 风牵钓线衾长竿，短笠轻裳绿草间。
>
> 春雨濛濛君不见，水烟埋却面前山。

欧阳修对音乐也留下了同样的深刻感悟，这一次，他用散文形式，写下了秋声的主题：①

> 欧阳子方夜读书，闻有声自西南来者，悚然而听之，曰："异哉！"初淅沥以萧飒，忽奔腾而砰湃，如波涛夜惊，风雨骤至。其触于物也，鏦鏦铮铮，金铁皆鸣；又如赴敌之兵，衔枚疾走，不闻号令，但闻人马之行声。予谓童子："此何声也？汝出视之。"童子曰："星月皎洁，明河在天，四无人声，声在树间。"予曰："噫嘻悲哉！此秋声也……"

另一位伟大的诗人苏轼，通常以"苏东坡"而闻名（在开封年间，他同样也是传统派的领袖之一），留下了不少可以与唐代大师媲美的作品。《前赤壁赋》（此地位于湖北的长江沿岸）是中国文学中最为知名的篇章之一：

> ……清风徐来，水波不兴。……少焉，月出于东山之上，徘徊于

---

① 原书注：在汉语中，"诗歌"与"散文"并不是完全相等的词汇。《秋声》是一篇赋，据说，赋是从早期的符咒或祈祷中发展而来的，是汉朝诗人所运用的主要形式。宋代的赋被称为"散文"赋；它们呈现的是"散漫的格调"，也就是说，没有韵律及严格的对偶句。

斗牛之间。白露横江，水光接天。纵一苇之所如，凌万顷之茫然。浩浩乎如冯虚御风，而不知其所止；飘飘乎如遗世独立，羽化而登仙。……客有吹洞箫者，依歌而和之。其声呜呜然，如怨如慕，如泣如诉，余音袅袅，不绝如缕。……客曰："……况吾与子渔樵于江渚之上，侣鱼虾而友麋鹿。驾一叶之扁舟，举匏樽以相属。寄蜉蝣于天地，渺沧海之一粟。哀吾生之须臾，羡长江之无穷。挟飞仙以遨游，抱明月而长终。知不可乎骤得，托遗响于悲风。"苏子曰："客亦知夫水与月乎？逝者如斯，而未尝往也；盈虚者如彼，而卒莫消长也。盖将自其变者而观之，则天地曾不能以一瞬；自其不变而观之，则物与我皆无尽也。……"

以上这些，就是宋朝皇帝们将北方各省丢给侵略者之时，带到华南的遗产。

而这并没有因迁移而陷入困境。位于杭州的新都城（从1132到1176年，它一直是大宋的首席都城）变成了一座更为出色的艺术财富之城，并很快清除了人们对开封的回忆。当高宗皇帝（1127—1162年在位）将其官邸迁到杭州时，那些在其父之开封宫廷已赢得名望的艺术家，都被他召集在了一起，并很快能够重新设立画院。像从前的徽宗一样，高宗亲自向最杰出的艺术家颁赐金腰带作为装饰，并让他们在自己的皇宫中留宿。他喜欢用自己独特的笔法书写古诗，随后委托其艺术家们配上图画。高宗的孙子宁宗皇帝，同样成为了一位绘画的狂热痴迷者。他不仅向官方学派的儒家大师们颁发金腰带，还赏赐一些独立学派（也就是佛教）的艺术家。这一时期的文献，证实了高宗和宁宗一直重视由皇家画院成员监理的宫殿及亭台装饰，杭州城到处都在修建此类阁台殿宇。

杭州城自身，也适合于这种装饰。它的地理位置极好，很容易迷住像过往几位宋朝皇帝那样天生的艺术家。在其东边，有钱塘江水的冲刷，靠近江水流入杭州湾的入海口；而在西边，它环绕着"西湖"，像威尼斯一样，是一座水上之城。马可·波罗（Marco Polo）热爱杭州，因为后者让他想起了自己的家乡。波罗惊叹于不可尽数的船只、石桥，以及西湖，它那树木茂密的小岛和郁郁葱葱的堤岸，掩映着各式各样的楼阁亭台、佛塔皇宫。在地平线上，如同背景一样，有着深邃幽远的峡谷，造型奇特的山峰，它们庇护着众多佛寺，因画家与诗人而永生不灭——因为杭州地区的所有风景，很久之前都已经被老一代宋朝大师们描绘过。

大宋皇室引领这种时尚。在西湖岸边的山坡上，高宗皇帝建有一座宏大且华丽的亭台，画家萧照用一幅巨大的江河峰峦全景画来装饰它。"画得非常好，游客甚至分不清是在看一幅画，还是置身于景色附近。"成就了一次艺术灵感回归的，不单单是杭州的美景，还包括整个浙江的风光。后者是一个因其景色变化多样而闻名遐迩的省份。在北方，从长江口到杭州，沿海有一条圩田地带，这是填海而成的土地，让人回忆起荷兰的风景；还有一片沿海平原，只高于海平面三到六英尺，一望无际，不可胜数的运河沟渠，向着四面八方伸展开去。在南部，从杭州直至福建那边，延伸着一条曲折破碎的海岸线，错综复杂的海湾，猛然间被高高耸立的花岗岩山峰所隔断，后者崖壁参差，草地上布满了斑岩。很久之前，地理学者就指出了这些构造与日本内海沿岸岩层的相似性。因此，在日本风景画家（从15世纪开始）及这些杭州大师之间发现明显的亲缘关系，就不是让人奇怪的事情。前者无疑模仿了后者，但他们都同样复制了自己国家的风景。

近来，日本公布了一组非常有趣的比较，对比的是宋代最为著名的画作，以及闽浙①海岸山峦的照片。它们以一种惊人的方式显示出，宋代大师们是何等地忠于大自然。至于浙江与日本的相似性，塞因（Sion）描述了李希霍芬②（Richthofen）在造访浙江时，是如何"在其游记中，连篇累牍地提示与日本的这种类似：很少的森林，但在每一处怪异的绝壁近旁，都有一座佛塔，为茂盛的松柏所环绕；在谷地下面，密密麻麻地长满了竹子，还有参天的大树，不可胜数的水车，以及巨大的白房子。尤其是在这些水分充足的山坡上，生长着大量的草木：随处可见成片的松树与橡树，油桐与漆树；广阔无边的肉质叶灌木丛，诸如金银花和紫藤一类的匍匐植物缠绕于上；整个山坡，都为桃金娘、杜鹃花及野生玫瑰所覆盖。这是一处鲜花盛开，灌木葱郁的乐土，在中国其他任何地方，都找不到一个乡间，如此的景色如画，这般的多姿多彩"。毫无疑问的是，无论在十二三世纪的宋代风景画，还是在十五六世纪的日本同类作品中，都有对自然哲学某种程度的表现；但同样有对真实地域的现实主义描绘，无论是在闽浙还是在日本——前者通常与后者非常类似。因此，这些浙江的花岗岩或斑岩的山岭，及其沿着从岩石中开凿出来的"台阶"而攀升之陡坡，（在那里，瀑布由三百英尺或更高的地方飞流直下，像宁波附近的"雪谷"），都大量地出现在"日本"风景之中——正如一系列用来对比的日本照片所证实的那样。

宋明时期的艺术家们，特别喜爱再现杭州周边的历史场景，特别是西湖的沿岸与岛屿。这是很自然的事情。对于这一名湖的最佳描写，是由韦锡爱③（Arnold Vissiere）完成的：

---

① 福建与浙江。

② 李希霍芬（1833—1905），德国地理学家及旅行家。

③ 韦锡爱（1833—1905），法国汉学家。

在远处，山峦耸立，围绕在湖西。最近处矗立着一座巍巍宝塔，建筑在岩石地基上，塔身侧面刻有碑文。绕过这座高塔，你就来到了名为"断桥"的桥边，它被视为"西湖十景"之一。过了断桥，是一条堤道。路基的铺设，是由唐代诗人白居易完成的，它通向了孤山岛。当在这条清凉且令人愉悦的道路上走过一多半时，你就来到了另一座石桥。它横跨于长堤的某个缺口之上，使得水能从一个湖泊流向另一个。这就是"锦带桥"。

在孤山岛上发现的景点，是最为著名的：

在右边，就是这个岛屿得以命名的孤山。它高度适中，树木繁茂，郁郁葱葱，点缀其中的，是遍布各处的凉亭露台。小巧的白色建筑物，掩蔽着石碑铭文，它们为过去作证。在左边，靠着水面的，是一系列亭阁、庙宇，以及供游船登陆的码头，更远处，是一座帝王行宫，它被粉刷成暗红色的墙壁环绕，从孤山南坡，一直攀升到了其最高点。第一座亭阁，其石砌阳台、扶手，以及延伸到水面的、典型的中国式小桥，都在孤山的美景中占据了一席之地。上面还有这样的题词：平湖秋月。

在各个方向上，无论岸边还是湖心岛，都能看到典雅精致的建筑物：庙宇及私人别墅，它们为树木所环绕。经过一条铺砌好的道路，你登上孤山，后者为纷繁茂密的植被所覆盖，遍布假山与石碑。请留意一座雅致的亭子，人称"放鹤亭"。它的石栏高悬逼近小小湖面的边缘。在陆地上，西边的群山之中，有一座山峰突起，它是如此陡峭，以至于过去的中国人称之为"飞来峰"，同样有"砌道蜿蜒大树之间，盘旋溪流瀑布之中，上通古寺"。皇帝的行宫本身（现在已经被毁），位于岛屿的南坡，"从那里，可以尽情欣赏湖景的雅致与壮观，从杭州的城墙直到西边的高山，一览无余"。

然而，对生活在杭州的大师来说，这些物质基础，不过只是充当了将思想传输到纯粹精神层面的一种媒介。尽管他们的绘画无比卓越，形式的世界对大师们来说——用佛教术语讲——只是一个"露水的世界"，一条雾气的围巾，通过它，最为险峻的山峰，也不过是作为纯粹的幻影而升起。他们描画的风景，淹没在迷雾之中，迷失于远方，如脸孔一般生动。事实上，它的确是世界的脸庞。杭州时代的大师们想要表达出这个世界最普遍的外貌，或者说，他们希望呈现其更为深刻的意义。因为形式的物质属性，只有为显示隐藏于远方的东西时，才能被表现出来。这种大地河流、山脉谷地的外在面貌，越是因薄雾而柔和，因距离而简单，其内在精神越能被认识清楚。如此一来，画家就习惯使用水墨之法。在前景上，故意只画出最为空旷的轮廓，几棵枝干弯曲的树林，一间摇摇欲坠的小屋，一条泊于海滨的小船，当峡谷中涌出的薄雾与水面融合之时，船只很快就变模糊了。在地平线上，隔着无法计算的距离——介于中间的薄雾让我们失去了与现实的一切联系——显露出一道道山岭，它们轮廓模糊，犹如悬浮于半空。还有些笼罩着水汽的风景，被分隔成诸多平面，以及半开半掩的近景之具体形式，最终，除了抽象距离中的理论空间之外，什么都没有留下。

在这一学派的大师之中，有几个出类拔萃的名字，跻身于有史以来最伟大的画家之列：马远，有记录的作品可以追溯到1190年，他必定在13世纪中期之前去世；他的儿子马麟；接着是夏珪，他和马远一样，都活跃于宁宗（1195—1224年在位）统治时期；最后是梁楷和牧奚谷，两人生活在1200到1270年间。

人们相信，日本和美国收藏的几幅水墨画，正是出自马远笔下。喜龙仁描述一幅早春的风景画："背景是高山，山脚下有一村庄隐藏于薄雾之中。一座小桥横跨一片水域，前景的右边，是两棵柳树，纤细的枝条在轻轻颤动；人们可以感到，清晨的微风正温柔地拂过树梢；雾气刚刚升起，除此之外，再无动静，再无声音。春天依然在徘徊。"在三井（Mitsui）收藏品中，有一幅画的是一位孤独的渔夫，在冬日的湖面上，正用从其船上垂下的鱼竿钓鱼。船只迷失在广阔的湖面上，湖岸是无法看到的；除了寂静的湖水与专注的渔夫，什么都没有。在岩崎（Iwasaki）的藏品中，有一幅是雨景图，前景是一条停泊下来的小船，丛生的岩石与高高的树木，随之有薄雾，以及作为背景的朦胧山峰。黑田（Kuroda）的收藏中有一幅画，一棵松树悬于半山腰，树下站着一位诗人，观察着正在空中升起的月亮。马麟的作品，以根津（Nezu，位于东京）收藏的著名的《黄昏风景》为代表："只有从薄雾中浮现出来的岸边高地；一排燕子带着想象飞入了旷野。"（巴黎的）吉美博物馆（Musee Guimet）收藏有马远的一幅画作《海上遇仙图》之副本，这是一起空想的召唤：一座梦幻一般的住宅，隐隐约约地呈现于峭壁之间；其高远的阳台，俯瞰着一片雾气缭绕的海面及暗礁，一些鸟儿从住宅边惊过。

　　岩崎和川崎的收藏品，以及北京的故宫博物院中，也许有一些夏珪的原作。川崎收藏的一幅画，用寥寥几笔就唤起了一场山中风暴："在一条峡谷中，一阵狂风刮倒了掩映茅草房的树木，树叶四处飘散，一个打着伞的农夫穿过一座小桥，他与狂风搏斗着，另有一人已经躲进了一个亭子。在远处，瓢泼大雨遮蔽了山顶的风景。那里的一些灌木，被风吹得剧烈晃动，所有一切将飓风的力量与速度展现得淋漓尽致。"岩崎收藏品中，有一幅被归于夏珪名下，呈现的是一个海湾或者一条河流的景象：一条小船停在某个岬角后面，右边是水生植物及一些树木，使用的是点画及轻微的笔法；在背景上，能瞥见多山的地平线，辽阔的水面与远处高耸的山系，创造出了一种空旷效果；光与水相互交融，并与背景上的彩色细纹形成鲜明反差。最后，北京博物院有一幅卷轴——一幅全景图，画面中的一切都与大气相当融洽："岩石林立的河岸，松木茂盛的群山，弯折扭曲的树木，栖息于灌木丛中的草屋，连接着岬角的竹桥，水位很深的海湾。水是从峡谷流出的，随即越来越宽，注入海湾之中。而对岸的景物则从视野中消失，远处的小船迷失在薄雾里。所有一切，都仅仅只借用了水墨手段来表现……"

这些各种类型的山水画家，都属于杭州皇家画院中的儒家文士圈子。而像梁楷和牧奚谷这样受佛教启示的艺术家，则形成了一个不同的团体。

这些人都是佛教禅宗的追随者，并在这一教派散布于西湖周围及杭州附近山麓的寺庙和僧院中作画。梁楷尽管很受宁宗皇帝本人的青睐，但还是离开了皇家画院，来到某座僧院居住。他的一幅杰作，如今被日本的酒井（Sakai）收藏，表现的是"释迦牟尼去菩提树的路上"。这位佛教创始人被描绘成一幅苦行僧的模样，在一条激流附近，他靠在自己的拐杖上，站立冥想，四周是山峦陡峻的奇异景观，思考的强度及冥想的力量，通过那张毛发很多、几近野人的面孔上那震撼人心的灵性表现出来。正是这种内在力量，如同大风吹过峡谷一般，使得佛陀薄薄的衣衫上奇怪的褶皱有了生气，并在盘根错节的树枝上发现了其对应之物。这些树枝如畸形的野兽一般，在这位苦修者脚下爬行扭动。酒井收藏的另一幅梁楷画作，可以说是由空白构成的：前景是一块高悬于水面之上的岩石，在它上面是三棵光秃秃、看起来全无生机的树木；左边，一块被大雪覆盖的高地很快从视野中消失；另有一座冰雪堆积的山峰在背景中几乎无法看见，两者之间的空间堆满了薄雾；这幅画的真正主角以及这片风景的灵魂，就是禅定冥想，与宇宙交流沟通。

牧奚谷是这一时代最伟大的天才，他成了杭州附近一座名为六通寺寺

牧奚谷《观音图》　　　　　　梁楷《六祖斫竹图》

院中的僧人。他画的一些超人的鬼怪，属于神话领域，或者说是神兽。在
这位伟大幻想家的其他作品中，大德寺收藏有一幅有惊人力量的神龙：在
一片暴风云的光与影之中，这只传说中的动物若隐若现，它有着可怕的鼻
子，长长的触须，恶魔一般的龙角，闪烁的双眼，目光如同闪电的火花；
一切未知的、难以定义的威胁，突然之间就呈现在这副神奇而残忍的面具
之上。在这里，牧奚谷似乎重新发现了前儒教时代的古老神话，大约公元
前12世纪的商代青铜器，就曾对此做出描绘。

　　实际上，当牧奚谷的天才转向对佛教理念的表现时，他的作品更加伟

大。在这里，他笔下之龙所表现的狂野及几乎野蛮的力量，是出于服务禅宗神秘主义的目的。正如岩崎所收藏的一幅画那样，作品表现的是一个处于狂喜状态中的苦行僧。这个隐士坐在一条山脊之上，一条凶恶的大蛇缠绕在他身上，其危险的蛇头正倚靠在僧人膝头。但这位苦行僧依旧无动于衷，用其专注的力量俯视着这条爬虫。这一奇异组合，看上去与从山腰的裂口中升起的云雾有关。大德寺收藏的一幅观音像，与前者在灵感上完全不同，但结构上却颇为相似：一个苍白的幽灵，带着一种深思表情，同时既和善又庄严，坐在山脚下的一处水边。雾霭朦胧的空气，模糊了作为背景的山峰。"观音的长袍被表现为长长的线条，它带着柔和的曲线，暗示的是内在和谐及绝对平静，如同水洗岩石一般的完美寂静。"作为一位山水画家，牧奚谷能够超越儒家的大师们，例如，一幅松平（Matsudarira）收藏的卷轴，表现的是船只返回位于洞庭湖岸边的渔村。人们几乎分辨不出船只，因为画面上太多地方都充满了湖水、雾气、空间与距离；山岭一点点地消失在薄雾中；画面上四分之三的部分，都被没有前景和背景的一片广阔区域占据，村子本身也几乎消失在阴霾之中，在卷轴的底部一角，它为树丛所遮盖——对于这样一种境界来说，人工的作品为大自然的广阔所吞没，"无限的空间及寂静的和谐"：宋代老一辈大师们所描绘的，正是大地的真实面容，而它从来没有像他们所表现的一样，能如此美好地被感受，被解释，或者是被热爱。

在这类作品之中，中国绘画方法接近了形而上学的王国。现在，我们与宋代陶瓷一起回到纯艺术，相比绘画，它的繁荣毫不逊色。正如画家选择了水墨——也就是说，单色的中国墨水，宋代陶瓷也显示出了对单色的偏爱，或者至多是一种颜色配合另一种。这是因为，两种艺术都"迎合了涉猎浅薄的上流社会之品味，这些人认为，适度是奢华的最高境界。宋瓷之美，在于其柔和的华美，精致的明暗度，以及精妙的和谐；因为其自身的缘故，它比其他任何时期的材料都更有价值，由于它的材质、色泽、回声与光彩，既能愉悦眼睛，又能满足微妙的触摸之乐"。这一点，在宋代前夜，公元954和959年颁布的一道圣旨中曾特别强调过，它责令柴窑瓷器应当"青如天，明如镜，薄如纸，声如磬"。

汝窑因河南汝州的窑炉而得名，它在12世纪之前已经开始生产，并很好地回应了以上的描述。其釉色通常为粉青或者紫蓝。另一个陶器中心是河北磁州，它在唐代已经发展起来，整个宋代一直在生产。它以在米色背景上装饰典雅的褐色花卉而闻名。定窑同样在河北，因定县而得名，通常使用一种象牙色、米色或灰黄色釉彩，有时会有裂纹，有时则带着花卉装饰，通常会有金属镶边。"因为其材料及装饰的精致，及其外形的高贵典雅，"一位热心的收藏者写道，"这些品种会被认为是一切时期所有国家中最好的磁器。"在宋朝首都由开封迁移到杭州之后，定窑陶工退居到江西的景德镇，直到整个明代，那里的生产一直在进行。到了清代，当地再度建立了一座官窑。有一组相关的瓷器，被称为"豫瓷"，包括一系列黑色或暗栗色物件，带有一种模仿青铜器的金属反光。开封年代还出现了青瓷，以微暗的橄榄绿色为特征。

这些"北方青瓷"与韩国瓷器有密切关系。在欧洲可以找到这方面的几个例证。"南方青瓷"出产于浙江的龙泉窑，其闪耀明亮的碧绿色，能让人一眼将它们与更早的品种区别开来。龙泉哥窑的裂纹磁器，有着极为精致的"蛛网纹"，其釉彩通常是海绿色、灰绿色、蓝灰色或者灰白色。人们往往很难能将它与另一种裂纹器皿区别开来。后者带有一种蓝灰或者淡紫色釉彩，产自官窑，也就是说，是由位于开封的皇家窑炉制造的。1127年之后，官窑工人跟随朝廷迁到了杭州。但是，著名的"月光瓷"——有一种蓝灰色或者淡紫色釉彩，并带有紫红色"火焰痕"斑纹，由一种色彩渐变为另一种——的生产者们，似乎仍然留在了钧州周边，因此他们的产品被称为钧瓷。钧州持续生产一直到元代。起源于福建建安的建窑瓷器，以其深栗色或者红褐色釉彩的碗具而闻名。它有着反光更强的斑纹，出于这一原因，被称为"兔毫"或者"鹧鸪斑"。最后，还有几种传统文献上未能记录的品种，被米歇尔·卡尔曼（Michel Calmann）全部列为"灰白瓷"，不过，它们通常被称为"影青瓷"，确实也经常有一种浅蓝色釉彩。

第二十四章
中华思想的结晶

宋代之所以名声卓著，不仅仅因为其艺术领域的非凡成就，而且在于儒家哲学的复兴，以及——更为普遍地——赋予哲学争辩的重要意义。现在，碰巧在这一时期，一项最有价值的发明为中国思想界提供了一种在其他地方完全不为人知的工具；这个伟大事件，就是印刷术的发明，更准确地说，是它的普及。

在中国，印刷术的发明绝非某个人的工作，由天才的一次行动来完成。它在欧洲也并没有更多建树——事实上还远远不及。印刷术是数个世纪的工程，由一系列几乎无法察觉的演变而向前推进。它的起源存在于三种更为古老的发明之中：纸张、墨汁拓片，以及能正确拓印的印章雕刻。

在远古时期，中国人在薄竹片上书写，后来他们也使用一种特殊的丝绸；但竹简难于处理，而丝绸过于昂贵。根据传说，纸张的发明，归功于后汉一个名为蔡伦的人。他于公元75年成为朝廷

毕昇发明活字印刷术

官员，公元114年去世。蔡伦用到了树皮、麻线、旧衣服以及渔网。他将这些原料用沸水煮上很长时间，再捣碎，直至使其变成一种浓浆，也就是"纸浆"。到了唐代，纸张已变得非常普及。据说，在公元751年的怛罗斯之战中，正是被阿拉伯人抓获的唐军俘虏，将这项技术传到了穆斯林世界。

正如我们所看到的那样，墨汁拓片技术要追溯到儒家经典的复制上面。公元175到183年，这些文字首次被雕刻在石碑上。不过，既然文字是刻在石头上的，拓文总是呈现出黑底白字。而且，拓片的普及不会早于公元6世纪。主要的技术进步，源自印章的使用。像石刻一样，印章长期以来都是正刻的，但到了公元6世纪初期，人们开始如刻浮雕一样反着刻章，这样，在白色背景下，墨印就能以黑色（或红色）呈现出正确的字形。这是一项意义极为重大的发明，因为它包含了印刷术的基本原理。

在隋朝，木刻技术以及用这种方式进行的文字印刷，取得了新的进展。公元593年的一道圣旨，下令将大批书籍与图画雕刻在木版之上。但佛教徒和道教徒才是这一方法得到普及的主要原因。他们印制了包含大量文字的符咒。伯希和（Pelliot）与奥里尔·斯坦因（Aurel Stein）的团队①，在敦煌发现了公元8世纪佛教木版印刷的实例。但是唐朝时期，正是在长江下游与四川，木版印刷似乎最为普及。因为在上述地区，这一技术被用来制作受人欢迎的黄历。现存最古老的印刷书籍，是公元868年的佛教经典《金刚经》，它是一个由首尾相联的纸张组成的卷轴，现存于大英博物馆。

---

① 伯希和（1878—1945），法国汉学家。奥里尔·斯坦因（1862—1943），英国考古学家。

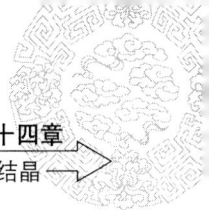

就印刷术而言，官方儒教不过是追随了道教与佛教的样板。公元904年，一项改进被应用于权威经典的刻石当中。当时，这些文字也是倒着雕刻，以便用墨汁拓印时能正着呈现。不过，此方法出现得太迟了，无法被视为印刷术的发明，它早就通过木版雕刻实现了。很快，这种方式就被应用于印制儒家经典：公元932年的一道诏书下令，将经典刻印于木版之上。印刷术的最终发明，被归在了一位叫毕昇的人的名下。他活跃于1023到1063年之间，比古登堡早四个世纪；据说，毕昇发明了用红土铸造的活字。

印刷术的传播，势必对宋代中国的意识形态发展产生一定影响。"四书五经"（然后是大量的权威注释）印刷在纸张上，倍增了智力工具的使用，为观念的交流提供了未曾预见的便利。

印刷术出现在这一时期，再合适不过。自从唐朝以来，中国思想家们就致力于起草一份昔日思想界的资产负债表，以发现其中仍然存在的不足，并将一种权威性的哲学加于其中。这是一种普遍趋势，无论在道教徒、佛教徒还是儒家学者之中，都一样显而易见。而这种趋势正在造就着新道教、新佛教与新儒教。相比它们各自声称所代表的古老学派，三者相互之间更为接近。事实上，三教都得出了同样的结论，即一元论，或者说是用一种单一元素来解释宇宙与人生。我们已经看到，自从6世纪以来，禅宗与天台宗通过发现悟道的原理，从而得到了这一结论，无论在人类灵魂深处还是宇宙的中心，都将之设想为一种普遍本质。在宋代，从老子的格言中，道教徒们构建出了一种始终如一的宇宙进化论及形而上学。"空，"他们的一篇论文解释道，"事实上并非一种绝对的空虚（虚无），它就是道（此术语在这里的意思是普遍法则），尽管呈现为一种更加微妙的形式。为了证明其自身，道变得易为感官所接受。可感知的物质，包括一切具备外观与形态之事物，但外观与形态之中包含着道，而正是道在前者内部运转。在一切可以感知的存在物之中，有一种精神与道等同。"——也就是说，它与宇宙原则相一致。

古代的儒教，也被宋代的学院哲学家冠以某种类似的一元论。这场伟大的哲学运动，其发起者是周敦颐（1017—1073年），开封年代的一位作家，当时这座城市还是都城。周敦颐曾是一位士兵，他为了思考命运而退伍。正如其作品展示出的那样，这位哲学家本人品德高贵。在一篇通俗易懂的寓言中，他曾经描述过自己的理念，这篇闻名遐迩的作品，名为《爱莲说》：

> 水陆草木之花，可爱者甚蕃。晋陶渊明独爱菊。自李唐来，世人盛爱牡丹。予独爱莲之出淤泥而不染，濯清涟而不妖，中通外直，不蔓不枝，香远益清，亭亭净植，可远观而不可亵玩焉。
>
> 予谓菊，花之隐逸者也；牡丹，花之富贵者也；莲，花之君子者也。噫！菊之爱，陶后鲜有闻。莲之爱，同予者何人？牡丹之爱，宜乎众矣！

正是周敦颐，为儒学引入了"第一法则"的观念，他使用了古代术语"太极"来表示。其字面意思是"至高的帐蓬横梁"，或"至高的限度"。如古时老子与庄周的"道"一样，它也被认为是原初的统一。不过，周敦颐跟随其时代的新道教范例，从一种纯粹的宇宙进化论，而非形而上学层面，来设想这一原初本质。它类似于我们称为"星云"的、无限稀薄、无尽扩散之物。这是一种尘埃，当服从于自然法则的内在作用之时，就变得有组织，并通过一种进化过程产生出整个宇宙。

与周敦颐同时代的邵雍，也发展出了类似的理念。周敦颐是个形而上学的数学家，被人称为"中国的斯宾诺莎（Spinoza）"；而邵雍则是一位不受拘束的梦想家，他留下了不少诗篇，堪与魏伦尔[1]（Verlaine）相媲美：

> 花前把酒花前醉，醉把花枝仍自歌。
>
> 花见白头人莫笑，白头人见好花多。

邵雍生活在开封郊外，住在一间简陋的窝棚里，任由风雨侵袭，"寒不炉，暑不扇"。[2]他给这间小屋起了个颇有诗意的名字"安乐巢"。邵雍拒绝了所有的官方职业，乐于在自己的寒舍招待其时代最有名望的大人物，包括历史学家及大臣司马光，后者经常去找邵雍。当厌倦了朝中的激烈争斗之时，司马光就来这里寻找短暂的宁静。

邵雍的教义，是一种纯粹的一元论：

> 人与天地万物合一，因为宇宙法则是唯一的。这就是天地的法则，万物皆是如此。在每类事物之中，它达到了包含此类物种特殊性的发展高度，而在每个个体中，它达到了包容这一个体的完美程度。万物由之而出的原始状态，就是"道"，是太极，是皇极。但这些都不过是暂时借用的名称；因为这种原初形态无法定义，不能命名，而且难以言说。天与地，同其余的创造物并无本性区别；它们不过是两种媒介，太极经此造就其他一切。普遍物质即为一，而万物皆是如此。生命元气即为一，一切皆然。始与终，生和死，不过是这两种实体之间的转换。万物与我为一，那么，从我这边看，真的有外物存在吗？从外物那边看，真的有"我"存在吗？

---

① 魏伦尔（1844—1896），法国象征主义诗人。
② 出自《宋史·邵雍传》卷四百二十七。

由此可以看出，这与古代道教哲学家庄周的思考并没有什么区别，而且使用的表达术语也几近相同。但是邵雍，如同其时代的所有思想家一样，并不满足于这些"诗意的崇高"。他将这些古代的观念整合到了一个连贯的系统之中，形成了一套幅度令人吃惊的进化理论："太极起初处于不活跃状态，其本身为单独实体，通过最初行动产生另一单独实体，稀薄之物质。随即在这一物质中，通过阴与阳之双重形态，产生出多数。"奇怪的是，我们发现在这里，原始中国社会的最古老观念，伴随的不仅是后来道家精心打造的体系，还有佛教带到远东的印度之宇宙演化观，这一切，都被正统儒家的斗篷勉为其难地遮盖起来了。

古代印度观念认为，通过一种劫（kalpa）的永恒循环，这个世界经历着扩张与收缩的反复交替之相。新儒家哲学家张载（1020—1077年）表述过同一理念，人们也许想知道，他到底有没有改编某些梵文经典：

万物皆始于稀薄物质之凝聚。浓缩至物质变得可以感知的某一点上，就成为气态、雾状、絮凝的块团（"气"）。它的精华，无法凝聚，不能看见，且难以理解，就是生命力，或称"神"。

自膨胀与收缩的双重运动开始之后，一切物质都已受其管制。物质无可抗拒地膨胀为多种形态，收缩时则又回归其发源处。此种双重运动是连续的。它在物质内发生，并不会引起自身的改变，类似水结冰与融化的双重现象，整个过程中，水在任何一种状态下，其本质都保持不变。……所有生都是一次物质的浓缩，任何死都是其分解。生无所得，死无所失。在个体之中，天之规范就是生命元气，个体生成之后，它再度成为天之规范。收缩之时，物质有了某种形态；稀释之刻，它就是转化之依据。

理学大师——朱熹

这种儒家文士的新哲学，当朱熹给予它最终形式之时，在其所有要点上都已经规范化。

1130年，朱熹诞生于福建。在其早年生活中，朱熹或多或少受到佛教思想的影响。但在1154年前后，他最终抛弃了这些立场，回归到官方的儒家哲学。1163年，宁宗皇帝将朱熹召到了杭州的宫廷，任命他为皇家图书馆负责人。后来，他在几个重要的城市担任地方长官

（1178—1196年）。1196年，朱熹最终失宠，原因是他参与了分裂朝廷的党争。1200年，他在退隐生活中去世。除了其哲学论著之外，朱熹还编纂了一部中国通史，是从司马光的《资治通鉴》中删节而成，它至今依然是同类书中被使用最多的一部。朱熹的哲学产生了如此广泛的影响力，使其前辈的黯然失色如此彻底，以至于他的整个学说体系通常被称为"朱子学"。

就万物之始，朱熹提出了"无极"的概念，这一术语的字面意思是"不存在"，"绝对之无"。但实际上，在朱子学体系中，它代表的是可能的存在，普遍的实质，或者按照这一学派的描述，叫作"太虚"。事实上，正是从无极之中，产生了太极——万物的原理，对朱熹来说——正如其前辈一样——无极是这一体系的基石。根据他对此的定义，这个首要法则是纯粹、无形、永恒及绝对的存在，是完备意义上的物质，是世界的准则，以及万物的根源。因此，它被说成是"至高，至好，至妙，至灵"。

尽管它可以被看作是精神的，但一旦定位，就被归于物质。如果你喜欢，可以说它是精神，但并非是与物质截然不同的精神；它与物质有联系，并能注入由它推动并组织的物质之中。那些在朱子学中看出了形而上学信条的人，认为"太极"就是一种超验的绝对；而另一些人，觉得此学说不过是唯物主义一元论，而将"太极"理解为一种宇宙以太。必须承认的是，这两种解释都适用于朱熹现存的著作。例如，以下这段文字，似乎就支持了这一术语的第二种解释："太极如一木生长，分为枝干，又分而生花生叶，生生不穷。"①朱熹的一位前辈也有类似说法："一株植物产下一颗种子，种子种植在土壤之中，生长出另一株植物。第二株并非第一株，但两者的元气是相同的；因为普遍的生命元气是合一的，这就是万物起源之法则。"但在朱熹后来的一篇文字中，依然讲述的是第一个法则，却采用了一种不同的形象，以给出其思想全然不同的解释。朱熹希望解释太极在世界上的无所不在，就如此写道："本只是一个太极，而万物各有禀受，又自各全具一太极尔。如月在天，只一而已；及散在江湖，则随处可见，不可谓月已分也。"②事实上，太极，作为普遍的宇宙实体，及每一特殊存在的个体背后之原因，同时既是先验的，又是固有的。既是精神世界的智力原则，又是物质世界的内部原理。像古时的"道"一样，它发散出世界，但世界尽管与之同质，却不等同于它。出于这一理由，太极是永恒的；相反，那个由它定期发散并重新吸收的世界，总是短暂的。

世界的这种发散，或称组织，是太极通过"理"之原理为媒介，而得以实现的。这一术语可以被译为"理由"或"规律"，事实上，它代表着事物的理由，是自然规律的总和。这一改变的、必然的规律，对于一切可

---

① 出自《朱子语类》卷七十五。
② 出自《朱子语类》卷九十四。

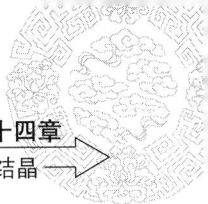

能世界中存在的所有秩序，都是有效的。它是短暂形态赖以形成的永久土壤。朱熹用以下语句解释了它："理如同一家之主，待在屋里迎接宾客；他一直都在那里，而客人则进进出出。"自然法则先于创造物而存在："未有天地之先，毕竟也只是理。有此理，便有此天地；有理，便有气流行，发育万物。"①

这时，出现了另一个原理：气。这一术语拥有广泛的意义。它起初是一种气态的、无形的团块，是宇宙及自然规则的支持媒介之本质与虚拟。事物的规律或理由，即理（很显然，理在这里指的是自然法则），唤醒这一块团并使之运动，激发并释放出潜藏于其中的能量；反过来，这种宇宙能量通过产生并混合一组对立之物——阴与阳，雌性与雄性的原则——将整个演化过程发动起来。因此，普遍的因，在无限超越存在物的同时，其本身则是固有的。通过在物质中实现自我，它推动、塑造万物，使它们成型并实现内部系统化。它是第一法则（太极）与万物交流的渠道。但这种沟通不过是暂时的、特殊的存在，仅仅是来自普遍物质的短期借款，而一切存在物的定数，都不过是自然法则微不足道的衍生品。

朱熹特别强调了理与气——也就是自然法则与促成万物起源的气体块团——之间的关系，在这么做之时，他所使用的术语，甚至连赫伯特·斯宾塞都无法批评。朱熹说，自然的法则，并非通过感官而察觉的，但其范围却是无限的，它是所有一致性的本原。另一方面，物质则是感官可以感知的，是有限的，也是一切差别性的来源。这也正是欧洲哲学中的两个概念——自然法则与物质——的区别。然而，作为自然法则与物质的中国对等物，正如它们一样，理与气保持着严格的互补，如没有另一方，任何一方都不能存在。哲学家将两者分割开来，只不过是为了方便。事实上，它

---

① 出自《朱子语类》卷一。

们是两条不可分离的法则，尽管在理论上说，理在逻辑上要先于气——正如自然法则与物质的关系。

这些哲学原则一旦被确定下来，朱熹的宇宙进化论就以一种严格的科学方式展开了。鸿蒙之初是太虚（字面意思是"伟大的空虚"），这一空间被视为是以太的容器，它是极其稀薄、并散布着星云的物质。事实上，物质不管在原始状态下多么稀薄和分散，却依然能与其一切可能性共存于太虚之中，正如朱熹本人在说起"没有物质，太虚就不会存在"时，所指出的那样。随后，通过自然法则的作用，物质发生凝聚。这就是最初的混乱状态（混沌），相当于我们应当称作的星云之凝结。反过来，混沌又利用理——自然的法则——之力量，而变得有组织；通过阴与阳的旋转及有规律的交替（我们再度发现了史前中国人的这些古老概念），整个可见的宇宙就产生了。"天地初间，"朱熹说道，"只是阴阳之气，这一个气运行，磨来磨去，磨得急了，便拶许多渣滓，里面无处出，便结成个地在中央。气在清者便为天，为日月，为星辰，只在外常周环运转。"[①]

而且，朱熹解释道，这一创造不过是暂时的。机体的宇宙，如个体一样，仅仅是普遍能量的瞬息体。千百万年过去之后，就会进入一个物质的发散阶段，接下来又是一个凝聚与创造的新进程。这种交替节奏是永恒与必然的，是自然法则的精确结果，因此它将永远持续下去。一种严格的宿命论，支配着这种演变。毁灭与创造被联在一起，正如那个事例所显示的一样，死去之植物所产生的种子，反过来让植物重生，经过一系列的转变之后，种子又回到了其最初的形式。

朱熹的伦理教义，源自他的基本哲学体系。他的伦理系统是纯粹的理性主义。理的原理，也即集体的自然法则，既是物质世界的准则，也是精

①　出自《朱子语类》卷一。

神世界的。道德律法是自然法则在人类这里的应用，像这些法则在任何其他地方的应用一样，是不可或缺且有约束力的。

这种理性主义，在朱熹哲学与一些中国古代伦理学者的早期有神论之间，造就了一条可以明显察觉的分界线。朱熹明确陈述道："天，就是在我们头顶之上旋转的苍穹。它不包含上帝（无论古书上会怎么说），而物质在自然法则的支配之下演化。个体存在的出现与消失，就像水车①的铲斗一样，一些铲斗下落到井里时是空的，另一些两次升起时是满的，与此同时，水车却永远不会停下来。而另一方面，不能说大地是无主的，因为它由理（自然的法则）所控制。"但这种世界的动力——理的原则——不能被认为是一种普遍意识，一种无法言说的灵性，也就是印度泛神论中的众魂之魂，世界之魂。"理，"这位哲学家详尽地说，"无思而行。其行动乃必须的，不可避免且无意识的。"如此一来，任何唯心论的理念都被他排斥。

　　一代代之人，就如同一波波的海浪，每一波都是其自身；第一波不是第二波，第二波也不是第三波，但它们都是同样的水之形态。人同样如此。今天之我，是普遍的因之形态，也是天地物质之形态，我的祖先，也是同样元素之形态。他已不在人间，但这些元素仍在。通过构造、原因及物质的共生体，我与他有着联系。以同样的方式，天地万物与我为一。我可称天为父，称地为母，称万物为我之弟兄；因为它们均与我合为一体，我与整个宇宙为一。

---

　　①　原书注：中国的水车，用于将水抬高送进稻田，是一种通过踩水来操作的可移动装备。

朱熹的反对者陆象山（1139—1193年），用一种相当类似的方式表达了自己的观点："元来无穷，人与天地万物皆在无穷之中者也……宇宙内事，乃已分内事；已分内事，乃宇宙内事。"[①]而且，值得注意的是，出于一种科学的精神，在建立这种人与宇宙相一致的原则之时，朱熹与陆象山，都不过只是发展了中国思想中的某个最为古老的概念；它是一种可以追溯到有史以来的概念，并且是一切古代智慧的基础。当陆象山写下这段文字时，他所发展的，依旧是这一系列思想：

> 宇宙即是吾心，吾心既是宇宙。东海有圣人出焉，此心同也，此理同也；西海有圣人出焉，此心同也，此理同也；南海北海有圣人出焉，此心同也，此理同也。千百世之上，有圣人出焉，此心同也，此理同也；千百世之下，有圣人出焉，此心同也，此理同也。[②]

如果将这段话用西方措辞翻译出来，我们就可以说，无论古希腊，还是中世纪的中国圣贤，都必定用与莱布尼茨和康德同样的术语构想着世界之问题，因为思想的法则，在任何地方都会相同，无论哪里，操作的都是同样的资料。这是对理性的普遍价值及人类理解力一致肯定。这样的见解，其哲学重要性是不可能被低估的。而任何人类思想史，如果忽略了这些十二世纪的中国形而上学家，必定是不完全且可悲的，因为他们展示的完全就是一种普适人文学科的哲学基础。

陆象山的哲学体系，与朱熹的纯粹机械论之间存在着一定程度的差异，前者为灵性留下了一些空间，而后者却对中国思想界产生了决定性影

---

① 出自《象山先生行状》，载《象山全集》卷三十三。
② 同上。

响，在此后的七百年间都被视为权威而接受。因此，将它作为一个整体来判断，并详细说明其所产生的影响，就显得特别重要。

这一体系是宏大的。它是一个连贯的综合，详细描述了更古老的教义中所提供的大部分材料，从远古时期的阴阳分类，到道教"宗师"们的超自然飞行，以及官方儒家思想的道德学说，很可能其中也融入了一些从印度源头借用、未得到承认的观念。整个综合，被一种强有力的智慧思考得非常充分，因此完整的链条以让人印象深刻的科学严谨铺陈开来，如同斯宾诺莎正在使用赫伯特·斯宾塞的材料。事实上，这些材料的来源渠道如此之多，又被朱熹这般卓有成效地黏合在了一起，以至于最终的大厦显得完全没有缝隙或者裂纹。

不过，这座大厦与监狱有几分相似，中国知识分子唯有费尽周折，方能从此逃脱。因为这一体系的强大力量，我们不应当无视其危险，况且还相当严重。通过将所有思考封闭在一个机械进化论的闭锁环中（此环为尼采哲学中"永恒回归"的观点所限制），以及排除任何唯心论的出口，朱熹就阻遏了中国思想的涌动，过早地终结了10、11及12世纪伟大的哲学复兴。他的教义，最终成了一种官方实证主义，阻断了进一步思考之路，将官僚阶层投入到了物质主义与例行公事之中，并要为13到20世纪中国哲学的僵化负主要责任。这一切因为政治事件——首先是蒙古的入侵，随后是明朝的保守主义——的推波助澜，而变得更加严重。

第二十五章
世界征服者

在充满艺术气息的杭州城中，大宋王朝的最后几个皇帝，依旧放任他们对美学和形而上学问题的热爱，而与此同时，成吉思汗已经开始征服亚洲了。

1167年，在外蒙古鄂嫩河与克鲁伦河源头附近，成吉思汗出生于一座圆顶毡制帐篷之中。蒙古部落属于亚洲最为落后的民族之列。不管他们的生活方式会是怎样——无论这些人是北方西伯利亚林区里的猎人，还是从森林地带一直延伸到

成吉思汗画像

戈壁沙漠的辽阔大草原上之游牧民——他们依旧处于半野蛮状态。蒙古人的全部财产，同其祖先匈奴人一样，在于他们的畜群，后者跟随主人季节性地迁移流动，寻找牧场与水洼。在酷热难当或严寒冰冻的恶劣气候下，蒙古人的生活是悲惨的，无论何时，只要草原上的牧草因干旱而枯竭，导致畜群大片死亡，他们就会面临饿死的危险。蒙古人完全不懂得读书写字、城市生活与农业耕作，他们唯一的宗教，是一种原始的萨满教。景教

已经在他们的邻居——蒙古中部的克烈部，蒙古西部的乃蛮突厥人，以及蒙古的汪古突厥人——之中传播，可并没有渗透进他们中间。但是，这些幸运的游牧流浪者，相比那些财富令前者垂涎的文明古国，拥有一种压倒性的军事优势：他们都是出色的骑手，以及箭无虚发的弓箭手。13世纪的蒙古勇士，都是马上射手，他们会意想不到地出现，用箭射穿敌人的身体，随即消失，接着又在远处出现，重新射出一排箭矢；这样重复下去，直到敌人精疲力竭，即将被最后一击所打垮。事实上，这种骑兵的流动特征给了它一种迷惑性，看起来好像同时可以出现在任何地方，相比这一时代的任何其他军队，它本身就形成了一种相当大的战略优势。而且，这些蒙古猎人与骑手在使用弓箭上的精湛技巧，在战场上同样是一种决定性因素，因为从战术角度上来看，这相当于一种"间接火力"。

成吉思汗经历的最为艰苦的几场战役，是为了争夺蒙古霸权，与其他突厥—蒙古部落不得不进行的交锋。到了1206年，他已经解决了这些对手，使自己成为整个地区的主宰，随后，他就将其军队对准了中原。

正如我们所看到的一样，中原土地被三大政权不平等地分割。女真人的金朝，建都北京（燕京），占据华北，也就是说黄河流域。过去八十年间，女真人控制着北方各省，他们已经高度汉化。宋人的中华帝国，建都杭州，占据着华南，也即长江流域及南部沿海各省。最后，是唐古特，一个与吐蕃有联系的民族，让他们自己成了鄂尔多斯、阿拉善及甘肃的主人，也就是西北边疆地区，并建立了西夏王国，其民众也正处于逐步汉化之中。

成吉思汗征服中原的战事，首先从攻打西夏开始。（1209）经过几场战役之后，他迫使唐古特承认其宗主权。随后，成吉思汗将其军队转向金朝，1211年，他试图突破长城，那里护卫着从热河及宣化方向通往北京的路径。女真人尽管已经吸收了汉人的文明，但是并未丢掉任何从其通古斯祖先处继承的军事才能，他们进行了顽强的抵抗。《蒙古秘史》中的游吟诗人，是最早将女真人作为勇敢及意气风发的对手而致敬的。战争进行得空前惨烈。九年之后，从张家口到北京的旅行者，仍能轻易地由散布在周围的人骨堆，辨认出从前的战场，一些目击者同样讲起了堆积在地面腐烂的多具死尸，以及由这些腐败之物所引发的传染病。

蒙古军队全部由骑兵组成，依然对如何进行围城一无所知，因此为长城的堡垒所阻止。在能够闯入北京平原之前，他们在宣化与热河地区徘徊了将近两年（1211—1212）。1213年，成吉思汗最终攻克了关口，率领三路大军侵入河北与山西。他进入今天山东省的核心地带，抢劫乡村，洗掠城镇；但他依然无法占领北京，只好满足于继续封锁此城。在休战期间，金朝的皇帝——马可·波罗称之为"黄金之王"——放弃了继续保卫都城的希望，将其住所迁往黄河南岸的开封（1214年6月）。成吉思汗利用这一事件重挑战端，1215年5月，他的将军们侵入北京（中都），在对城中居民进行大屠杀之后，放火将它烧成了废墟。破坏持续了整整一个月，而且是如此彻底，以至于40年之后，成吉思汗的孙子忽必烈希望将这座城市作为首都时，不得不重新规划并重建它。

这场破坏显示，相比在他们之前的所有蛮族，蒙古人是何其落后。契丹人在936年，女真人在1122年，都已经让自己成了北京的主人；但他们根本没有摧毁它，而是在占领以后不久建都于此；在经过尽可能少的杀戮之后，他们从前朝那里接管了北京。这是因为契丹和女真当时已经对华夏文明有了一定了解，并愿意被同化。而另一方面，蒙古族依旧是个野蛮民族，他们对其征服中国的态度，类似于苏族（Sioux）印第安人部落对北美农庄的侵扰。蒙古人只知道游牧生活方式，对于应该对一座大城市做些什么，或者如何利用它来巩固自己的征服，他们全无概念。蒙古人根本没有意识到保护那些从此之后属于自己的财产会有什么收益。北京平原上富饶的农业土地，将财富呈现在蒙古人面前，他们却毁掉了那里的一切，这并非源于邪恶，而是因为他们想不出更好的方案。

成吉思汗的个人品格，与蒙古军队的行为形成了一种奇异的反差。根据能得到的最真实证据，这位蒙古征服者似乎一直是一位聪慧的国君：决策中庸，性情温和，判断力强，看重公平及道义，是一个能够给予勇敢之敌以公正，但对叛徒绝不姑息之人。但是，成吉思汗并没有远离原始的野蛮性格，除了普遍恐怖之外，他无法想出镇压被征服民族的方法。对他来说，人类的生命价值是微不足道的，这和他所有追随者的见解并无不同。就像北方大草原上所有游牧民一样，成吉思汗对定居民族的生活方式——诸如生活于城市，或者耕作农田一类的习惯——都一无所知。事实上，对于家乡草原范围之外的一切事务，他都全然不解。在这些局限之内（这是由其时代与环境造成的），成吉思汗是个天生的组织者，他愿意听从文明人的建议，并且因为异乎寻常的智慧，他对文明有着天然的向往。

在攻陷北京之后抓获的战俘之中，成吉思汗挑选出了一位杰出人物，名叫耶律楚材，此人是契丹皇室后代，此前一百多年，鞑靼人就已经统治北京，几乎已经彻底汉化了。像许多契丹人一样，耶律楚材对中原文化有充分的理解。他同时也是一位政治家，并已经在金朝政府中担任了要职。成吉思汗对他的外貌印象深刻："身长八尺，美髯宏声。"[①]于是问楚材，金朝开国者已经毁灭了从前的契丹国，为什么他还要长期为它服务，并说"辽、金世仇也，朕为汝雪之"。"臣父祖尝委质事之，"楚材回答说，"既为之臣，敢仇君耶？"这位蒙古征服者很欣赏他对王朝的忠诚，即使是敌人。因此这样的回答特别令他满意。成吉思汗将楚材纳入自己的麾下，后者很快就成了他最敬重的顾问之一。耶律楚材利用自己的影

---

① 出自《元史·耶律楚材传》卷一百四十六，本章文言引文均出于此。

响，达成了一些美好的目的：在随后发生的一系列战役中，当蒙古首领搜刮财物和人口时，"楚材独收遗书及大黄药材，既而士卒病疫，得大黄辄愈"。

现在的金王国，只剩下河南及陕西一些地区，围绕其新都开封了。但是对成吉思汗来说，中原事务已经不再是最关心的问题了，从现在开始，他的眼光转向了西方。1219年，他动身去征服突厥斯坦和东波斯，跟随他的是蒙军主力，直到1224—1225年冬天才返回蒙古。在此期间，与金国的争斗仍在缓慢地继续着，成吉思汗留下来指挥的将领们，能够支配的兵力已经大为减少。这场战争退化为一场围城战。各要塞频繁易手，因为蒙古骑兵乐于洗劫城池，从来不实施任何有效的占领。

成吉思汗的最后一次战役，再度将中原作为其舞台。它针对的并不是金朝，而是西夏。唐古特王国因为拒绝充当属军，而触怒了这位征服者。1226年秋季，成吉思汗开始了这场攻势，并且顽强地参与其中，尽管由于从马上摔下导致的严重内伤不时发作。为了一劳永逸地终结唐古特人的抵抗，蒙古将领们建议采取一起彻底的人口灭绝行动。他们向成吉思汗指出："汉人无补于国，可悉空其人以为牧地。"正是耶律楚材，阻止了这项建议被采纳。"陛下将南伐，军需宜有所资，诚均定中原地税、商税、盐、酒、铁冶、山泽之利，岁可得银五十万两，帛八万匹，粟四十万石，足以补给，何谓无补哉！"他达到了自己的目的，成吉思汗授权楚材，以此为基础编订一个征税体系。

当蒙古军队正围攻唐古特都城银川之时，成吉思汗的病情恶化，他转移到甘肃平凉西北的山区，以躲避夏天的酷热。正是在那里，成吉思汗于1227年8月18日去世。几天之后，银川守军投降。遵照成吉思汗的遗愿，全城人口都被屠杀。整个唐古特王国——甘肃、阿拉善及鄂尔多斯——被并入了蒙古帝国。

成吉思汗的蒙古帝国大汗之位，由其第三个儿子窝阔台继承（1229—1241年）。后者是一个真正的蒙古人，凶猛残忍，头脑简单，沉迷饮酒、天性快活，易于宽容。他对其随从极为慷慨，不过与此同时，也绝不缺少智慧甚至精明。窝阔台继续住在蒙古，于哈喇和林（Karakorum）修建了一座永久的都城。他的顾问，已经汉化的耶律楚材，在这一进程中支持他。"天下虽得之马上，但不可以马上治。"楚材努力将蒙古人的军事帝国与中原皇族的行政帝国整合起来。他设法编制了一套正常预算，蒙古人必须缴纳其牲畜的十分之一，而他们的汉人属民，则用银两、丝绸和谷物来支付户口税。1230年，出于这一目标，直到当时还在遭受任意掠夺的华北被征服地区，被划分为十个常规行政区，由蒙古官员和汉族文士共同管理。耶律楚材在北京和山西安排开办学校，以教育汉地的年轻蒙古贵族，与此同时，他将许多已经归顺的汉人纳入官员之列。

不过，蒙古人的征服绝不会停止下来。在中原，当金朝表现出一种不同凡响的活力之时，新的行动就变得必不可少。这个国家不仅捍卫了其河南大本营的完好无损，在成吉思汗死后，还在周边各省实施了反攻。为了终止这样的抵抗，蒙古人制订了一个雄心勃勃的计划。大可汗率领大部分军队离开山西，从北边进攻河南。与此同时，他的幼弟托雷率领一队骑兵，展开了一起伟大的侧翼包抄行动。他向西穿过陕西南部，突然出现在河南南边，这样就从后面截住了金军。在这场最终决战之中，金国的男人们充满英雄气概地战斗到了最后，并赢得了蒙古将领们的赞赏——他们完全有资格对这样的勇气做出评判。金国将领们宁愿被砍断四肢，也不愿向征服者投降。但是到了最后，他们陷入包围，被全部歼灭。1233年5月，金国首都开封被蒙古将军速不台攻克，此人是波斯及俄罗斯的征服者。速不台打算毁掉开封，就像成吉思汗毁灭北京一样。但耶律楚材又来干预了。速不台对这番劝解心知肚明。"你莫非又要为百姓哀悼？"他对楚材说。尽管大汗窝阔台也有抱怨，但他再一次接受了参谋的这项建议，并指示必须放过开封城。蒙古将士们以令人称道的纪律，严格执行了这道命令。与此同时，在开封陷落之前，金朝末代皇帝已经弃城出走，躲进汝宁附近的一处要塞；但是，当看到蒙古人出现在最后堡垒的城墙之外时，他宁可自杀，也不愿意活着落到他们手上。整个战役，从1233年1月31日，一直持续到了1234年3月2日。

现在，昔日金王国的全部领土，以及整个华北，都由蒙古人掌控，他们已经成了大宋帝国的直接邻居。

在金蒙战争期间，杭州的宋朝皇室已经与蒙古人结成联盟，为的是在战利品中得到一些份额。在金国被击败之后，事实上，大汗窝阔台的确向汉人移交了河南南部的某些地区。本来，南宋统治者应该为得到强大蒙古的善意而感到幸运，但与此相反，他们却断言，自己从双方的联合行动中得到的报酬少得可怜。宋军愚蠢之极，试图与胜者争夺河南的其余地区。结果立竿见影，1236年，三路蒙军侵入大宋帝国，蹂躏了四川与湖北。

然而，这仅仅只是一次侦察性的远征，行动也很快慢了下来。人口非常密集的华中与华南，被如此之多的河流与山丘分割。在一片湖泊与稻田星罗棋布的区域，还有这样多的城市中心，战争只能是围城战。草原的骑手们依然会发现自己不得其所。在成吉思汗及其追随者出现之前，其他突厥—蒙古部落已经完成过对中原北方的征服——从4世纪和5世纪的匈奴人与拓跋人，到1126年金国的女真人，没有一个能成功地征服华南。为了占领南方，就必须采用中原的方式开战，使用大队的汉人步兵分队，以及配有攻城机械的炮兵部队，由中外工匠来操纵。更何况蒙古军队正致力于穿越俄罗斯、匈牙利与波兰，进行新的欧洲远征。1242年，大可汗窝阔台的去世，中止了蒙宋之间的敌对。

在窝阔台的第二位继承者蒙哥大汗的领导下（他从1251到1259年统治

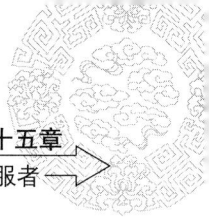

蒙古），战端再起。蒙哥是一位精力充沛的领袖，一位严厉但却公正的管理者，一个冷酷但又聪慧的政治家，以及一名最优秀的战士。蒙哥不再对单纯的袭击或掠夺感兴趣，而是以彻底征服这个国家为目标，他决心将对宋战争进行到底。他的初步行动之一，就是在1251年任命自己的弟弟忽必烈为河南的地方长官。这是一个幸运的选择，因为忽必烈对华夏文明表现出了强烈兴趣。战争期间，此地已经变成了废墟。通过向农民发放种子和农具，以及让自己控制的汉人军队屯田，忽必烈致力于恢复这一地区的农业。针对大宋帝国的决定性军事行动开始于1258年。忽必烈在武昌发起对长江中游的攻势，同时，蒙哥侵入四川，打算从西南迂回包抄华南。但在这场战役期间，1259年8月11日，蒙哥去世，他是某种传染病的受害者。

蒙哥大汗的死，使其兄弟忽必烈得到了领导权。

第二十六章
忽必烈可汗

忽必烈43岁时，兄长蒙哥的死将他送上皇位。到此时为止，他是成吉思汗最出色的孙子。忽必烈是个天生的政治家——像其著名的祖父一样——一位优秀的军事首领，以及一个精明的政治家。他有着本种族的坚强品质，又有从中原文明中有意吸纳的文化所带来的优势。蒙哥死时，忽必烈正在攻打汉人控制的城市武昌（位于长江沿岸）。为腾出手来，忽必烈与南宋达成了休战协议，并火速

元世祖忽必烈画像

赶回北京。随后，他向北继续自己的行程，来到位于上都的夏宫，靠近今天的多伦诺尔。正是在那里，1260年5月6日，忽必烈得到军队的拥护，并自立为大可汗。[1]

---

[1] 原书注：在柯勒律治（Coleridge）的《忽必烈可汗》一书中，上都以一个额外的音节，获得了作为世外桃源的额外名声。严格说来，忽必烈的头衔应该是可汗或者大可汗。

忽必烈的继位，并没有得到其家族无可争议的接受。他最小的弟弟阿里不哥，在蒙古的哈喇和林自立为大可汗；而事实上，为了与自己的弟弟争斗，忽必烈才突然与汉人达成了停战协议。两兄弟之间的这场战争以蒙古作为舞台以及最重要的赌注，持续了四年时间。最终，1264年8月，被击败的阿里不哥向忽必烈屈服。

一旦摆脱了家族竞争，忽必烈就得以恢复对大宋帝国的征服行动。宋朝的度宗皇帝（1265—1274年在位）信任一批运气不佳的政客，那些通常富有勇气的将军们所做之努力，都因这些人而落空。然而，蒙古人用了八年多时间，才终止了汉人的抵抗。单是对湖北的姊妹城——襄阳与樊城——的围攻，就持续了五年（1268—1273年）。抵抗者表现出了非凡的顽强，当陆路一侧被封锁时，他们一度设法通过船只将补给送进来。多亏了两位勇敢的船长，他们成功地溯汉江而上，并在这次辉煌的行动中为国捐躯。之后，蒙古人将其投石机及弹弩炮队投入到战场，这些设备是在军中服役的维吾尔和阿拉伯技师建造和操控的。这场炮击最终战胜了英勇的守卫者。两座城市的陷落，使得蒙古人能够经由汉江下游到达长江中部，随后继续沿着从武昌到南京的广阔河谷顺流而下。到了1275年年底，所有的蒙古军队都在杭州——这座大宋的陪都——会合。

在这里，一切都处于混乱之中。度宗皇帝是个文化素养很高但不称职的君主，他已经将国家大事托付给了无能的大臣贾似道。后者的唯一方针，就是欺压将官们。随后度宗去世了，贾似道为了继续掌权，就将一个四岁孩子送上了皇位（1274年）。与此同时，长江下游的要塞一个接一个地落入了敌人的掌控之中。最后，摄政太后罢免了贾似道，但已经太迟了：杭州被四面包围。到了1276年2月底，守军投降。蒙古将军伯颜进入了这座伟大的城市，将小皇帝带到了忽必烈那里。后者以非同寻常的仁慈对待年幼的俘虏。在给了他一笔抚恤金之后，忽必烈做了法兰克人对墨洛温和加洛林两大王朝被废黜者经常做的事情——将小皇帝作为修道士抚养长大。47年之后，在某座寺院中，这位大宋的继承人平静地去世。根据马可·波罗记载，皇太后同样出家，进入一间尼姑庵。在此之前，她也得到了有礼貌的对待。这显示，自从成吉思汗时期以来，蒙古人已经取得的进步何等巨大。在两代人的时间里，这个半野蛮民族，已经达到了更为古老的文明国家之水平。

广东地区仍旧留待征服。在那里，残余的汉人忠君者聚集在被废小皇帝的哥哥周围。作为抵抗运动的中心，广州无法坚守太长时间，1277年被征服者攻克。宋朝最后的傀儡皇帝，是个八岁的孩子，被保护在忠诚的英雄张世杰的战船上。几个季度以来，他都能够躲藏在广东沿海的一些偏僻港口中。但是蒙古人坚定执着，他们装备了一支出色的舰队。在广州西南小岛崖山附近的水域，蒙军将汉人的小型船队重重包围。1279年4月13日，对忠诚者来说，这是灾难性的一天。更快的宋军舢板成功地突破了敌人的战线，但御驾的龙船过于笨重，未能跟上这次行动。皇帝的一位仆从在其面前出现。"大宋气数已尽，"他悲哀地说，"陛下应当和它一起赴死。您的弟弟如懦夫一般投降了，一定不要重复这般耻辱！"说完，他将孩子抓到自己怀中，纵身跳进了波涛里。至于那位英勇的张世杰，似乎死神已经放过了他，但一场台风突然刮到了船上。"他不愿意开船靠岸，而是爬上了主桅楼，高高举起一支香，对天高呼：'我，张世杰，已经将自己的生命交付给了大宋的事业，现在，他们中的最后一位也死了；如果他们的事业依旧有一线希望，如果皇帝们的牺牲是永垂不朽的，那么，就让老天留下我，我将继续为他们服务。如若不然，我已经活得够长了！'就在这时，一阵涡流吞没了张世杰的小船，他随之消失在了浪涛之中。"

整个中国，首次落入到了一个外来征服者的掌控之中。在中世纪早期那些侵略者失败的地方，忽必烈最终获得了成功；他已经实现了数百年来

数代游牧民的含糊梦想，这是从吉尔吉斯大草原到满洲森林，每一个蒙古族居住者的愿望。幸运的是，这场由成吉思汗开始并由忽必烈完成的征服，一直进展得足够慢，因此其最危险的结局能够得以避免。从成吉思汗首次入侵甘肃的唐古特王国，到忽必烈的旗舰摧毁宋朝最后的小船队，已经让战无不克的蒙古人花费了74年时间（1204—1279年）。当这一庞大任务最终完成之时，汉人发现征服自己的并不是另一个成吉思汗——一个游牧民族的野蛮人，身披兽皮，除了烧杀之外别无他想——而是一个几乎和他们其中的某个人一样的蒙古人。

事实上，忽必烈可汗，这位成吉思汗的孙子，尽管已经征服了中原，但他本人首先已经被华夏文明征服。忽必烈的胜利，使他能够实现自己持久的野心：成为一位真正的"天子"，并将蒙古帝国变成一个中华帝国。最终，这条道路清楚了，随着大宋王朝的消失，他成了这个有1500年历史的帝国之合法主人。忽必烈的王朝——它采用了"元"为朝代名——目标就是传承之前22个前辈的传统。这种汉化的一个明显标志，就是忽必烈已经不住在蒙古了，虽然他是那里的主宰。1260年，他在北京建立了自己的都城，而1267年，在那里，于中都旧城的西北，忽必烈开始修建新的大都城，也就是蒙古人所说的汗八里（Khanbalik），即可汗之城，而马可·波罗则称之为"Cambaluc"。

作为蒙古人的大可汗，忽必烈不得不在亚洲发起了几场战争。在成为中国统治者之后，他申明远东其他国家要对自己效忠。朝鲜，一直或多或少地让他的前任们难以控制，如今却接受了忽必烈的宗主权；但他派到日本（1274和1281年）和爪哇（1293年）的战舰及远征军，却未能成功。对大海来说，大草原的勇士们都是陌生人，他们被迫依靠汉人和朝鲜人士兵，不过那些人是出于强迫才为蒙古人服务的。1281年9月15日，一场台风驱散了蒙古的"无敌舰队"，为忽必烈征服日本的努力画上了句号。在印度支那，他同样失败了：1283、1285及1287年，他派去进攻安南（今天的北部湾及越南北部）王国及占婆王国（今越南南部）的军队，全都遭遇了灾难性的后果。因为来自西伯利亚边境的勇士们，在北部湾的气候下大批死亡。不过，这些挫折并没有妨碍随后安南、占婆与缅甸的执政者承认元朝的宗主权。当忽必烈不得不与他的一个堂弟海都（Kaidu）争夺大可汗头衔以及蒙古的所有权之时，一场严重得多的冲突就愈演愈烈了。后者在艾比湖附近统治着塔尔巴哈台及准噶尔。

通过成为"天子"，忽必烈接受了华夏文明，令蒙古帝国越来越汉化，并将其住所由哈喇和林迁到北京，这已经让许多蒙古臣属表示不满。这些人依然忠于其种族的传统、草原生活及游牧精神。这些反抗者首先聚集在忽必烈的幼弟阿里不哥周围，但他们所支持的夺取汗位的斗争并未成功。阿里不哥被挫败之后，这些人找到了一个新的汗位觊觎者，就是忽必烈的堂弟海都。此人同样是成吉思汗的孙子，在荒凉的西部，继续过着其游牧民祖先式的粗野生活。他是一匹草原之狼，与忽必烈这个汉化的、定居的蒙古人截然相反。1267年，海都成功地从忽必烈那里强夺了突厥斯坦的宗主权，当时称为察合台汗国（Jagatai），因为这里曾经是成吉思汗分封给儿子察合台汗的地域；1277年，海都差一点成功地从忽必烈那里夺走蒙古。十年之后，他又拼凑了一个反对忽必烈的诸王同盟，其地盘从突厥斯坦延伸到了满洲。1288年，在一场艰苦的军事行动中，已经72岁的忽必烈粉碎了这一联盟。战斗是在满洲进行的，并被马可·波罗记录了下来。但最终处置海都的事宜，（1301年）则留给了忽必烈的孙子铁穆耳大可汗。

简而言之，作为蒙古人的大可汗，忽必烈远远没有取得完全成功。尽管他能够保持对蒙古本部的占有权，但其堂弟们统治着突厥斯坦及南俄罗斯，拒绝承认他的宗主权；唯有其弟弟旭烈兀的家族（统治着波斯），依

然是他的忠实封臣。忽必烈本族人带给他的麻烦，全都因为以下这个事实：他抛弃了祖先的生活方式，变成了一个汉人的君主。

而正是作为一个中国皇帝（元世祖），忽必烈取得了空前成功。在这种能力上，他配得上马可·波罗的赞许："从臣民、土地及财富来讲，从我们的先父亚当直到今天，他都是地球上曾经出现过的最有权力之人。"没有一个天子在履行其职责时，能比成吉思汗的孙子更认真。他的恢复型管理，治愈了一个世纪的战争创伤。在宋代灭亡之后，他不仅保留了这个倒台王朝的制度及管理团队，还尽其一切可能，以赢得在职官员的个人支持。因此，忽必烈能得到的最大荣耀，也许不在于他是第一个征服整个中原之人，而是他让国家平稳下来。

在经过如此严重的破坏与毁灭之后，这个国家陷入了一种悲惨境地，统计数据让我们对所发生的事情有了一些概念。1125年前后，中国有20882258个家庭，按照通常的比率计算，大约有一亿人口。1290年，全国已经缩减到不超过13196206个家庭，相当于略少于5900万人。为了恢复这个国家的繁荣，就必须在所有领域付出艰苦努力。

忽必烈对交通问题极为关注，对这一庞大帝国的管理及食物供应来说，这是个最为重要的事情。他修复了御道，在其中大部分都种上了树木，并在沿路每隔一段距离修建客栈。他将蒙古的邮政系统（驿站）扩展到了中国，此举赢得了马可·波罗与和德理①（Odoric de Pordenone）的称赞。二十多万匹马，在许多驿站之间分配，据说就是为了提供这一服务。为了向北京供应粮食，以及将大米从长江下游运出，忽必烈在杭州与首都之间着手进行规模庞大的运河修建。这条在他主持之下的皇家"大运

---

① 又译鄂多立克（1286—1331），意大利圣方济各会士，大约在1322年之后来中国传教。

河"所流经的河道，直到今天依然在使用。为了应对灾荒，他恢复了"国家保险"措施，即宋代在开封时期实行的国家控制立法——一套与大名鼎鼎的王安石密不可分的法则。像这位改革家一样，忽必烈颁布诏书，规定最高限价。在丰年中，从收成中产生的剩余被政府收购，并储存在公共粮仓之中；到了匮乏和物价上涨的时节，官府就打开粮仓，免费发放谷物。[①]公共救助系统也重新组建了，1260年颁布的一道法令，规定各地方长官向年老的学士、孤儿、病患及残疾人提供生活必需品。[②]1271年的一道教诏令，建立起了慈善制度，对穷困家庭的稻米和稷粟分配成为定期；马可·波罗说，忽必烈本人每天要供养三万名穷人。

在蒙古行政机构中，最有缺陷的部门是其财政。在宋代的制度中，忽必烈发现了纸币，或称"钞"的用途，由赋予了与银锭同等价值的债券或息票构成。忽必烈扩大了这一应用，并使其成为自己财经政策的基础。马可·波罗评价道："人们可以这样说，大汗是一个完美的炼金术士！"——因为蒙古已经发现了真正的"点金石"——一种用桑树皮加工的票据制造黄金的艺术。1264年颁布的一道圣旨，限定了一切主要商品的纸币价值；从经济角度上来说，这是一部能通过确定最高价格来控制市场的法律；而从财政视角来讲，这是一部固定纸币兑换率的法令。忽必烈的首位财政大臣，穆斯林赛典赤·赡思丁（Sdyid Edjell，卒于1279年），一位布哈拉（Bukhara）的土著，似乎将钞票的发行控制在了合理的范围之内；但在他的继任者们——首先是另一位来自河中的伊斯兰教徒阿合马（Ahmed Benaketi），随之是维吾尔人桑哥（Sangha）——当权时，种种不适当的做法就开始实施。二人都实行了一种无限制的通货膨胀政策，

---

① 原书注：这与宋代采用的"常平仓"体系是类似的。
② 原书注：这是宋代已经存在的"常平仓"体系的一次复兴。

令纸钞很快贬值。为了筹集资金，他们不得不依赖重复兑换以及用重税进行垄断。1282年，阿合马被暗杀，死后被忽必烈削去官职；1291年，桑哥因为盗用公款而被处决。1309年，忽必烈的第二个继承人，大可汗海山（武宗皇帝）在位时期，放弃阻止已发行纸钞贬值的努力，发行了新的钞票，但这些虚拟货币依旧贬值。

最终，元朝政府被迫回归了之前各王朝使用的金属铸币；但是，持久性的国家财政危机，作为忽必烈（1260—1294年）及其孙子铁穆耳（1295—1307年）统治时期的一个标志，是不可能不引起民意反弹的。这种持续的通货膨胀，其不可避免的后果就是纸币不断贬值，导致市场不稳定，只能令蒙古政权在中国商业发展最充分的地区、在长江下游大的城市中心以及福建和广东沿海的港口不受欢迎。这些地方的大部分城市人口——从马可·波罗称道的强大行会，到和德里所关注的小店主——生活都离不开商业与金融。14世纪中期，正是在这一地区，开始了反对蒙古政权的全面暴动。

我们已经看到，两位穆斯林大臣相继掌控帝国财政。这并非孤立个案，对伊斯兰教徒的重用，与蒙古人的土地占有制联系紧密。

当蒙古人征服金朝时，他们在华北发现了一种与古代中国大相径庭的土地所有权制度。在蒙古人之前统治中国北方的两个鞑靼政权，契丹（辽代，10到11世纪）和女真（金代，12世纪），为了形成大片领地赏赐他们自己的贵族，已将大量的中国农民推到了农奴境地。1183年，就在蒙古征服前夕，农奴在全部金朝人口超过五分之一：据记载，在全部6158636名居民中，有1345947人为农奴。

当蒙古人在北方取代女真之后，他们占据了为金朝贵族利益而组织起来的全部封地与采邑。在华南，也即昔日的宋帝国，蒙古人以类似的规模没收土地；成吉思汗宗族的诸王，甚至是并不重要的蒙古贵族（那颜，把那秃儿），也能获赏一块很好的土地，作为他们的私产。一旦这种纯粹的掠夺期告一段落，为了让中国经济重新发展，蒙古人设计出了一种以高利率向汉人发贷款的方法：①——这批汉人，与在征服时期在农村里经常被他们逼为农奴的，或者在城市中业务被掠夺的是同一批人。这些贷款由钱庄行会或商号做中介来生效，后者通常都由被蒙古人称为"鄂托克人"的穆斯林所组成。这些来自布哈拉与撒尔马罕的伊斯兰教徒，马上就能扮演一种角色，类似于中世纪欧洲的伦巴第人和18世纪法国的包税人。"在蒙古时期，他们是远东的大钱商。"伯希和如是说。这些人想必极为贪婪，因为在1298年，忽必烈的继承者铁穆耳大汗，意识到不得不保护华南人口免受他们的勒索，或者更准备地说，是躲过雇佣他们的蒙古贵族之压榨。民众得到保证，将抵制穆斯林行会的高利贷需求，以及占有债务人的妻儿。

除了这一特殊问题，在其官方立法《元典章》中，蒙古王朝同样关注在大庄园劳作的奴隶、农业劳工和佃农地位之普遍改善。相比宋代立法所做的事情，它试图更加有效地保护这些不幸的人抵抗其主人的压迫。1295年，铁穆耳执政首年的一项法令，甚至禁止蒙古贵族在庄稼地里骑马，以防伤害谷物。"14世纪早期的元代法律，"马伯乐说，"将土地所有者殴打农业劳工或佃农致死列为犯罪行为，要杖责一百零七下。佃家的生活非常艰辛，在有些场合，有必要下令减少过于沉重的租税。1285年，江苏的税收减少了一成，到1304年减少了两成，1354年，这一举措被普及到了整个帝国。"

蒙古人在中国的的宗教政策，特别值得关注。

马可·波罗观察到，对于各类宗教，忽必烈都表现出了最大程度的宽

---

① 原书注：在原理上，这些贷款类似于王安石时期发放（或摊派）给农民的强制性"青苗钱"。

容，或者说一种普遍的仁慈。这一态度有着双重原因。在成吉思汗时代，蒙古的宗教基础，是某种形式的萨满教，它敬畏掩藏在天空、山脉与水源之中的每一种可能的力量之表现形式；而出于同样的有些迷信活动的畏惧，它还崇敬一切奇迹创造者的力量。因此，所有已经确立的宗教，以及代表它们的形形色色之教士，都有资格同样得到这种谨慎的尊重。而且，像忽必烈这样一流的政治家，很快就会意识到安抚这些不同派别的宗教人士对实现自身政治目标的价值；为了达到这一目的，他与这些成型宗教缔结了不止一份，而是与它们的数量一样多的协定。当他取代了宋朝皇帝，成为这个古老帝国的宗教领袖之时，忽必烈履行了国家儒教必须的仪式姿态，但他还没有把儒家文士争取过来之前，就开始寻求佛教与道教的支持，因为他意识到，自己可以利用这种支持，来反对儒家学者顽固不化的宋朝正统观。为达到此一目的，忽必烈计划组建作为国家教会的佛教与道教团体，各个宗教的领袖由他来提名，并对他负责。这也正是拿破仑对教会与国家关系的设想。

除了古老的蒙古宗教萨满教之外（他未曾完全抛弃之），忽必烈的个人偏好，无疑是佛教，特别是藏传佛教。当被邀请充当佛教徒与道教徒之间某些宗教争议的仲裁者时，他的决定明显地偏袒前者，而不利于后者。根据马可·波罗的记录，他有一些从锡兰带回来的佛教徒圣物。忽必烈将一位年轻的佛教圣僧——八思巴喇嘛——从吐蕃召到了自己的皇宫。后者成为了他的朋友和被保护者，并领命模仿西藏字母表的样式，为蒙古人设计字母——这项工作最终没有任何进展，蒙古人更偏爱源于叙利亚的突厥—维吾尔字母表。

忽必烈的继承人继续偏爱佛教徒，特别是吐蕃喇嘛，甚至变本加厉。多亏了帝国的这种保护，一种喇嘛教教权主义在中国不无阻挠的情况下发展起来了。正如这一时期的一份政府报告声称："人们看到这些喇嘛进入大小城市，他们在当地并不住进客栈，而是留宿在了私人宅邸，并将其主人赶走，以便更轻易地勾引后者的妻子。他们并不满足于纵情酒色，还要从民众那里拿走他们本来就不宽裕的钱财。他们是大众的吸血鬼，甚至比收税官更为残忍。"这番评价毫无新意：是儒家文士批判佛教出家制度的老调重弹；但可以肯定的是，儒士们认定，对其宗教上的竞争对手获得的过多特权，蒙古政权要为之负责。毫无疑问，在导致这个王朝不受欢迎及最终解体的普遍不满中，文士的态度也是其中之一。

简而言之，在蒙古王朝统治下，相比我们所知的众多鞑靼政权时期，比如五世纪的拓跋魏，佛教享受着同样的青睐。对于这个伟大的印度宗教，尽管许多皇帝曾经给予私人保护（例如，就像唐朝许多君主一样），但汉人政府从来没有将之视为一种非异族宗教——对它的抱怨经常反复。儒家文士们作为皇家的顾问，也许可以短时期容忍，但他们从来不会去证明，对佛教的偏爱期是正确的。另一方面，中原的游牧民主人，无论是突厥人、蒙古人，还是通古斯人，都毫无保留地接受了佛教。儒家的行政官员们，在每次新的鞑靼征服期内，都发现自己站在输家一方，被完全排除在万事之外——至少在占领初期是如此。因此在中国，佛教从来没有像异族统治时期那样兴盛。

然而，做出某些保留还是必要的。我们刚刚讲到的，是中原佛教及吐蕃喇嘛教的实际情况，但在中原，同样存在着某些秘密教派，例如白云教和白莲教，他们都自称佛教，尽管事实上都只是异教。有人指出，白云教也许受到了摩尼教信条的浸染。正如我们所看到的那样，后者在公元763到840年传播普遍，这多亏了维吾尔突厥人的支持。至于白莲教这一秘密教派，它起源于阿弥陀佛的虔诚派，1133年，它变成了一个有大师、有夜间聚会等活动的秘密组织；这些隐蔽团体，或多或少地一直受到宋朝政府的镇压；在元朝建立的过程中，白莲教似乎与蒙古人有过合作，作为回报，政府给予了他们礼拜的自由，甚至承认其合法地位。然而不久之后，因为遭到蒙古当局取缔，（1308—1322年）白莲教被迫再度转入地下。事实上，他们的夜间集会地很快就充当了蒙古政权之敌的集会场所。

道教曾受到最初几位蒙古征服者的青睐，在道教术士身上，他们很自然地看到了本族萨满巫师的影子。成吉思汗本人就有这样的想法，1122年，他将道教长老长春真人传唤到阿富汗（他正在那里打仗）。尽管此圣人无法给成吉思汗提供长生的秘密，也许只满足于宣讲"道"之信条。但这位征服者却对他评价甚高，并给予道教以豁免令。在忽必烈治下，道教不再受到青睐，而佛教徒在他面前重提对其老对手的旧抱怨：例如，道教徒伪称，佛教不过是他们教派的一个分支。在一场公开辩论中，道教徒被证实曾篡改经文并伪造手稿；因此忽必烈的同情心毫无疑问放在了佛教一边。（1281年）他下令焚烧了真实性可疑的道教作品，并让佛教徒重新得到了被他们的对手所侵占之寺院。

教士之间也有争吵。在决定他应当对官方儒教采取什么样的态度时，皇帝要面对一个更加微妙的任务。因为此态度将决定儒士阶层对忽必烈的事业是否忠诚。忽必烈是个精明的政治家，他不可能无视这一点。作为一种象征性示范，他将山东曲阜的孔氏家族（从孔子以来，这个谱系从未中断）之首领召到自己的皇宫，并公开赞许他。（1295年）忽必烈的孙子和继承人铁穆耳最早的施政措施之一，就是颁布了一道圣旨，命令无论汉人还是蒙古人，都要祭拜孔子；此举当然为他赢得了儒士的欣赏。

对蒙古政权来说，儒家文士阶层这种至少是暂时的支持，因赵孟頫（1254—1322年）的名字而更加引人瞩目。此君是一位有特殊代表意义的人物，因为他是前宋代皇室的一员。1286年，在同意为忽必烈效力之后，他被委任为各种各样的管理职务（1316年，他在翰林院担任了要职），并忠诚地为主人服务。赵孟頫还是他那个时代最伟大的画家之一，特别是因画马而驰名。现在，归于赵孟頫名下的马之画作实在太多，人们不可能不得出这样的结论：绝大部分都是仿制品，不过，即使是这些摹本，当它们表现蒙古马的浓密毛发及其鞑靼骑手时，也是回忆蒙古时期非常有趣的文献。

佛教、道教与儒教三教的信仰，都牢牢扎根于中国。除此之外，景教这种基督教形式也有一些传播。

我们应该能记得，在唐代，景教由来自波斯的传教士引入中国。在唐王朝统治下，这种宗教即使没有在汉人中兴盛，至少在波斯和叙利亚居民（他们被丝绸之路的贸易吸引，来到中国）之中，以及生活在边境，并与汉人结盟的突厥人中非常流行。沿着这些边境地区，我们又一次在13世纪的汪古部突厥人中发现了基督教，当时，他们控制着今天归绥（归化镇及绥远镇）一带，以及山西边境的长城以北地区。汪古部在蒙古政权中拥有相当重要的位置，因为从一开始，他们就是成吉思汗忠实的诸侯。作为奖赏，这位征服者将女儿许配给了汪古部国王；而从那之后，蒙古大

《三教图》绘佛、道、儒三教创始人释迦牟尼、老子、孔子三人于一图。

可汗家族与汪古部王子之间，就一直进行通婚。由此才发生了汪古部王子乔治（George，突厥语写作Korguz）——这是一位真正的基督徒，甚至他的名字也体现了这一点——迎娶忽必烈一位孙女的事情。通过汪古部，基督教在皇座的每一级台阶之上，在皇室家庭内部，维持了几代人的时间；

而且，因为他们一直是帝国的忠实捍卫者（1298年，乔治王子在为大可汗铁木耳服役时英勇牺牲），汪古人为自己的信仰赢得了数不清的信任。

而且，汪古部突厥人并非戈壁地区宣称信仰景教的唯一民族。正如我们所看到的那样，同样还有克烈部（Keriet），一个居住在外蒙古图拉附近的民族，1203年，成吉思汗已经将这一部族并入了他的帝国。忽必烈自己的母亲，唆鲁禾贴尼（Sorghaktani）公主，一位智慧与能力都无比卓越的女性，正是出自前克烈部王室，也信仰景教。毫无疑问，通过保护景教，忽必烈希望表达自己的诚信，这种忠诚，不仅是针对与他有交情及家族联系的汪古部诸王，还出于对母亲的怀念。这种保护在1287年得以清楚显现，当时景教教会被置于了一个敏感位置上。一个名为那颜（Nayan）的蒙古王子，其本人是个景教徒，在满洲发动了一场反对大可汗的叛乱。当他向忽必烈部进军时，将十字架画在其军旗上。一旦这场反叛被挫败，这种基督教信仰的反对者就不失时机地抓住机会来诋毁它。但忽必烈"愤怒地责骂了那些在他面前羞辱十字架的人，接着又传唤一些当地的基督徒，安抚他们说：'如果你们上帝的十字架没有帮助那颜，那也有很好的理由；……那颜是一个不忠诚的叛徒，他对抗自己的君主……你们上帝的十字架并没有帮助他，这做得非常好……'"而且，同样根据马可·波罗的记载，在那颜被击败之后的那个复活节，忽必烈让人将《福音书》拿给他，公开对书卷焚香并亲吻它。

从神学角度来看，这只不过是对蒙古人所熟知的主要宗教之尊敬，是关于各种神明的不同表现形式所做的一张保险单，任何高估可能都不正确。这位皇帝曾经如此天真地承认："有四位先知，他们得到了全世界的喜爱与崇拜。"他说（根据马可·波罗的记载）："第一个偶像造就之人，基督徒认为他们的神是耶稣基督，撒拉逊人认为是穆罕默德，犹太人认为是摩西，而偶像崇拜者认为是释迦牟尼。我尊敬并敬畏这四位，因此，天上最强大并最真实的那一位，我也会祈求他来帮助我。"不过，从政治立场上来看，忽必烈对景教表现出的认同，不仅仅是言辞方面，也有更多的具体措施。1275年，巴格达的景教大主教得以在北京建立了一个大主教区，扬州与杭州的景教教堂都能够落成；1289年，忽必烈创设了一个特殊机构，以处理基督教事务。1291年，他任命了一位名叫爱薛（Isa，即阿拉伯语中的耶稣）的叙利亚景教徒为景教理事，不久之后，此人成了忽必烈的一名大臣。

在忽必烈治下，通过元老马·雅巴拉哈（Mar Yabalaha）及拉班·扫马（Rabban Sauma）的故事，中国景教社区的生活得以广为人知。拉班·扫马（1225—1294年）与拉班·马可（Rabban Marcos）是两位景教传教士，前者出生在北京附近，后者出生于汪古部。1275或1276年，二人离开中国前往耶路撒冷朝圣。汪古部王公们试图阻止他们的计划，但是没有效果。"当我们花了那么多力气去吸引来自西方的主教与修道士之时，"他们说，"你们为什么还要去那里？"但是，当看到朝圣者的决心依旧无法动摇之时，王公们为二人提供了穿越中亚的行程所必需之装备。这样，扫马与马可取道喀什噶尔和突厥斯坦，最终于1278年到达了美索不达米亚，在波斯的蒙古汗国境内。当时的波斯可汗是忽必烈的一个侄子阿巴嘎（Abaga），他因两位同胞的到来而非常兴奋，因此在1281年，他促成了马可被选为塞琉西亚——巴格达的景教大主教一职。马可因此就成为了元老马·雅巴拉哈三世，在波斯蒙古汗国的历史中扮演了重要角色。至于扫马，1287年，继承父亲阿巴嘎担任波斯可汗的阿鲁浑，派他带着一项使命去了西方世界，目的是在十字军与蒙古人之间结成同盟，以对抗埃及的马穆鲁克们。当年9月，扫马到达巴黎，美男子腓力①亲自在圣礼拜堂接

———————
① 即腓力四世（1285—1314年在位）

240

见了他。在罗马，扫马获得了教皇尼古拉斯四世的召见。1288年的复活节上，教皇亲手为他分发圣餐，并与他讨论一支新十字军的组建。正是这种神奇的命运，导致出生在北京近郊的蒙古臣民成了波斯的大使，去觐见教皇及法国国王。

第二十七章
马可·波罗

两位蒙古基督徒离开北京，穿越中亚前往耶路撒冷朝圣的故事，显示了蒙古征服的程度是多么深远。通过统一亚洲，帝国已经打通了横跨欧亚大陆的旧道。这条古老的丝绸贸易及佛教朝圣之路，自从11世纪以来已经因伊斯兰的扩张而关闭，如今再次为沙漠商队和朝圣者所走过。这就是蒙古征服一个无法否认的功绩；成吉思汗的战争，使得马可·波罗的旅行成为可能。

马可·波罗的父亲与叔叔——尼可

马可·波罗

与马菲奥——是两位威尼斯的商人，1260年，他们离开君士坦丁堡，开启了一次穿越俄罗斯南部蒙古汗国的旅程。从那里，他们经由布哈拉和新疆，前往中国。在那里，忽必烈给予了他们热情的接待。当二人离开之时，这位大可汗交付给他们一项前往罗马教庭的使命：请教皇为他提供一百位"精通七艺"的博学人士。1266年，波罗兄弟离开中国，重新穿过中亚，经叙利亚抵达罗马。不幸的是，教皇低估了忽必烈的要求之重要性，如果实现了它——向中国派出一百名拉丁学者——很可能会改变之后历史的进程。1271年底，波罗兄弟再度出发去中国，他们只带了尼可的儿子，后者是一位不朽的游记之作者，我们将努力描述这部作品。[①]

这一次，三位旅行者横穿了波斯的蒙古汗国，以及阿富汗北部，翻越帕米尔高原，取道喀什噶尔南部，遵循着古老的丝绸之路，经过疏勒、莎车、于阗及罗布泊，最终抵达了中国的甘肃省。在这里，他们在甘州驻留（马可·波罗称其为Canpchu[②]），一座三人评述了景教社团存在的城市。接着，他们向东继续放行，造访了前唐古特都城银川（Egrigaia），在这里，波罗一行再次注意到，在一个绝大部分人口都是偶像崇拜者（佛教徒）的国度，有一个景教团体存在。从这里，他们进入了汪古部（在今天的内蒙，马可·波罗称其为Tenduc）；马可·波罗将这里当成了祭司王约翰的王国，他提及了著名的"乔治王子"家族，基督教信仰的拥护者。离开汪古部之后，波罗一行进入了华北，马可·波罗像当时的突厥人（以及今天的俄罗斯人）一样，将华北称为"Cathay"（契丹），这一词语来自契丹的国名，它在11世纪统治着该地区。最后，旅行者们来到了上都（Chandu），此地是忽必烈的夏宫，在今天的多伦诺尔附近。在这里，波罗一家将一封教皇格里高利十世（Greggory X）的信件交给皇帝，随后，马可·波罗跟随宫廷去了北京——当时称为大都或者汗八里（Cambaluc）。忽必烈似乎对他另眼相看，委任他为扬州（Yanju）的盐税管理官。

马可·波罗的游记中，描述了在中国的两次旅程：一次在西部，从北

---

① 《马可·波罗游记》，L.F. 拜内戴托编辑，阿尔多·里奇翻译，伦敦，劳特利奇出版公司，1931年。

② 本章括号中的拉丁文地名，均出自《马可·波罗游记》。

京出发，途经山西、陕西和四川到达云南；另一次是在东部，同样从北京动身，取道山东、长江下游和浙江抵达福建。在记述这两次行程时，他为我们展现了一份简要的华北与华南（Manji，昔日的宋帝国）之经济调查。其中他提到了华北的煤矿："有一种黑色的石头，像其他任何石头一样从山中挖出，但能如木柴一样燃烧……契丹地区各处都烧这种石头。"他同样对可通航水道发挥的作用印象深刻，并首先评价了长江（Kian）——中国经济主动脉——的重要性："长江上承载的船只，比航行在基督教世界中所有江河湖海中的一切舰船加起来还要多，船上的物品也更加精致和昂贵。"马可·波罗补充说，每年有二十万艘船舶溯长江而上，更不用说那些顺江而下的了。他同样注意到了大运河的经济重要性，这是由忽必烈重修并完善的，它使得从长江下游向北京运送稻米成为可能。

为了管理如此庞大的国内商业，以及与印度及东印度群岛之间的贸易，在长江下游、浙江及广东地区的各个港口，已经组建起了强有力的商人行会，可以媲美佛兰德斯的行业协会或者佛罗伦萨的大商会。说起杭州（他称之为Kinsai①）的行会时，马可·波罗写道："商人是如此之多，而且这么富有，以至于没有人能说出全部真相，它是如此惊人。我还要补充说，这些大人物及其妻子们……不用亲手做任何事情：他们的生活是如此的精致与洁净，好像王室一般。"纸币——马可·波罗幽默地将之比作点金石——的普遍使用促进了商业交易："我向你保证，所有他的臣民，所有国家和一切民众，在支付时都会乐于接受那种纸钞，因为无论走到哪里，他们都能用纸币支付任何物品——各种器皿、珍珠、宝石和金银。"中国人不可思议的商业天资，博得了这位威尼斯人的赞许，因此他经常回

---

① 原书注：Kinsai（行在）在汉语中意味着首都，现代国语读作"京师"。（译者注：行在事实上是陪都的意思。）

忆起所有这些财富的公开展示——从印度返回的船只装满了香料：胡椒、生姜和桂皮。溯长江而上，或沿运河而上的平底船，满载着稻米。杭州和泉州的店铺中堆满了贵重物品：金线织物、森德尔绸，"以及各种各样的丝织品"。简而言之，他的记述，为我们提供了一份13世纪中国的经济地理志。

马可·波罗给出了中国主要市场的信息。首先是北京，这是北方的丝绸中心，在当地"每天有一千辆装载丝绸的马车进入大都，因为当地人要加工很多金丝织物；事实上，他们几乎一切布料都是用丝绸做成的"。然后是成都（Sindufu），四川的首府，这里生产丝绸并出口到中亚；扬州是长江下游稻米交易的大中心；马可·波罗特意用一章来讲述昔日的宋都杭州（Kinsai），他将之描绘成"中国的威尼斯"。杭州是最重要的食糖市场，同时是一个有无数船只造访的港口，它们带来了印度与东印度群岛的香料，离开时则满载丝绸，驶向印度与穆斯林世界。杭州城里，有一个很大的阿拉伯人、波斯人和基督徒商人的聚居区。最后是福建的两大港口：福州（Fuji）和泉州（Zaitun）。福州商人拥有大量的生姜与莎草；而且，"在这个省内，食糖产量大得让人难以置信。这里还有大量的珍珠与宝石交易。这是因为以下事实：许多从印度来此的船只，带来了大批商人，他们在印度群岛经商"。但是，全中国最大的商业中心却在泉州："这里是所有印度商船都要抵达的海港。……同样是华南商人出发的港口，是一个向四面八方伸展的区域。简而言之，在这一港口，有着如此庞大的商品、宝石及珍珠交易，确实是一个奇观。从这座城市的海港，所有一切都分配到了整个华南地区。我同样能向你保证，如果有一船胡椒运往亚历山大或其他地方，被带到了基督教世界，那肯定有一百船胡椒被运到了泉州港。"

1292年初，马可·波罗与他的父亲和叔叔一起登船，出发返回欧洲。

忽必烈授命马可护送一位年轻公主同行，她被嫁给波斯的蒙古可汗做新娘。在苏门答腊岛，他们中断了自己的行程，在霍尔木兹海峡离船上岸，1295年到达自己的家乡威尼斯。

与此同时，和这几位大胆商人（马可·波罗是他们的模范）同时代的基督教传教士，也开始来到蒙古治下的中国。1289年，教皇尼古拉斯四世（Nicholas Ⅳ）（他从拉班·扫马处获悉，蒙古帝国有许多本土基督徒）派遣圣方济各会修士孟德高维诺①（John de Montecorvino）前往远东。孟德高维诺首先在波斯的蒙古汗国逗留了一段时间，接着去了印度。他到达中国时，忽必烈的孙子与继承人大可汗铁木耳对他表示了欢迎。孟德高维诺在汗八里建立了两座教堂，这部分归功于一位意大利商人彼得鲁斯的慷慨，在孟德高维诺的行程中，后者一直陪在左右。短短几年之内，孟德高维诺就"为一万多鞑靼人"施过洗礼，并将赞美诗翻译成后者的一种方言。汪古部的王子乔治，直到当时还是个景教徒，通过他皈依了天主教；乔治的儿子受洗并取教名为约翰，正是为纪念孟德高维诺。

1307年，教皇任命孟德高维诺为汗八里大主教。1313年，三位圣方济各会士抵达北京，他们将成为孟德高维诺的副主教；其中的一位，杰拉德，后来成了泉州的主教。在当地，某位富有的亚美尼亚人建立了一座教堂。泉州的第三任主教，斐路加的安德鲁，在一封标注为1326年1月的信件中写道，大可汗赐给了他一百金弗罗林的退休金；他还在泉州附近为22名修道士建起了一座修道院，他将其时间分别用在了自己的教会和山地隐居地之中。

---

① 孟德高维诺（1247—1328），第一位来到中国的圣方济各会传教士，北京总教区首任大主教。

继孟德高维诺和斐路加的安德鲁之后，派往蒙古中华帝国的最知名传教士，就是圣方济各会士和德里。此人在1314到1318年间，从威尼斯乘船出发，穿越波斯的蒙古帝国，在印度中止了自己的行程，并于1324或1325年前后在广州登陆。他将此地称为辛迦兰（Sincalan）。在其旅行记录中，和德里讲到了这座城市的人口密度，这一地区的财富，食物的丰富与便宜，居民的勤劳个性（他们是天生的商人及熟练的工匠），以及当地民众祭拜的大量神祇。他对泉州同样感兴趣，这是一座"相当于两个罗马大"的城市，他在当地受到了其圣方济各会兄弟的接待，并有可能对这里的大教堂及山地修道院表示过赞美。杭州甚至更加令和德里充满爱慕，根据他的记载，它是"世界上最大的城市，坐落在两座大湖之间，像我们的威尼斯一样遍布运河与潟湖"。谈到诸多不同的成分——汉人、蒙古人、佛教徒、景教徒，以及其他，他们全都在这座巨大的城市里生活在一起——之时，和德里称赞了蒙古的行政管理："这么多不同的种族能一起和平相处，并由同一种势力所管制，这一事实对我来说，似乎是世界上最伟大的奇迹。"通过一位蒙古显贵的影响力，和德里得以访问了一座佛教寺院，并与僧侣们讨论转世轮回的问题。

和德里对长江下游渔业的重要性，特别是借助鸬鹚来捕鱼的方法（今天依然在运用），留下了很深的印象。最终他到达了汗八里。在那里，他说："大可汗居住在一个极为庞大的宫殿之中，其围墙就超过了四英里，将几座次要宫殿圈于其中。皇城因此由几个同心围墙所圈成，而大可汗及其宫廷成员正是住在第二圈。在皇城中心建起了一座假山，主要宫殿就建立在此之上。山上种植着非常精美的树木，也正是由于这个原因，它被称为'绿山'。它为湖泊和水池所环绕，一座神奇的小桥横跨湖面，这桥是我所见到最漂亮的。既是因为它的大理石材质，也是出于其建筑的精致。在湖上，你可以看到大量的水鸟：鸭子、天鹅及野鹅。围墙还圈着一个养有野兽的大花园。如此一来，大可汗不用离开宫廷，就能够享受到追逐猎物的快乐。"

"至于我，和德里弟兄，"这位传教士继续写道，"在这座城市中，我与我们的圣方济各会士兄弟们一起生活了三年半（1325—1328年），他们在京城有一座修道院，甚至还在大可汗的宫廷中任职。事实上，其中一位弟兄（孟德高维诺）是宫廷的大主教，大可汗每次出宫旅行时，他都要送出自己的祝福。"和德里描述了这样一次接见：在其主教率领之下，圣方济各会的修士们列队靠近坐在马车中的君主："大家举着一只固定在棍棒上的十字架，唱着《降临吧，圣灵》。当一行人接近御驾之时，大可汗已经听出了我们的声音，就吩咐所有人走近他。当我们靠近并举起十字架时，他脱下自己的头饰（其价值无法估量），并向十字架致意。主教宣告了他的祝福，而大可汗则以最为虔诚的方式亲吻了十字架。随后，我将香柱插入香炉之中，主教向皇上敬了香。"

像马可·波罗一样，和德里对蒙古人所创立的邮政体系之杰出组织与非凡速度做出了评论："信使们骑在非常迅疾的骏马或者赛骆驼上，全速飞奔。当他们能够看到驿站时，就吹响号角宣告自己的接近。在接到以此方式发出的信号之后，驿站负责人就让另一位骑手或骆驼手准备就绪，并备好新的骑乘动物。这位骑手抓过急件，飞奔到下一下驿站，在那里，会发生相同的交接。以这种方式，在一天之内，大可汗就能接收到边远地区，通常需要三天骑行才能送达的消息。"

和德里似乎是在1328年离开北京的。他首先穿越了汪古国，在那里，跟之前的那些人一样，他也注意到了景教徒。接着，和德里途经甘肃，注意到了那条大沙漠商队线路沿途的城镇与村庄，它们相互间挨得非常近，以至于你刚刚离开一个，就马上能看到下一个村镇的围墙。和德里穿过中亚，于1330年5月到达帕多瓦自己的修道院。

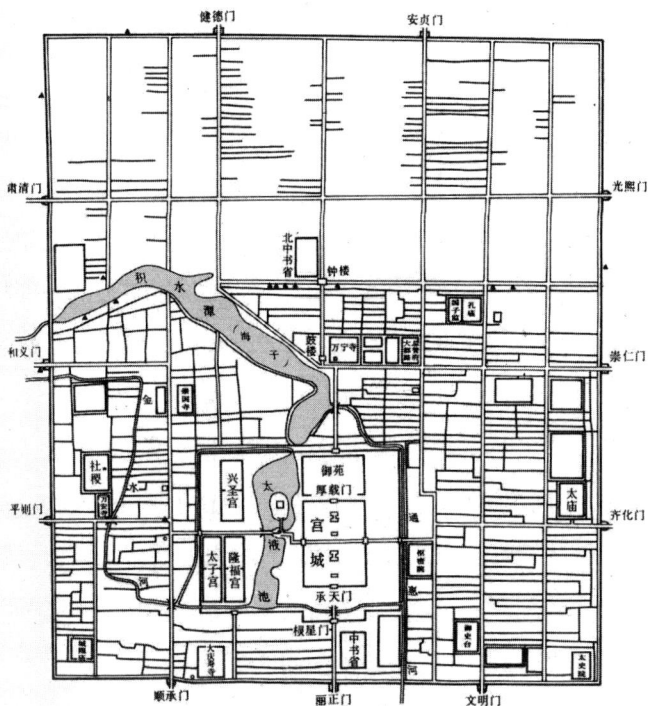

元大都布局图

　　到了这一时期，中国的基督教已经在欧洲广为人知。1340年，教皇本尼狄克十二世（Benedict XII）派遣圣方济各会传道士马黎诺里（Marignolli）前往远东。在经过了南俄罗斯与突厥斯坦的蒙古汗国之后，他于1342年来到北京。8月19日，他得到忽必烈的第十位继承人、大可汗妥懽帖睦尔的接见。马黎诺里献给大可汗一匹高大的西洋马，这件礼物得到了对方的盛赞。1347年12月26日，他乘船由泉州出发，在印度停留了一段时间，于1353年回到阿维尼翁①（Avignon）。1370年，教皇乌尔班五世任命了一位新的北京大主教，但这位高级教士从未履职，因为蒙古

---

　　① 法国东南部城市，1309到1378年为罗马教廷所在地。

的元朝已经被汉人的民族革命推翻，并建立了明朝。取胜的汉人，将基督教纳入了他们全面禁止的、蒙古人所青睐的一切"外来教义"之中。

在结束本章之前，让我们简要总结一下源于蒙古统治时期的利益与伤害。

首先是因这一政权而带来的好处。

蒙古几乎统一了整个亚洲，重开了自从10世纪以来关闭的、横跨欧亚大陆的大通道。丝绸之路——我们已经在安东尼时代及汉帝国时追踪过它的发展阶段，在7世纪唐玄宗统治时期也曾目睹过其重要性，当时，它是佛教徒的朝圣线路——这条悠长的商旅之路，横贯帕米尔高原，将波斯与远东连接起来，现在则被马可·波罗穿越。中国再度与波斯，以及越过波斯与西方世界联系起来了。距离被缩短，两大洲联系更为紧密。两位出生在北京附近的修道士，一个当上了巴格达大主教，另一个则成了出访教皇和法国国王的大使；圣方济各会的信徒们，有的被任命为北京大主教，有的则前往福建沿海修建大教堂。一位威尼斯商人进入了中国的盐税管理部门。蒙古人掀起的风暴，刮倒了花园的围墙，将树木连根拔起，将花种由一个花园带到了另一个。就这方面而言，"蒙古世界"带来的利益，与源自"罗马世界"的好处是类似的。直到发现好望角和美洲，这个世界才得以发现一个堪比马可·波罗年代的新时期。

与这些好处相对的，必定是蒙古统治导致的不良后果。这主要不在物质方面，因为正如我们所看到的，成吉思汗之孙，伟大的忽必烈，是多个世纪以来中国历史上出现过的最佳统治者之一。在他治下，其可怕的祖父所摧毁的一切恢复了。但从精神视角来看，在蒙古时期，就如同中国人心灵中的一股清泉被阻断了一般，这是一种需要缓慢恢复的伤害。的确，在蒙古人被驱逐之后，中国新的明王朝尽其最大努力，在各方面复辟过去——用一支大笔将外来占领就此删去，并让历史从其接触到的那一点再度开始，事实上，这一点不在1260年，而是在公元907年。但因为它对传统的极度忠诚，以及试图在一切领域复制过往，这个新王朝为一项没有生机的任务所限制。这才是蒙古入侵中原栽下的邪恶之根。中国的有机体遭受了如此强烈震动，变得这般虚弱，因此一旦暴风雨过去，它就紧紧地、胆怯地退缩到体内。在数个世纪里，中国一直不知疲倦地喷涌着最为奇妙的文学、艺术与哲学创新。如今，除了重复那些固有形式，以及从复制品中再复制之外，她不敢做任何事情。在努力保持对过往的忠诚中，她背叛了自己最伟大的传统。因为，中国过去的伟大，首先就在于复兴与创新的无穷力量，在于创造精神的自发性，这些精神反过来造就了商代青铜器的辉煌、庄周的形而上学飞跃以及孟子的超人视角。在之后的中国历史中，我们几乎看不到这类生命力的痕迹，取而代之的是自信心的缺失和对外部世界的普遍不信任，以及一种事实上远离了那些逝去的伟大时代的怯懦。

第二十八章
民族复兴：明朝努力

在中国漫长的历史进程中，像忽必烈这样卓越的统治者，能够数出来的只有几个。因其坚强的个性，政治家素质，渊博的智慧，以及统治的稳定与仁慈，这位蒙古人跻身到了中国历代最为伟大的君主之列。他的孙子铁穆耳（成宗），同样是一位精力充沛、认真尽责的统治者；但在这两位皇帝之后，元代很快衰败了。它的王公沉迷于酒色淫乱之中，缺乏意志力，只能通过喇嘛教来救赎其罪恶，遂让儒家文士对这些人有了新的不满。最糟糕的是，他们自己内部从来没有停止过争吵，并在短短数年中，就毁掉了忽必烈统治时期得到马可·波罗赞叹的、恢宏的行政外观。这一家族的最后一位皇帝妥懽帖睦尔（顺帝，1333—1368年在位）只喜欢与娈童及吐蕃喇嘛玩在一起，纵容混乱局面堕落成无政府状态。

元朝皇族的堕落，鼓励着汉人爱国者起来反抗外族统治。暴动由秘密团体组织，特别是白莲教发起，此时，这个教派预言了太平盛世的到来，并宣扬弥勒佛（佛教的弥赛亚）的降临。正如1912年革命（同样呼吁人民推翻一个外来政权），这场运动是在长江下流和广东地区开始的。它肇始于1351年，自1355年以后，革命蔓延到了整个华南——超越了之前的宋帝国。起义伴随着令人震惊的无政府状态，因为它由人数众多的首领所指挥，他们半是爱国者，半是土匪。在与蒙古人作战的同时，他们自己内部也在互相残杀。

因为其中存在最聪明的人，其余形形色色的冒险家注定默然无光。此人名叫朱元璋，明代的开国之君。他是安徽一个贫困的农民之子，十七岁时，一场传染病夺去了他所有亲人的生命。为了生存，朱元璋进入了一家寺院；但他的佛教生涯显然相当有限，因为就在当时，反抗蒙古人的革命在南方爆发了。当时他二十五岁，放弃了自己的习惯并拿起武器，领导了长江下游的一场反叛。尽管和其他造反者一样，起初他不过是某个团伙的普通头领，但因为其政治意识以及对劳苦大众细心的仁慈，朱元璋得以在造反领袖中脱颖而出。他很明智地争取民众，而非镇压他们。无论何时，只要攻下一座城镇——不仅是从蒙古人手中，也从其他暴动首领那里，朱元璋都会禁止士兵抢劫，结果使得各地居民将他当成解放他们的救星来尊敬。1356年，朱元璋占领南京，并定为自己的首都，成为一个建立秩序、平息其他地方依旧蔓延的混乱局面之政府所在地。他最主要的对手，是一个普通渔夫的儿子，其人（陈友谅）已经成了湖北、湖南省与江西的主宰。1363年，朱元璋打败了他的死敌，杀死对手，并占领了后者的地盘。1367和1368年，他又占领了广东地区，这样就控制了整个华南。随后，他向北京进军。

这是一场胜利的进军，因蒙古末代之君的愚蠢，而让这位解放者的任务变得非常容易。蒙古人并没有团结起来抵抗起义，反而继续内部争吵，由此导致了他

朱元璋画像

们的兵力分散。1368年9月10日，懦弱的妥懽帖睦尔，伟大成吉思汗的不肖子孙，从北京逃出，躲藏到了蒙古。而朱元璋的军队则进入了这座都城。

朱元璋从蒙古人手中夺回了北京，遂被他的士兵拥立称帝，成为明朝的建立者。在四十岁的年龄，经过十三年的持续斗争之后，这位从乞丐职业开始人生之旅的、脱下袈裟的和尚，成为了他的国家之解放者，以及汉唐遗产的继承人。这个幸运的冒险家，已经比宋代的缔造者们处境好太多了，后者从未成功将蛮族驱逐出北京城，而朱元璋却很轻易就占领了它。因此，在回头寻找自己的榜样时，他跳过宋朝，来到唐朝，这是最后一个统治着全部华夏领土的本族王朝，1373年，朱元璋颁布了一套以唐律为基础的行政法规。不过，他并没有将首都迁到北方，而且继续生活在南京①。他本人作为一个长江下游地区的土著，率领一支由南方人组成的军队，驱逐了外来统治者，一开始组建的也是南方人的政府。而且，必须记住的是，整个华北已经被鞑靼统治了242年，而北京城本身已经被他们控制了432年。在这段漫长的岁月里，北方各省已经被蛮族元素所充斥。正是华南，从1126到1279年，充当了汉人独立的一个庇护之所，正是从那里，新的民族解放运动得以发端。因此，华南代表着真正的中国，正是有了南方，明代才能成功建立。新皇帝仍然是一位非常精明的政治家，不能接受南方人的长期主导地位。 为了跨越南北之间的鸿沟——一道因两个半世纪的政治分离而日益变宽的鸿沟，并着眼于中国政治以及思想统一，1380年，朱元璋决定，不仅让来自南方的官员管理北方，而且让来自北方的

①　原书注：南京是新取的名字（意为南方的京城），元大都被改名为北平，后来当明朝行政机构北迁时（但南京依旧保留了陪都的地位），被改名为北京（北方的京城）。

人士加入南方官署。出于同样的理由，1370年，他毫不迟疑地取缔了白莲教和白云教等秘密社团，即使他们曾经对推翻蒙古统治贡献很大；时代已经变了，而且这些秘密帮派之前就下错了赌注，公开支持这位新皇帝的对手。

这位明代建立者，寻求在一切领域实现价值的回归，试图弥合蒙古与女真人统治期间的裂缝，并将新的中国与遥远的过去联系起来。毫无疑问，他之所以热情地致力于这项显著的传统主义事业，更多是因为他本人之前一直是个无名小卒。1370年，他改造了科举制度以补充官员，并重建了贵族头衔。对孔夫子的礼拜得到了庄重举行，皇帝也因此得到了儒士团队的拥护，在蒙古政权统治下，后者一直是反对佛教徒教权主义的核心力量。与此同时，这位前僧人并未忘记他的教友；他甚至继续让他们环绕在自己周围，并彻底惩戒儒士们就这一点进行的任何规劝。有一次，他甚至为此而实行了一起大审判。这一事件是有征兆性的；因为当皇帝渐老（朱元璋活到了七十岁），他变得日益不能容忍劝诫，并丢掉了让人欢迎的好脾气，而这很大程度正是他取得成功的原因。他的猜疑变成了习惯，并曾经处死了18位高官及他们的全部家人。作为处理一场图谋（难说真假）的结果，他在南京处决了一万五千人。已经变成天子的前冒险家，希望在他死前重建绝对专制。

朱元璋真正的继承人是第三个皇帝，他的四子，在位时的年号为"永乐"（1403—1424年）。因此我们应当称其为"永乐帝"[1]。这位好战的君主，对自己的角色有着一种扩张的设想。忽必烈曾着手为蒙古人建立一

---

[1]　原书注：当提到明朝和清朝各个皇帝时，我们一般会使用他们的"年号"，而不是"庙号"。明朝的庄烈帝，将政权丢给了满族人，当然无法从后者处得到"庙号"；但大约一百年之后，它被授予"庄烈"的称号，意为勇敢而坚毅。

个中华帝国，而如今的永乐皇帝，却努力想为汉人赢得忽必烈后人的蒙古遗产。大汗忽必烈由黄河向北部湾推进，得到了整个中原的臣服，成为一个名副其实的天子。明朝第三位皇帝则希望征服蒙古，并扮演大可汗的角色。

正是考虑到这一目标，1409年，皇帝将其都城由南京迁到北京。也正是他草拟了皇城的宏伟计划，这形成了现代北京的核心地区，以及更为详细的"故宫"①计划。正是他构思了一系列的宫殿、大理石阶、正殿、花园及配得上最伟大的中国传统之全景；他扩大了湖泊，修建了假山，在花园里种上了来自其家乡长江谷地的花卉与灌木。所有一切，在18世纪得到了清朝皇帝的恢复与完善，但处处依然保留着明朝永乐帝的印记。最早在北京南城墙附近修建天坛（1420年）和先农坛（1422年）的，还是永乐皇帝。

将都城迁到北京，就其本身来说就是一种宣示。其他纯粹的汉人王朝，没有一个想过选择这一地点；北京的历史角色仅仅是随着鞑靼而开始的。在10世纪，契丹将这里作为他们的都城之一；继之而来的是12世纪的女真，以及1260年的忽必烈。来自北方的征服者，做出这一决策是容易理解的，因为北京位于中世纪中原的外部边缘，是边境前线的主要城市之一。在山海关之外生活着满族人，当时尚未开化；穿过南口就是蒙古大草原，当时与现在同样如此。无论从地理位置还是历史意义上来说，北京都是一个汉人与鞑靼人妥协的产物；在那里，汉人依旧是在本土，鞑靼人也没有远离自己的自然环境。通过将其都城从南京移到蒙古的大门口，迁到昔日忽必烈的京城，也就是对这位大可汗后人的遗产提出了拥有权。

---

① 原书注：在汉语中被称为紫禁城。据说，在天空中有一个紫宫——一个包含北极星的星座——在地上也有一个，即皇帝的住处。

事实上，朱棣的父亲在这方面已经为他做出了一个榜样。在将蒙古人驱逐出中原本土之后，朱元璋曾追击他们直到其家乡。1372年，一支明朝军队前进到了外蒙古的土拉河。1388年，十万明军再度穿越戈壁东部，并与这个部落打到了贝尔湖东部，在喀尔喀河与克鲁伦河之间。不过，这些追击充其量是乘胜追击，是激起这些游牧民一种有效恐惧的报复性远征。而另一方面，永乐皇帝则在蒙古实施了一种始终如一的政策。在当地，成吉思汗宗族的权威，因为其被逐出中原的耻辱而遭到严重削弱。皇帝试图煽动其他部落的首领，特别是卫特拉部（Eleuths），或称西蒙古，起来反抗他们。在随之而来外蒙古内战中，永乐帝也曾几次介入，特别是1410和1411年的两次，当时，他率领自己的军队一直打到了鄂嫩河上游，以及成吉思汗家乡的大草原。以这种方式，永乐将外蒙古的主导权，由成吉思汗后人处转到了卫特拉部的可汗那里；汉人让新生的部落，取代了因为丧失权威而导致部落瘫痪的衰败政权。但没过多长时间，他们就有理由为这种替代而后悔。

在印度支那，永乐帝同样试图恢复汉唐时期的大帝国政策。在安南王国，合法王朝被某个篡位者颠覆。（1407年）皇帝利用这一事件为借口，占领了这个国家，并将其分割划入中国的几个行省。但十年不到，安南人就开始了一场反对占领势力的游击战，时间长久，让人精疲力尽。永乐帝去世四年之后，（1428年）叛军首领黎利就占据了河内，并驱逐了汉人。

永乐帝并不满足于对蒙古要求宗主权和吞并安南。他还打算在巽他海及印度洋建立中国的海上霸权。他的舰队声明了中国在占婆、高棉、暹罗、马六甲半岛、爪哇、苏门答腊、锡兰（中国舰队长官在这里严惩了当地酋长，因为后者表现出了敌意）、孟加拉及南印度沿岸地区的霸权。他们最远航行到了波斯湾的霍尔木兹海峡、亚丁以及麦加的港口吉达。这些航行是1405到1424年间进行的，发生在世纪初，而在同一世纪末期，我们

能看到（1498年）葡萄牙人抵达印度。如果明朝海军到达了印度，当欧洲航海家发现，他们被中国的海洋力量控制，亚洲的命运将会如何呢？但是在这里，永乐帝的宽阔胸襟，再度与其民众的性情不相协调，或者更准确地说，与官僚集团的意识形态背道而驰。他正在创造的中国，对于其自身的能量来说，规模过于庞大；中国人并不适合海洋；对其士兵来说，北部湾的气候过于炎热，而蒙古的气温却过于寒冷。对于他们所认为的又浪费又无用的海外征服，儒士阶层依旧坚定地持反对态度。永乐皇帝的"世界事务"没有未来。中国又退回到自身之内，听天由命，无论在陆地还是海洋，都无所作为。

同样的退却态度，在意识形态的世界中也能发现。永乐皇帝尽管是一名佛教徒，却命令编纂新的佛家经典，并于1416年颁布法令，在充当官方讲授基础时，这些作品与古代的儒家经典有平等地位；此举意味着"朱子学"成了明朝的国家教义。然而，一个世纪之后，在王阳明（1472—1528年）的学说之中，却出现了某种对朱子学物质主义的反动，或者至少是对国家实证主义的反动。这位哲学家并未公开批判朱熹的机械实证主义。他认为，我们在宇宙秩序，在普遍法则（理）中所占的份额，就潜藏在自己的心里，而非处于理性能力之中；为达成与世界本质的交流，人应当求助于直觉知识（良知），这是内心深处至高的固有表达，而非我们可以称作"推论智慧"之物。"良知之在人心，"王阳明写道，"无间于圣愚，天下古今之所同也。"①在缺少形而上学的绝对之时（朱子学拒绝承认这一点），人至少可以发现道德律的绝对，这种纯粹的内心之光，照亮了来到世界上的每一个人。"每个人心中都住着一个孔夫子。"王阳明个性的魅力，及其品格的高贵，令他成为一位有同情心的人物；但他的工作，无论

---

① 出自王阳明：《传习录·答聂文蔚》。

王阳明

如何也只局限于伦理学，表现的是一种趋势，而非一套体系。朱熹教义依旧保持着其所有权威，以下事实就表明了这一点：王阳明不得不声称支持朱子学，以使他自己的教义能为人所接受。

永乐皇帝在1424年去世，他是明代诸君最后一位伟大人物。他死之后，其子孙继续统治了两个多世纪，但没有成就一个非凡人物。如同汉唐末期一样（尽管比较而言要快得多），太监奸党再度取得了对一系列平庸皇帝的控制权，并以后者的名义发号施令。与此同时，在蒙古，卫特拉部（或称西蒙古人）在永乐帝的帮助下，已经取代了成吉思汗子孙在游牧部落中的霸权，成为一支令人生畏的力量。他们的可汗也先，要求娶一位汉人公主为妻，而当要求被拒绝时，就率领他的军队洗劫了山西与河北北部的边境地区。英宗皇帝在其宠幸的太监（此人指挥着各将军）陪同下，领兵亲征。缺少给养的中国军队前进到宣化附近，在北京与张家口之间的山区地带，被分割并全歼。十万具中国士兵的尸体倒在了关口中，（1499年）英宗皇帝则做了俘虏。卫特拉人的胜利超出了其最疯狂的想象，他们继续前进，在北京城墙之下扎营。但蒙古人并没有做好开展一场围城战的准备，因此几个月之后，他们的可汗也先决定释放英宗，1453年，也先与帝国讲和。

一个世纪之后，一场新的恐慌到来了。这一次，危险并非来自西蒙古人，而是出于成吉思汗的后代。在15世纪的最后二十五年中，成吉思汗宗族在蒙古进行了一场复辟。这一宗族的一个可汗阿勒坦（Altan），将自己在内蒙古的畜群赶到了山西北部放牧，1529到1570年间，他对山西和河北北部地区进行了几起掠夺。1550年，他一直进军到了北京城下，其军队纵

259

火焚烧了首都郊区。最终，阿勒坦承认了明朝的宗主权，他的主要营地被赐名"归化"（"向文明转变"）。

蒙古是中原的宿敌，但如今，沿海地区出现了新的对手，这些人的岛上之家非常遥远，使得他们无法征服——这就是厚颜无耻而又神出鬼没的日本人。一大群来自群岛上各个港湾的冒险家与海盗，开始侵扰浙江、福建及广东沿海多个港口。1555年，倭寇溯长江而上，一直到达南京，洗劫了他们经过的那些不设防的乡村与城镇。这些海盗仅仅是日本扩张的年轻血液，其全部力量，将会在朝鲜争端中体现出来。

最终，冲突在明代第十三位皇帝万历帝在位期间（1573—1620年）爆发。当时，日本由著名的丰臣秀吉（1585—1598年）统治。他是日本历史上最伟大的政治家之一，制订了征服明帝国的贪婪计划。那些定期掠夺华中港口的海盗船，毫无疑问地向他诉说着大明政权的衰败。无论如何，五十年后的满洲人能够轻而易举地占领北京，证明了丰臣秀吉的想法可以实现。为了完成这一计划，他的军队需要占领穿越朝鲜的通道；但将日本视为天敌的朝鲜人拒绝让路。丰臣秀吉于是派出了一支二十万人的大军开赴朝鲜。1592年6月12日，他们到达朝鲜首都首尔，并一直打到平壤，向着满洲方向前进。日本总参谋部的计划，与1894年中日战争期间采取的方案几乎相同。他们打算抵达鸭绿江，穿越辽东半岛，并通过山海关的关口以袭击北京。不过，朝鲜人的抵抗，给了中国人集中优势兵力来介入的时间。日本人被迫撤出了首尔（1593年3月），并朝南部海岸撤退。1597年，丰臣秀吉派出另一支远征军来到朝鲜，但是这一次，日军甚至无法抵达首尔。他们再次被赶到了南部海岸，（1597—1598年）这场战争也退化成一起围攻战。1598年9月16日，丰臣秀吉的死，导致了日本军队的遣送回国，以及敌对状态的终结。在日本重开与中国的角逐，在朝鲜的尸体上进行下一争斗之前，还得再等三个世纪。

在这场已经打赢的战争中，大明王朝必须得到的教训是，他们国家的海上孤立状态已经结束了。事实上，即使这种隔离首次因日本海盗袭击而受到威胁时，葡萄牙的航海家们也早已经在广东沿海现身了。

1498年，葡萄牙探险家瓦斯克·达·伽马通过绕道非洲海岸航行，抵达了印度。从此之后，通向中国的海上航线已经向欧洲人打开。1511年，葡萄牙舰队司令阿尔伯克基（Albuquerque）占领了马六甲，在当时，它的商业及战略重要性，类似于今天的新加坡；1514年，第一支葡萄牙商业船队抵达中国港口。1549到1557年间的某个时候，葡萄牙人获得了当地官员的许可，在位于珠江口的澳门，建立了一个本质上属于商业性质的管理机构。1582年，因为这一特权，澳门葡萄牙当局向广州的长官缴纳五百两白银，作为贡赋。

随着葡萄牙人的到来，在蒙古人垮台之后已经被禁止的基督教，再次进入了这个国家。这起新的传教工作是由耶稣会来进行的，特别值得一提的是其中的两个成员，利玛窦（马特奥·里奇，Matteo Ricci）和汤若望（亚当·沙尔，Adam Schall）。

利玛窦与徐光启

汤若望

意大利耶稣会信徒利玛窦（1552—1610年）于1582年到达澳门，并在广东地区履行自己的使命长达十三年之久。为了得到中国人的认可，这些传教士被迫让自己与一些现存的社会类别等同起来。里奇使用了中国名字利玛窦。他起初采用了佛教僧人的袍服；随后，凭借非凡的洞察力，利玛窦抛弃了袈裟，换上了儒家文士的装束，因此，他就能设法将基督教与儒学的国家教义联系起来，这无疑极为聪明。耶稣会士的整个策略，就基于对中国人精神的巧妙理解。1595年，利玛窦已经设法获得了广东重要官员的好感，能够启程前往北方。他首先居住于南京，在那里，他成功地履行了自己的使命，并未受到干涉。1601年1月4日，他被允许前往北京，遂立即设法与宫廷建立联系。利玛窦送给皇帝一架大键琴，一幅世界地图及两座自鸣钟。他祈求万历帝，并说："臣先在本国忝预科名，已叨禄位。天地图及度数，深测其秘，制器观象，考验日晷，并与中国古法吻合。"[①]利玛窦得到了一份月薪，并获准居于皇城，当他受托向一位皇子传授科学课程时，利玛窦得到了极大的青睐。1610年5月11日，他在北京去世，享年五十八岁。此时，中国已经有了三百多家天主教堂。利玛窦的工作包括绘制一幅巨型的"世界地图"（"万国舆图"），以及将欧几里得（Euclid）之《几何原本》译成汉语。

他的真正继承人是一位德意志的耶稣会士亚当·沙尔（1591—1666年），后者以"汤若望"一名为中国人所熟知。1620年，汤若望到达中国，起初在西安传教。作为一名数学家、天文学家和非凡的语言学家，他受朝廷委托改良历法。明朝的末代皇帝庄烈帝——其年号为崇祯（1628—1644年）——对汤若望表现出了一种特别的尊敬。因此在1636年，他授意后者在皇宫附近建立了一座火炮铸造厂。我们将会看到，在满洲人征服中

---

① 出自利玛窦：《上大明皇帝贡献土物奏》。

原之后，从帝国的新主人处，汤若望得到的赏识一点也不少。

耶稣会修士们的科学知识在明代宫廷中唤起的兴趣，显示了这个朝代的最后几位君主，已经模糊地意识到了国家近代化之必要性；但这一觉悟来得太迟了。在明代初期，就技术与机械技能而言，中国与西方或多或少处于同一发展水平上；而到了朝代末期，1644年，欧洲已经拥有了近代科学与设备，然而，中国依旧停留在中世纪。

明代的文学创作也支持了这一判断。最有活力的作品是小说与戏剧，明代被认为是小说的伟大时代。五部经典小说①（其中四部创作于明代）之中，有一部以佛教僧人玄奘的旅程为主题。玄奘本人于公元629年出发，取道中亚前往天竺。不幸的是，如果一个人读过了这位著名朝圣者所写的有关此次行程的生动记录，他就很难在明代小说家据此杜撰的离奇故事中发现太多乐趣。②取代那部中世纪文本精确而生动之描述的——戈壁的大沙暴，白雪覆盖的天山顶峰及帕米尔高原，印度的大棕榈树——只有荒诞不经的冒险、魔法和妖术，类似于读者能在西藏传说中发现的一样。其他一些明代小说，通常涉及的是多愁善感的儿女情事，以及浪漫空想的冒险经历。诚然，它们使读者兴致盎然地窥见了这一时代的习惯与风俗。

明代绘画可以用一个单词来定义——学术。诸如《芥子园画谱》③一类

---

① 指明朝的《水浒传》《三国演义》《西游记》《金瓶梅》，以及清朝的《石头记》。

② 原书注：这部小说（《西游记》）极受欢迎，但"原作"却几乎无人问津。小说有一部非常出色的英文译本，译者是亚瑟韦利，取名为《猴子》（伦敦，艾伦—昂温出版公司）。

③ 又称《芥子园画传》，诞生于清代。清代文学家李渔在南京营造别墅"芥子园"，支持其婿沈心友及王氏三兄弟（王概、王蓍、王臬）编绘画谱，出版之时以此园命名。

的绘画论文集，研究了宋代山水画的特征，并给出了一份逐条详细列出的清单。其结果经常是一幅受强迫及虚伪的样式，诸如在画山景时，很不自然地高悬半空的岩石。另一个后果是，绘画技法也如诗歌创作一样滥用典故。不过，我们不能夸大这些批评意见。明代绘画的不幸就在于，后人总要将它们与宋代那些有压倒性优势的作品相比较——后者是个有巨大创造力的时代。但是，明代的少女肖像及闺房场景也很有魅力，在花鸟画上也有非凡的精湛技巧；而在水墨画中，明代山水画家们依然能表现出可观的能力。明代的墓碑肖像——这一类型有着相当瞩目的复兴——因其冷静的现实主义，其表现的清晰，及其技艺的大胆与精确而不同凡响，偶尔有一些作品，非常接近于丢勒、荷尔拜因或克卢埃的绘画。

　　明代最伟大的艺术是陶瓷。在这里，出于公平，我们再次必须避免与宋代相比较，而要从其单独的优点来判断明代物件。它们值得如此去评判，特别是因为，明朝诸帝也为这一艺术做出了许多。1369年，这个朝代的缔造者在江西景德镇重建了官窑，这一行业的大部分标准都在当地确立；高岭土，得名于在高岭①附近发现的白瓷土。

　　宋代瓷器，主要生产的是单色，是从一种色调向另一种的渐变。在明代瓷器中，我们依然可以看到这种单色的运用。有许多样式的青瓷，即使比宋瓷更少光泽，更加浑浊不清，却依然非常漂亮；它们被出口到了远至伊斯法罕、开罗及伊斯坦布尔等地。同样还有福建德化制造的白瓷——这通常采用了佛教雕像的形式——以及其他茄紫色及深蓝色的陶器。但最重要的，还是多色的使用，特别是在说明性的装饰中，明代陶工们取得了极大成功。景德镇使用的高岭土，其品质可以抵抗极高的温度，因此就能令最为多样的釉彩得以并存。在这些高温釉彩中，最为出色的是青花瓷，

------

　　①　即景德镇的高岭村。

它的钴蓝色，根据固有的蓝色与"回青"的混合比例，而呈现出更深或更亮的色彩。青花瓷的样式，因为"三彩"（绿、黄及茄紫色）及"五彩"（同样的三彩，加上蓝与红）的出现而黯然失色。这种对"色彩之大胆并列，鲜艳的色调，及彩绘装饰"的偏好，是明代的特征。制陶业日益成为绘画的一个分支，瓷器与明代画家笔下的丝绸卷轴一争高下，后者习惯的主题是精致的女性形象、蝴蝶、鸟类和花木。

在清代，这一风格达到了它的巅峰。

第二十九章
1644 年的大戏

在万历年间（1573—1620年）中国成功地抵御了日本的威胁；但这场危机刚刚过去，汉人就要面对满族人的侵略了。

满族人是一个通古斯民族，与12世纪曾征服华北的女真人很有渊源。他们生活在松花江流域满洲北部的森林空地，靠近今天俄罗斯的普里莫尔斯克地区。这些森林中的猎人，生活在松树、冷杉和落叶松的广袤森林中，起初分裂为一些相互竞争的部落；但是，在17世纪初期，一位强有力的首领努尔哈赤统一了各部，并建立了历史上的后金王国。在这一时期，明朝控制着满洲南部，也即奉天①一带及辽东半岛。努尔哈赤与明朝开战，并于1621和1622年占领了整个地区；1625年，他将奉天定为首都，今天在那里可以看到其陵墓。努尔哈赤甚至企图侵犯长城，但在遭遇耶稣教传道士为明朝皇帝设计的火炮时，他失败了。

努尔哈赤的儿子皇太极（1627—1643年在位），是远东历史上经常能发现的蛮族天才之一，他能将本民族的军事素养与对文明生活的一种本能领悟结合起来。皇太极意识到明王朝已经变得何其衰落和不稳固，因此坦然承认了自己的野心：有一天要成为中国的皇帝。为了让其民众配得上他为后者梦想的至高命运，皇太极致力于用中华文明来熏陶他们，正如另一

---

① 今天的沈阳。

位鞑靼征服者——伟大的忽必烈——在三百五十年前所做的那样。忽必烈及其蒙古人的成就，正是皇太极打算带领满族人去重复的。在1629—1630年冬天，他挺近到了北京的门户；但满族人的装备，还不足以进行一场围攻战。不过，在撤退之前，皇太极造访了金朝的女真诸皇帝之陵墓。12世纪的"黄金之王"，与皇太极有一种血缘关系。他主持了庄严的祭礼；这一神圣仪式，重申了两个民族之间传统的亲缘关系，并宣告了满族人要求得到北京城皇位的合法性。在奉天，皇太极的宫廷中有许多汉人顾问。1636年，他自封为中国皇帝，成为大清王朝的开国之君。

然而，无论满族人的定期侵扰给河北北部的乡村及不设防城镇造成多大的损失，总的来说，到这时为止，它对明这个政权并未形成严重威胁，后者依旧牢牢控制着长城的东部堡垒（从宣化到山海关）。要将中国交到其敌人手中，还需要一次由内战引发的内部变革。

北京的明朝皇帝崇祯（1628—1644年在位），温和文雅、心地善良，而且饱读诗书，但却是个软弱之君。正如中国历史上经常发生的那样，当中央政权变得软弱之时，全国各地的叛乱就会接踵而来。士兵们不满意他们的薪水，农民被饥荒所折磨，有组织的土匪团体，在反叛的将军或者大胆的冒险家领导下，着手掠夺乡村。这些冒险家中最为聪明的一个，名叫李自成。他是个受过教育的农民，后来成为强盗首领。1640年，李自成有效地控制了河南和陕西，1644年，他又向北京进军。在沿途，李自成发现朝廷完全没有防备。皇

崇祯皇帝

室军队中的精锐在吴三桂将军的指挥下，驻扎于远离都城的山海关，在那里抵挡满族人。李自成没有遭遇任何像样的抵抗，就进入了北京城。当地的叛徒为他打开了城门。同一天（1644年4月3日），不幸的崇祯皇帝上吊自杀，为的是不要活着落入造反者手中。

迄今为止，一切已经对李自成有利了；但这位大胆的冒险家，忽略了山海关的帝国军队，以及其统帅吴三桂。一听到北京陷落及皇帝自杀的消息，吴三桂急忙与满族人达成了休战协定。后者不仅同意停战，甚至还将一支劲旅置于其麾下，以实施惩罚叛乱者的任务。当李自成听说前线军队与满族人达成对付自己的协议时，他非常吃惊，提出与吴三桂分享权力。后者拒绝了这一建议，并在他们首次遭遇战中，（在永平）大败李自成的军队。这个篡权者出于愤怒，下令处决了吴三桂的父母；从这时起，两人就结下了深仇大恨。神圣的孝顺之情与对复仇的渴望，蒙蔽了吴三桂的眼睛，让他失去了最基本的谨慎。吴三桂完全信任了满族人，与他们一道攻打北京。在他逼近时，李自成掠夺了皇宫的珍宝，放火烧了宫殿，随后退回陕西。

吴三桂画像

吴三桂与其满族盟友一起进入北京。随后，他对后者的合作表示感谢，并试图让他们离开。满族人则很快让吴三桂意识到了自己的错误：他们在北京有十万军队，经常还能得到来自奉天的新军队增援。满族人无视吴三桂的抗议，占领了北京的九门。他们的君主皇太极几个月前已经去世，留下一个六岁的儿子做继承人。现在，满族领袖们宣布这个孩子为中国皇帝，其年号为"顺治"。这也宣告了明朝已经丧失了"天命"。

被满族人欺骗的吴三桂，为形势所迫，成了他们的同谋，并不得不接受现状。满族人任命吴三桂担任富饶的陕西之总督，条件是他将李自成从这个省驱逐出去。最近的一系列事件，必定让吴三桂愤怒不已，如今，他将杀父仇人当成了出气筒。吴三桂毫无余地地追杀李自成，迫使后者退避远离陕西之地。最终，（1644年）他跨越河南与湖北，组织了一场名副其实的大追捕，并以这个前土匪头目的死而收场。

与此同时，在北京的摄政大臣，即小皇帝顺治的叔叔们，正在组建满族人政权。这些人有着良好判断力，并没有改变政府的形式；他们保留了各种不同门类的政府机构以及先前的雇员，只满足于在最重要的一些岗位上，给汉人首脑身边安插一个满族官员。征服者们强加于汉人，标志一个鞑靼王朝建立的唯一信号，就是让他们养成剃光前额的习惯。

北京的清政权，依然仅仅得到北方的承认。在南京，一个明朝皇子已经被宣布登基，而且整个南方都支持他。在占据了北京之后，满洲人首先关注的，就是扫平这个抵抗中心。1645年春天，他们的军队包围了南京，而这个明朝的傀儡皇帝——他想到求助于澳门的葡萄牙人，但已经太迟了——在其逃亡过程中被淹死。1645年5月9日，清军占领了南京。

汉人独立地位及明王朝的最后捍卫者，逃到浙江及广东地区；三位明朝皇子，逃过了其家族摧毁的灾难，试图组织抵抗。不幸的是，他们自己无法达成共识，并将其最后的兵力用在了自相残杀上；这么一来，（1645年）满族人不费力气就占领了浙江和福建。

广东内陆地区坚持了更长时间。最后，明朝的皇子朱由榔被立为皇帝，其年号为永历，建都于广西山区的桂林。满族人推进到了这里，但却被永历的拥护者打退。后者得到了三百名葡萄牙火炮手的帮助，他们是在尼古拉斯·费雷拉（Nicolas Ferreira）率领下由澳门赶来的。事实上，正是由于葡萄牙人的介入，才挽救了明朝的军队。这次干预很容易解释：因为傀儡皇帝最敬重的顾问，就是一名耶稣会士，名叫瞿纱微①（Father Koffler）。朱由榔的皇后也是位基督徒，受洗时取名安妮；他的儿子名为君士坦丁，太后则叫海伦。他们最忠实的拥护者，英勇的瞿式耜也皈依了天主教，并取名托马斯。这位基督徒战士，为王朝的最后岁月带来了一线荣光。1650年，耶稣会士神父卜弥格（Father Boym）离开桂林，代表南明王朝，寻求基督教世界的援助。但就是同一年，一支庞大的满族军队，带着不惜一切代价征服两广的使命从北方出发。在他们逼近时，软弱的朱由榔非常害怕，不顾瞿式耜的劝告逃出了桂林。尽管被主人和一半的部下抛弃，瞿式耜依然带领剩下的追随者捍卫着桂林。最终，这座城池被攻陷，一直手握宝剑的瞿式耜被俘。满族人遵循他们既定方针，试图得到瞿式耜的支持，即使用总督一职来诱惑，但他拒绝背叛自己的主人。（1650年）瞿式耜被斩首，但鉴于其英勇无畏，征服者为他举行了一场隆重的葬礼。后来，（1651年）满族人占领了广州，而朱由榔则逃到了缅甸。

明朝事业的最后捍卫者，是海盗郑成功。他以国姓爷（Koxinga）一名，为荷兰和葡萄牙人所熟知（源自他的一个很驰名的中国称号）。

郑成功是远东历史上最为奇特的人物之一，是那些海外中国人首席的也是天生的代表。他们在太平洋和印度洋的各条海岸进行

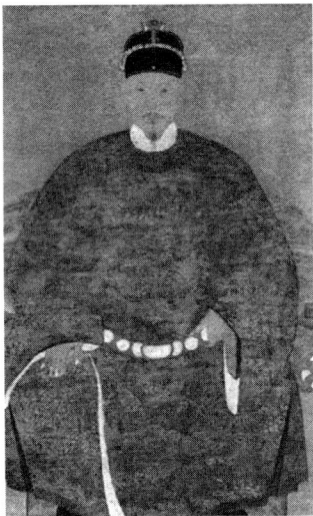

郑成功画像

---

① 瞿纱微（1603—1651），奥地利传教士，1640年来华。

的扩张，属于16世纪最为重要的一些事件之列。郑成功的父亲郑芝龙，原本是个平凡的渔夫，后来成为一名海盗头目。他年轻时在澳门生活，在那里接受了葡萄牙人的洗礼；接下来，他住在西班牙统治下的马尼拉，又从那里去了日本并娶妻，郑成功就是他们婚姻的结晶。郑芝龙返回中国之后，成为一个为明朝服役的海盗，并在浙江、福建和广东沿海与满族人作战。他被人出卖，成了满族人的俘虏，被押送到北京，此后再也未能回来（1646年）。他的儿子郑成功，发誓要为父亲报仇，再次投身大海：在神出鬼没的小船队带领之下，十六年间，郑成功对南部沿海各省的清朝总督展开了一场旷日持久的游击战。

郑成功的斗争，是从确保稳定的沿岸基地开始的。1653年，他在福建的厦门岛建立了一个海军基地，1656年，他又占领了崇明岛，那里控制着长江入海口。1657年，他沿长江而上，并冒失地围攻南京。在被击退之后，郑成功将注意力转到了台湾岛。自从1625年以来，荷兰人已经在那里定居。他在自己厦门的大本营中聚集了一支强大的舰队，于1661年4月30日在台湾登陆。经过一番长期围攻之后，1662年2月1日，他占领了荷兰人的要塞热兰遮（Zelandia）。他客气地给予了总督一切战争荣誉，却迫使这位荷兰人离开该岛。郑成功本来打算以同样方式，从西班牙手中夺取马尼拉，不过就在1662年7月2日，他于三十九岁英年早逝。

郑成功的命运很不平凡。他是一名华人基督徒与一位日本母亲的儿子，一个西班牙征服者的学生，因为外族入侵，被迫生活在自己祖国的边缘地带。相比其中国同胞，他的视野要明显广阔。毫无疑问，正是模仿了西班牙、葡萄牙与荷兰的航海家们，郑成功才构思出了在中国海域建立一个自己的海上帝国之大胆想法。历史学家对他的这些图谋非常感兴趣，因为这是先前的历史中绝对不可能出现的，一些最早的出乎意料的事情：中国人自己的航海与殖民事业。事实上，郑成功的冒险，可以说是开启了中国人大规模移民的新纪元，今天，在南海所有海域都能发现他们，从西贡到新加坡，从巴达维亚到马尼拉和夏威夷；这是一场极为重要的运动，其最终结果难以估计。

郑成功所建立的台湾政权，传给了其子郑经，后者不间断地从1662年执政到了1681年。郑经死后，1683年，台湾被清朝的康熙皇帝兼并。

第三十章
大清皇帝

　　从每个角度看来，满族人夺取皇帝宝座的方式，都像是一次空手套白狼的花招。满族的摄政大臣们，以一种对蛮族人来说非常惊人的聪慧，利用一个强盗篡位者与一名合法将军的斗争，让自己挤进了北京城；通过帮助将军惩罚篡位者，他们赢得了保皇派与中原官僚阶层的完全认可；接着，因为不存在积极有效的中央权力来挑战他们，满族人兵不血刃地让自己成了这个古老帝国的主宰。这种和平接管，与13世纪蒙古征服时期长达二十年的屠杀与破坏形成了天壤之别。诚然，在华南，满族人除掉最后几位明朝觊觎者之前，不得不进行了七年战争，但这些战役都局限于南方的边远省份，相比蒙古人征服同一地区的四十二年惨烈争斗，完全可以忽略不计。而且，那位代表其侄熟练地掌控政府的摄政王①，注意到在这场任务中要重点任用汉人。归顺并支持清朝的前明贵族，因此得到了头衔和津贴作为奖赏。为了充分利用这些汉人支持者，他在南方创建了三个大的封邑，并任命了三位汉人诸侯来治理它们；其中一位首领就是吴三桂。摄政王死后，小皇帝顺治，尽管很年轻——他当时仅有十五岁——却如同路易

---

　　① 即努尔哈赤第十四子，皇太极之弟多尔衮（1614—1649）。

273

十四①（Louis XIV），希望由自己出任首相，并对政府实施直接控制（1651年2月1日）。

这位年轻君主很快就证明了自己的智慧与才能。他对耶稣会神父汤若望表现出了一种显著的尊重，1645年后者被任命为钦天监监正，到了1653年，顺治授予他"通玄教师"的头衔。1654年，汤若望呈上了一篇关于欧洲天文学的论文，次年被朝廷正式采纳。而且，在为君主效力时，汤若望似乎有机会偶尔扮演一种更加亲密的角色。

顺治画像

当皇帝只有十七八岁时，有一天，在一次宫廷庆典上，他注意到了美丽的董小宛——阿迪王一个重要官员的妻子，并立即刻骨铭心地爱上了她。董小宛的丈夫，获悉了皇帝的感情之后，就愤然自杀。顺治帝将这位年轻女性带进宫中，因为自己已经成婚，就册封她为皇贵妃。"几年内，他一直很开心，他的爱越来越深。这位皇贵妃生下了一个儿子，皇帝的幸福也完整了。接着，母子二人患上了谁也不知道的病症，双双离开了人间，也许是被人毒害的。"皇帝的悲伤看起来让人恐惧。"他处死了这位年轻女性的三十位仆从，并将他们埋在她的棺木脚下。他这么做是为了给死者报仇，还是按照鞑靼习俗，为了安排人给她在另一个世界做伴，没

---

① 路易十四（1638—1715）法国波旁王朝国王，1643至1715年在位，历时72年，与顺治帝同年出生，同年继位，执政时间几乎相当于顺治、康熙时期之和。

有人能搞清楚。"①顺治帝甚至企图自杀；他被及时制止后，汤若望神父（皇帝对他越来越友好）尽其最大努力鼓励顺治去恢复自控能力，但却是白费心机。因为皇帝已经不再关心自己的健康了，随后不久他就因生天花身亡（据说情况就是如此）。一个广为传播的谣言，说顺治已经秘密退位，并在五台山圣地当了一名和尚。有人曾声称，在清朝优秀小说《红楼梦》（由1763年去世的曹雪芹著）中，发现了这幕大剧的反射。但这种暗示，即使有的话，也会隐藏得很深。②

顺治帝一死，满族亲王们就将一位七岁的孩子扶上帝位，新皇的年号是康熙（1661—1722年在位）。

康熙帝的执政时间，几乎与和他同时代的路易十四一般长。他是中国历史上最伟大的统治者之一。正如路易十四一样，康熙帝的同时代人异口

---

① 译者注：出自苏利埃·德·莫朗：《耶稣会士在中国的史诗》。M.格鲁塞所讲的这个董小宛与皇帝的浪漫故事，长期以来为人们所接受。但俞平伯及其他人的研究显示，它不过是个历史传说。

事实上，这位贵妃与董小宛是两位不同的女性。董小婉是一位相貌美丽、多才多艺的歌女，她成了一位中国学者的小妾，很年轻就去世了。碰巧的是，当皇帝大到足以欣赏其女性魅力之时，她已不在人间。贵妃则是一位满族将军之女，其家族姓为"董鄂"，与董小婉的董是同一个写法，这足以令一些作家相信，那位浪漫的歌女，事实上就是这位多情的贵妃。

没有记录显示，贵妃的随从们都被屠杀，但他们选择了自杀，以后也有一些类似的事例。

② 原书注：《红楼梦》（通常译为《红楼之梦》，尽管这一标题有些更像是《一场辉煌梦想》）的基本主题，是一场激情之爱的终结，以及一个显贵家庭的没落。长期以来，人们都感觉它代表了一些真实事件，并需要大量冗长且详尽的注释。正是胡适将人们从这一泥沼之中解救出来，他通过呕心沥血的研究，证明了第一章有一则简单的暗示：这一故事有自传性质。这一研究，解决了大多数历史人物的"影射"，而这正是评注者们煞费苦心想要揭示的。

同声地称赞他的相貌，他的天然权
威，以及他的镇定自若。① "他的个
头比普通人高，身材匀称，他的眼睛
充满活力，比一般中国人睁得更开，
他的前额很大，鼻子略带鹰钩，嘴巴
宽大；他的仪态温和亲切，但又是那
样的庄重与威严，以至于在其众多的
朝臣之中，可以毫不困难地认出他
来。"这就是那些很了解康熙的耶稣
会士们，为他所画的肖像。"他充满
魅力的外貌，"他们补充说，"预示
出一颗高贵的心灵，使得他有控制激
情的绝对能力，敏锐且有辨识能力的
思维，健全并值得依赖的判断力，以

康熙画像

及什么都不会遗漏的卓越记忆力。"其本能的聪慧，与对学习的喜爱结合
起来，使得这位鞑靼皇子，成了一个令儒家文士称心的皇帝。然而，我们
即将看到，不管变得多么汉化，在处理基督教问题时，康熙帝依旧保持着

---

① 原书注：张诚及其他耶稣会士，为我们留下了许多有关康熙帝的逸闻趣事。
以下就是一则例子：一天，当他在花园骑马时，突然瞥见了旁边一位官员。他知道，此
公已向一位求他办事之人强行索要了两万两白银。"牵住缰绳，"皇帝对官员说，"带
到园子里转一圈。"他们一回到原地，皇帝就从马上下来，"这是你的辛苦费。"他说
着，并给了官员一两银子。"现在，"皇帝补充说，"轮到你了，上马！"此人不得不
按皇上说的去做；皇帝牵住缰绳，领着他走了同样的一圈，随后说："现在轮到你付辛
苦费了，我应该比你多多少呢？""无……无……限。"官员结结巴巴地回答。"让我
们按两万倍结算吧，"皇帝简略地回答说，"你欠我两万两银子！"这位不诚实的官员
不得不拿出钱来。

对儒家传统路线的足够独立性。处理对外政策问题，让这位中国天子表现出了满族首领的一面。或者更准确地说，其强大个性的两个方面，在这些事情上实现了互补。毫无疑问，在上亚细亚，当康熙帝重启——不仅是汉唐诸王朝，而且是蒙古大可汗们的——功业时，他的伟大眼光，归功于其满洲遗产。

在康熙帝年幼之时，国家权力由四位辅助大臣来行使，在某些方面，他们与顺治帝的政策背道而驰。例如，1665年1月4日，四人颁布了一道法令，禁止基督教传播。①作为先皇的一位私人朋友，汤若望神父被逮捕并判处死刑；但因太皇太后的震怒，神父遂得到了释放。这位老人因这场灾祸而精神崩溃，不久之后就去世了（1666年8月15日）。根据1662年的一则诏令，辅政大臣们规定，从此之后，科举考试将主要根据考生的文章写作来评判。这类文体应当详尽解释朱熹学派的官方教义。在1905年之前，此种考试制度一直在发挥作用。

与此同时，康熙帝尽管年轻，却急于结束辅臣们的监护。1667年8月25日，年仅十三岁时，他就将政府的控制权抓到了自己手中。两年之后，他开始对辅政大臣们的施政进行严格调查。1669年6月14日，其中一人被捕，并被判处杀头之死刑（稍后改为终身监禁），另一个则被降职。在他亲政的喜庆日子里，作为赐给华夏子民的一份礼物，康熙帝命令将所有被满族人非法侵占的土地，全都归还给昔日的所有者。尽管有这些慷慨的措施，不久之后，一场反对清政府的起义还是爆发了。

我们已经看到，满族征服者为了以尽可能低的代价控制南方各省，并且确保民众的支持，已经将华南政权托付给了三位重要的汉族封臣，他们

---

① 原书注：耶稣会士被其对手指责，说他们组成了一个秘密团体，并对皇帝下毒。

享受着亲王的爵位，其封邑事实上是自治的。这些王公中的一位经营着福建，另一位管理着广东地区，第三位——他不是别人，正是名声遐迩的吴三桂——控制着四川和云南。读者已经清楚，在1644年的悲喜剧中，吴三桂扮演决定性角色。这位忠诚的将军，在拿起武器为合法王朝复仇之后，是如何发现自己不知不觉被满洲入侵者玩弄于股掌之中的。被满族人利用了之后，他为形势所逼，已经变成他们的同伙，并得到了后者的丰厚回报，首先当上了陕西总督，随后又成了西南的诸侯。在这里，他不仅是独立的，而且事实上是不会受到侵犯的，因为四川和云南的高大山系保护着这两个偏远省份，似乎能够抵挡住任何攻击。满族人并没有忘记自己欠吴三桂的情（因为没有他的合作，他们在1644年根本不可能占领北京），一直迁就他，几乎平等地对待他；他们甚至将康熙帝的一个妹妹嫁给吴三桂的儿子。

新皇帝康熙，可不喜欢这些地方自治，看着吴三桂以一个独立王国的领袖自居，他很是不安，就传唤后者前来朝见。起初，吴三桂以自己年老为借口抵制，但是后来，在收到进一步的更为急切的邀请之后，（1674）这个老人终于公开反叛，号召中国民众加入他的队伍，进行一场反对满族的起义。他的行动，得到了南方其他两个诸侯，即广东和福建统治者的响应。与此同时，内蒙古最重要的蒙古部落——在河北北部放牧的察哈尔人，同样起来反叛。这一部落的可汗布尔尼，是成吉思汗与忽必烈的一位直系后裔，他请求东蒙古人加入这场反对满族宗主权的抗争，但其他部落并未支持他，也导致了他的失败和被杀。在南方，福建和广东地区很快被兼并（1676—1677年）。吴三桂从四川撤退到云南，在那里，清军认为追击他是不明智的，但没过多久，他就因年老而亡（1678年10月）。直到1681年，清军才完全占领云南，吴三桂一家全被处死。造反者的残余势力被碾成粉末，飘散在风中。通过兼并台湾那个独立政权，康熙获得了圆满

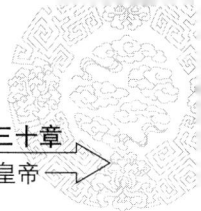

的胜利。直到那时，华南原本还享受着特殊的宽大统治，如今也学会接受了军事兼并的严酷。

察哈尔人的失败，牢固地确立了康熙帝在内蒙古（察哈尔与鄂尔多斯）的宗主权；现在，他可以自由地将自己的注意力转向外蒙古。

外蒙古被分割成了两个部落联盟：东蒙古或称喀尔喀人，以及西蒙古或称卫特拉人。喀尔喀又分别由五位可汗统治，他们全都是成吉思汗的子孙后代；五人占据着蒙古本部，从克鲁伦河下游，直到科布多诸湖。卫特拉人将他们的牲畜赶到位于科布多与天山之间西部和西南部更远的地区。此部落联盟中，最为重要的是绰罗斯人，他们生活在塔尔巴台山系周边，位于科布多与伊犁河之间。绰罗斯人中包含着一个名为准噶尔的部落。从1676到1697年，该部落由一位非同凡响的人物担任首领，此人名叫噶尔丹，称得上一个没有成功的成吉思汗。他想重建古老的蒙古帝国，并置于他自己的西蒙古统治之下。年轻时，噶尔丹作为一个小沙弥生活在吐蕃，受达赖喇嘛（相当于喇嘛教的教皇）的指挥。他与这位喇嘛教"圣座"一直保持着亲密关系，后者对上亚细亚喇嘛教的巨大政治影响力（当时，所有蒙古人几乎都是喇嘛教徒），可以由他利用。噶尔丹既是西藏喇嘛教的保护人，同时也是喀什噶尔的伊斯兰捍卫者，他推翻了那里的可汗（成吉思汗后裔），并以和卓人的穆斯林神权国家代之。随后，噶尔丹着手征服蒙古本部的喀尔喀人，经过两年的战争（1688—1690年），这一地区——从科布多延伸到克鲁伦河——被他成功地征服。

被驱逐的喀尔喀王公们逃到长城附近避难，并寻求康熙帝的援助。在中国大门口崛起一个新的蒙古帝国，是皇帝所不能容忍的。而且噶尔丹在着手追击喀尔喀人之后，现在竟敢沿库伦到张家口一带向前，侵入内蒙古。康熙帝派出一支配备火炮的军队去攻打他——大炮是由传教士在北京监制的。在9月2日爆发的战役中，准噶尔人已经在一片沼泽地后面占据了有利地形，原本能够抵挡帝国军队的进攻，但炮火似乎将他们给震慑住了。到了1690年后期，噶尔丹撤出了外蒙古的全部喀尔喀人领地。作为这次阻止准噶尔人的结果，皇帝确保了外蒙古的保护国体制；1691年5月，在多伦诺尔举行的大会堂上，因康熙帝介入而从准噶尔人控制下得救的喀尔喀王公们，向皇帝表达了庄严的敬意。

当时所确立的外蒙古地位，一直持续到了1912年。喀尔喀王公们向清朝皇帝纳贡，并从帝国得到头衔和礼物作为回报。成吉思汗的后代与满族皇帝之间，由此形成了一种个人忠诚的纽带，而且，这种关系因为家族之间的多次通婚而得到巩固。明代的永乐帝曾经设想过一种类似的体系，但作为一个汉人，他永远无法令蒙古人接受它。康熙帝则毫不困难地成功了，因为他自己就是个鞑靼人。事实上，蒙古新地位的基础，是其可汗与满族大可汗之间的游牧民对游牧民的关系。一旦清王朝解体，被中华民国代替，蒙古王公们就认为可以摆脱忠诚誓言，并擅自宣布他们的独立。

1695年，当噶尔丹再度入侵外蒙古——喀尔喀国家——并直逼克鲁伦河之时，这位准噶尔首领与大清帝国的战争就又一次爆发了。为了一劳永逸地处理掉这个威胁，康熙帝组织了一支庞大的远征军，由他本人亲自指挥。1696年2月16日，他将其所有军官召至皇宫，并亲手给他们端上壮行酒。4月13日康熙帝启程出发，耶稣会神父张诚（Gerbillon）一路陪伴着他，并留下了一份关于远征的目击记录。在其中，他注意到了"保持得完美的秩序，皇上及其随从的俭朴生活，以及他对其军队的关心；因为他总是坚持要看到士兵们扎营完毕，才回到他自己的大帐之中""行军穿过某个一直都很穷的国家，在当时更是被战火所摧毁，这给军队带来了可怕的困难。皇帝与将士们共同分担这一切，当有官员恳求他不要风餐露宿时，他轻蔑地拒绝了这些请求。他的旺盛精力，给军队注入了新的勇气"。在皇帝亲自指挥下，军队向克鲁伦河进军，与此同时，他的副将费扬古也正开赴土伦河，目的是切断噶尔丹的退路。1696年6月12日，在土伦河南岸，库仑以南的昭莫多，费扬古与敌军相遇，多亏了他的火枪和大炮，让对方遭到了压倒性的失败。噶尔丹的妻子被杀死，他全部的辎重和牲畜落入帝国军队手中。在损失了一半军队之后，这位准噶尔首领朝着科布多方向溃逃，而康熙帝则凯旋。喀尔喀人再度因皇帝的干预而得救，他们永久地占有了自己的国家，北京朝廷对他们的保护从此再也没有受到过挑战。

这一伟大成就——救援、团结和绥靖喀尔喀人——是由康熙帝亲自负责的。他全身心地投入这项任务，努力在他与蒙古王公之间建立持久的信任与友谊。而且，他对蒙古的一切都极为喜爱，每当置身于喀尔喀人或鄂尔多斯人的首领中间时，这位天子就变成了部落的真正领袖。他用一种对方能听得懂的语言与后者对话，取悦他们"旗"的荣耀及军事忠诚。他的感情，跟后者的心贴得很近。与这些人的接触，似乎重新唤起了他遗传的游牧民本性，当远离了紫禁城的奢华浮夸，能够在蒙古封臣的陪同下猎取野兔与羚羊之时，他从来没有如此快活过。"鄂尔多斯的野兔有一种特别的味道，"一次战役中，他写信给自己的儿子，"这里的一切，都比北京能够提供的最佳物品更具风味。"

康熙帝满足于将准噶尔人驱逐出蒙古本部，并不力求追击到他们的家乡准噶尔——它由科布多、塔尔巴哈台及伊犁等地区构成。他们的首领噶尔丹，在1696年那场惨败后不久就去世了；但他的侄子和继承人策妄阿拉布坦，很快就重启了其叔叔那些野心勃勃的计划，这一次，他将矛头指向西藏。1717年12月2日，一支准噶尔军队进入拉萨，屠杀了全部忠于朝廷的喇嘛，试图永久地定居在这座圣城。（1718年）康熙帝立即派遣了一支远征军前往西藏，但军队却被赶了回来。皇帝在等待时机，1720年秋天，一支庞大的帝国军队进入拉萨，驱逐了准噶尔人。一个属于帝党的达赖喇嘛被推上王位。朝廷同时任命了两个清朝高级专员，其任务是指导喇嘛教会的对外政策。

在东北部，康熙帝与俄罗斯的扩张发生了冲突。自从16世纪后期以来，俄罗斯就成为西西伯利亚的主人，在向太平洋拓展的过程中，他们到达了黑龙江（阿穆尔河）两岸。1651年，俄罗斯人在此地建立了雅克萨要塞。这一地区居住的是通古斯人部落，他们与满族人关系紧密，并置于清朝的宗主权之下，盛产黑貂。俄罗斯人刚一站稳脚跟，就与当地的猎人及中原皮草商展开了激烈竞争。1682年，当一个俄国总督被派往雅克萨时，北京政权终于发怒了。康熙帝决定行动，这多亏了耶稣会士高效的火炮，1685年6月，他派出一万五千清军，携带150杆火枪和五十门迫击炮，前往雅克萨，俄军很快投降。他们被责令离开，其工事被拆除。然而，在中国人撤走之后，哥萨克们又回到了雅克萨，并修建了新的要塞。很快，他们又被清军包围。最终，双方在尼布楚进行谈判，中国代表团中有两个耶稣会士，其中一个正是张诚，协议能够达成，很大程度上要归功于此人。1689年9月7日，《尼布楚条约》正式签署；它是用拉丁文、满文、汉文、蒙古文和俄罗斯文草拟的。俄罗斯人放弃了雅克萨的领地，他们在当地建立的要塞被夷为平地，但保留了尼布楚。两个帝国之间，以石勒喀河与额尔古纳河为边界，整个黑龙江——包括北部支流——流域，都划归清朝。简而言之，俄罗斯人被阻隔在远离黑龙江两岸的地区，在外兴安岭的那一边；而清王朝的故乡满洲，则解除了一直悬在头顶的危险。[①]康熙帝对张诚神父表达了他的感激，这次外交胜利，此人居功至伟。

当康熙帝亲政之时，1655年1月4日由摄政会议制订的禁止基督教的法令依旧有效。不过，因为他们有科学知识，耶稣会士们已经变得不可或缺。在汤若望神父的同事当中，有一个比利时传教士，韦尔比斯特神

---

① 原书注：最大的危险，是俄罗斯人与西蒙古人之间的结盟。

父——中文名字为南怀仁，1659年来到中国，因其数学和天文学知识渊博而闻名。1669年，康熙帝不顾儒家文士的劝告，以科学上的理由对南怀仁表示尊重，并采纳了他的历法改革措施；与此同时，还任命后者为钦天监监正。从南怀仁及其他传教士所享受到的皇恩中，耶稣会士不可能不受益。很显然，康熙帝一方面因为传教士的知识而尊敬他们，并违反1655年诏令，让这些人私下里传教；另一方面，却依旧维护着1669及1671年的禁令：禁止劝诱中国人改变信仰。但是地方大员们了解到了耶稣会士在朝中所受到的恩宠，遂对基督教的传播表现出了最大程度的容忍。1674年，在吴三桂叛乱期间，南怀仁神父的声望得到了很大提升。当时，他监造了大批火炮，对帝国军队的获胜做出了极其重要的贡献。

1688年1月，在其荣耀的巅峰时期，南怀仁神父于北京去世，2月7日，来了一个继承其事业的人：法国传教士张诚。在3月21日面圣之时，张诚给康熙帝留下了很好的印象。皇帝遂安排人为他讲授满语，以便于和此人更加自由地谈话。当他们能够相互交流时，皇帝就经常与这位传教士讨论科学话题，并让后者用满语写作欧几里德的几何学解释。张诚作为《尼布楚条约》的中方谈判代表所做的贡献，上文已经提及，出于对他的感激，康熙帝颁布了两道圣旨，容许对基督教的支持（1692年3月17日到19日）。第一道诏令宣布："查得西洋人，仰慕圣化，由万里航海而来。现今治理历法，用兵之际，力造军器、火炮，差往俄罗斯，诚心效力，克成其事，劳绩甚多。各省居住西洋人，并无为恶乱行之处，又非左道惑众，异端生事。喇嘛、僧等寺庙，尚容人烧香行走。西洋人并无违法之事，反行禁止，似属不宜。相应将各处天主教堂俱照旧存留，凡进香供奉之人，仍许照常行走，不必禁止。"

如此一来，中国就打开了对基督教的大门。但那场不幸的"礼仪争端"——在西方引起了过于强烈的轰动，甚至被完全误解了——却让至此

为止取得的所有成果毁于一旦。耶稣会士们已经承认，在原则上，儒家的
"天"（天空，天神）之提法，可以相当于基督教的"上帝"概念，而
且，无论是为纪念孔子而举行的仪式，还是对祖先的尊崇，都可以被视为
纯粹的世俗礼仪，看作对先贤的单纯尊敬或是普通的孝顺行为。这样，他
们不用牺牲任何基督教信条，或者承认任何异教行为，就能避免与儒家文
士的直接冲突。教皇亚历山大七世已经认可了这种做法；在近代，教皇庇
护十一世与庇护十二世也采取了同样态度。反对"礼仪"的运动是由一些
基督徒进行的。他们对其宗教信仰毫无疑问是热情的，但相比耶稣会士，
他们对中国了解得太少，因此也难以理解中国人观念中的形而上学及神学
意义。1715年，"礼仪"受到了天主教会的谴责。康熙帝，作为一个相
当有文化的人，对这一问题很有私人兴趣。他不辞辛苦地让别人相信，在
献给孔子牌位或者祖先灵位的崇敬之中，并不涉嫌偶像崇拜。"中国供神
主，"他写道，"乃是人子思念父母养育……圣人以五常百行之大道，君
臣父子之大伦，垂教万世……此至圣先师之所应尊应敬也。"当发现自己
的解释被人忽视时，他感到很受伤。因此作为报复，康熙帝在1717年5月
17日颁发了一道诏书，禁止基督教的传播。[①]

詹森派信徒[②]反对耶稣会士的战役结出了成果。中国在为基督教打开大
门之后，再一次将门关上了。

在海子公园打猎时，康熙帝染上风寒，于1722年12月20日去世，享
年69岁。他将皇位传给了四子，后者执政时的年号为雍正（1723—1735
年在位）。

---

① 原书注：对中国臣民来说，接受一个外国统治者（教皇）的命令，被视为是不
适当的。

② 信奉詹森学说的天主教教派。又译羊森派。该派追随17世纪荷兰天主教神学家
詹森的思想，反对耶稣会的道德论学说。

雍正帝登上皇位时已四十六岁，但他将自己的大部分兄弟关了起来，或者让他们从世间消失。尽管开局很不幸，他是一位勤勉敬业的统治者，对公共利益非常关心；相比其父，雍正帝是一个苍白的人物。前者所拥有的独立思维，无疑要归于满族人的培养方式；与此相反，雍正帝在很大程度上，处于汉人官僚的影响之下。他自己经常表现出极端的心胸狭窄，特别是对基督教的态度。1724年，他下令驱逐所有传教士，除了那些因其科学知识被许可留在朝廷中的人。在对外事务上，雍正帝重启了与准噶尔人的战争。1731年，他派遣一支远征军到达了后者的地盘；清军占领了科布多，但两个月之后，他们遭到突然袭击，全军覆没。1734年，另一支清军开到了科布多地区，但在第二年，雍正帝就中止了敌对态度。

乾隆画像

1735年10月7日，雍正帝去世，将皇位留给自己的四子，一个二十四岁的年轻人。这位新君的年号是乾隆（1736—1796年在位）。

像其祖父康熙帝一样，乾隆帝连续统治了六十年。他是这个王朝最后一位伟大的君主，我们将看到，在蒙古和吐蕃，他是如何完成康熙帝未竟大业的。征服并非由皇帝本人亲自完成，因为，与祖父不同，乾隆帝不是一名军人，而是一个外交家和管理者。

我们已经看到，雍正帝吞并准噶尔的努力失败了。情形对乾隆帝变得

更为有利。准噶尔人正被一场内战苦苦折磨；1754年，当地一位王位觊觎
者阿睦尔撒那来到中原避难。乾隆帝在热河接见了他，派后者及其属下为
先锋，攻打准噶尔。但阿睦尔撒那与其保护者翻脸了，并号召准噶尔人协
助他进攻占领军，这令清军损失惨重。一位精力充沛的满族将军兆惠扭转
了战局，（1757年）在叶密立河与塔尔巴哈台粉碎了叛军，并占领了另一
个抵抗中心固尔扎。阿睦尔撒那逃到西伯利亚，在那里消失了。

这次失败，是准噶尔作为一个国家的末日来临。大致由科布多、塔尔
巴哈台及伊犁河沿岸的固尔扎三个地区组成的准噶尔，被直接并入了大清
帝国。准噶尔人被不加区别地斩草除根（六十万人被屠杀）；乾隆帝让整
个帝国的移民重新入住这个国家，他们之中就有来自喀什噶尔及甘肃的穆
斯林。1771年，他让土尔扈特人（他们属于西蒙古，是准噶尔人的同族）
定居在固尔扎的南面和东面；这个部落在俄罗斯的阿斯特拉罕地区生活了
相当长一段时间之后，又回到了他们的故乡。

我们已经看到，在1680年，准噶尔人将其宗主权强加给了喀什噶尔，
安插了和卓人的穆斯林神权国家充当他们的封臣。一旦占领了准噶尔，清
军元帅兆惠就侵入了喀什噶尔地区（1758年），经过两场艰苦的围攻战之
后，攻克了喀什噶尔和叶尔羌这两座城市。（1759年）整个东突厥斯坦被
并入了清帝国，并开始被称为"新的边境"，或者"新疆"。

乾隆帝征服喀什噶尔，标志着一个历时1800年的伟大计划的完成，这
一方案，追随的是伟大的汉唐两个朝代。

在吐蕃，乾隆帝同样完成了其祖父的大业。尽管任命了两个帝国高级
专员在拉萨监视达赖喇嘛，但在这座圣城，依旧存在着一支亲准噶尔、反
中原的势力。1750年，这股势力煽动了一起暴乱，导致两位清朝专员及其
他中原定居者被杀害。（1751年）乾隆帝派遣一支军队到拉萨，毫不困难
地恢复了秩序；接着，他不失时机，让西藏的关系与帝国变得更加紧密。

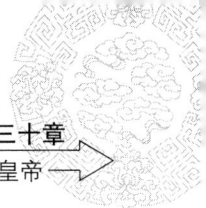

两位清朝高级专员（办事大臣）得到了全部政治权力，并且从此之后，掌握了提名新达赖喇嘛的决定性投票权。喇嘛教会因此被纳于清朝的管理框架之内。为了对失去独立性的达赖做出补偿，乾隆帝提高其荣誉和尊严，正式赐予他西藏王的世俗头衔。但是，出于一种额外的预防措施，皇帝又小心翼翼地相应提高了另一位西藏宗教领袖、扎什伦布寺住持的特权，让后者成为日喀则的国王。1779年，这位高级僧侣觐见乾隆帝，后者在热河及北京热情接待了他。西藏一直紧密地隶属于大清帝国，直到1912年。

乾隆帝作为西藏教会保护人的角色，导致他干预尼泊尔事务。1791年，尼泊尔的廓尔喀人突袭进入西藏抢劫；乾隆帝立即派出一支远征军，横跨青藏高原，穿越喜马拉雅山，进入到尼泊尔。（1792年9月）这支军队将廓尔喀人打得溃不成军，并迫使他们成为清朝的诸侯。

在华南，依旧有森林覆盖的山系以及贵州的石灰岩高原充当着苗族人的庇护之所。到此时为止，这些"生番"依旧保持着他们的自治权，中原定居者只满足于清理一些河谷。1775年，乾隆帝试图征服这些强健的山民。他们在悬崖峭壁上修建的隐藏之所，一个接一个地遭到狂攻，人员大批被屠杀。首领们被押解到北京，在那里被酷刑折磨致死，他们被砍下的首级暴露在牢房里。

对苗族的镇压，标志着一个时代的结束。它完成了中国人对中国的征服，这是一项千秋大业，由巴比伦及迦勒底人的吾珥时代那些传说中的王朝开始，于法国革命前夜结束。在同一时期，康熙帝和乾隆帝对蒙古、准噶尔及西藏的征服，使得自从公元初年开始（追随那些西方式征服），中国在上亚细亚的扩张规划产生了真实效果。1796年，在乾隆帝统治末期，正如汉唐的巅峰时期一样，中华帝国再一次囊括了整个"封闭的大陆"，其边缘为西伯利亚、阿尔泰、天山、帕米尔高原及喜马拉雅山脉所环绕。

从经济和社会角度来看，清王朝通过其对农业问题的处理，为中国人帮了大忙。明代期间发展出了一种免于劳役与赋税的特权财产，其规模已经庞大到了非常危险的程度。这些为王公、朝臣及官员创设的大领地，由佃农和劳工所耕种，《大明律》没有保护他们免受地主侵害。"《大明律》，"马伯乐指出，"给予主人惩罚犯有违抗罪的奴隶或雇工之权力，即使处罚造成违法者的死亡，法律也不能要求主人赔偿。"与此同时，皇室本身获得了数量巨大的地产，当然也同样地免于赋税，而且，尽管官僚队伍中有更为诚实的官员反对，皇室地产依旧在稳定地扩张。在这些庄园中从事耕作的农业人口，只能任由主管官员的一次次剥削。为了自身信誉，清王朝将属于皇室的部分土地转交给国家，富裕家庭的特权财产被没收，其中一部分在农民中间分配，成了他们自己的财产。

清王朝并没有就此停歇。据马伯乐记载，它不断地鼓励小土地所有者的发展，保持着严厉的监督，目的是防止回到大庄园体制。地主们失去了强制权，这一权力方便他们借助农奴和雇工来开发大庄园。严格执行的法律，规定一个因为虐待导致农奴或劳工死亡的地主，将被杖责三百，流放三年。更重要的一项规定是全家耕种同一块土地达到数代的农民，最终将得到地表土地的合法所有权，地主则保有对底层土地的拥有权。这样，农民就能够买卖"表层"土地。

这些措施以及在实行它们时所体现出来的精神，导致了一场土地的普遍再分配。

相比明朝时期，农村居民的生活环境得到了极大改善，这种进步也促进了人口的快速增长。如果我们能够相信中国的统计学家，那么，人口就从1578年（晚明）的60692000，增加到1661年的104700000，以及1766年的182076000。到了1872年，这一数据已经达到了329560000。

下面转向乾隆帝的宗教政策。我们发现他像其父一样，任用了一些

有才华的天主教传教士。这样，就发生了卡斯蒂廖内（Castiglione）修道士——在中国以郎世宁一名为人所知——的来华。他于1715到达北京，一直待在都城，直到1764年去世，成了皇帝的一名画师。受乾隆帝之托，郎世宁为宫中的女性绘制肖像；他还创作了皇帝接受吉尔吉斯进贡的多匹骏马，这幅画在巴黎的吉美博物馆中可以看到。在1760—1765年的某个时间，皇帝指示郎世宁及其他两位耶稣会士——王致诚与艾启蒙——连同奥古斯丁修士会修士安德义，绘制了一套表现征服准噶尔的场景画卷；后来，这些画作被送到法国，（1765—1774年）在皇家美术学院院士贝尔坦的指导下，进行雕刻。

不过，乾隆帝与某些耶稣会士画家和数学家的私人友谊，并不妨碍他禁止自己的臣民皈依基督教（1736年4月24日的诏令）。与此同时，耶稣会士们也并没有被其真实感情所蒙蔽；1769年，汪洪达神父以完全客观的视角写道："皇帝是一位事必躬亲的伟大统治者。他年龄越大，对欧洲人的态度就越赞赏。他及其贵族们都承认，我们的宗教是良善的。如果他们禁止我们公开传教，并不允许传教士进入其领地，这完全是出于政治原因，担心我们以宗教为借口，还隐藏着另一些计划。他们已经大体上知道了欧洲人在印度的征服，因此担心类似的事情在中国发生。"而且，欧洲本身似乎也决意阻止天主教传教士的发展。1764年，路易十五的政府将耶稣会神父逐出了法国。接着，在凡尔赛和马德里宫廷的压力之下，圣座很不情愿地暂时做出让步，1773年，耶稣会不得不在欧洲和中国一起消失。巴黎的知识界为这一措施拍手叫好，丝毫没有意识到，法国因为否定其最优秀的思想先驱正在远东遭受着挫败，其损失几乎就和加拿大"几亩雪地"①的丢失一样大。

---

① 语出伏尔泰。在七年战争（1756—1763）中，法国将加拿大输给了英国。

康熙、雍正和乾隆帝时期以艺术复兴而闻名，特别是在建筑及陶瓷领域。

我们已经看到，1409到1424年间，明朝的永乐帝建立了"紫禁城"的总体规划，它位于现代北京的中心。这一无与伦比的建筑群，于1644年明朝灭亡之时被焚为平地。在上述三位皇帝治下，它得到了恢复和完善。事实上，三人都非常理解明代建筑师的抱负，因此完全可以说，他们正是紫禁城的第二代奠基者。而且，只有通过三人的恢复，我们才能对永乐帝的工作做出判断。

众所周知，紫禁城的建筑不仅符合美学的规则，而且满足一系列的几何及天文学要求，这两者在中国古代宗教中扮演了一种核心角色。回廊、楼梯、露台、宫室及正殿的全部排列，都是坐北朝南，但论重要程度，又是从南到北递增的，是"与宇宙秩序的一致"。它同时也与人类的秩序相和谐，因为一切都导向皇帝的宝座，后者是世界的中心。从午门——皇帝过去常常在此接见凯旋的军队——踏入紫禁城，游客要穿过金水河，这是一条装饰性的小溪，在大理石桥之间蜿蜒流淌。接着穿过太和门，来到一个举行仪式的大庭院，它为大理石露台所环绕，每座露台上都建有宫殿。在庭院正中，有一个镶金顶的皇家大殿，即太和殿，这座宫殿是用来举行某些庄严仪式的，例如新年祭祀。事实上，它就是"皇帝陛下的仪式生活中心"——帝国的宗教中心。在这座大殿后面，属于同一组建筑群的，是同等重要的其他两座皇宫大殿，中和殿与保和殿。前者是春耕仪式开始之前，皇帝检查农业器具的地方，后者是他接见诸侯王公之场所。再稍向北，依然在中轴线上，坐落着乾清宫，这是皇室开会的大殿，皇帝在这里处理国家事务。还是位于中轴线，但在紫禁城的北墙之外，矗立着煤山，更准确的叫法是景山，它有五座山丘，上面都分别有一座亭阁。

在紫禁城西边，几乎挨着它是西苑三海，这是一片延伸的水域，被一座桥及一条狭地两次分割。在将北海与中海分隔开来的石桥正北方,一个小岛上有座假山,上面矗立起了一座白色佛塔,下令修建者是顺治帝。

从白塔到煤山的路上,游客将会经过大高殿。这是一座覆盖着琉璃瓦的寺庙,修建于明朝嘉靖年间(1522—1566年),在清代的雍正及乾隆执政时期得到了装饰。干旱时节,皇帝会到这里来求雨。

在北京的南区,距外墙不远,有一个庞大的公园,种植着刺槐、松树和柏树,这就是天坛。事实上,它由不少于五座祭坛与庙宇所组成,是明代永乐帝于1420年修建的,并由乾隆帝重修。每一年,皇帝都以其三千年宗教大祭司的角色,将在三次庄重的场合来到那里:在冬至,他来到圜丘坛——这是一座圆形大理石祭坛,由三个重叠的同心平台组成——向上天传达自己的指令;在正月的上辛日,他回到这里,上天将其指令授权给皇帝,让他这一年里实施治理;在春分,他来到这里向上天祈祷,求得风调雨顺,收成良好。在两排大理石柱廊之外,矗立着皇穹宇,这是一座由八根柱子支撑着一间圆形屋顶的环状建筑。在其西边有先农坛,建于明代,在乾隆帝时期重建。

康熙、雍正与乾隆三帝,都不满足于修复和完善明代已有的建筑。在北京的西北郊区,他们修建了被称为"夏宫"的建筑群,颇有中国凡尔赛宫的味道。它们由两组建筑群构成:康熙帝使用的长春宫,以及雍正帝最喜欢造访的圆明园。[①]乾隆帝将这两组建筑结合在了一起,在这项工作中,他任用了郎世宁和王致诚。他们能够获选,是出于其画家的技巧。王致诚为我们留下了关于这一景点让人愉悦的描述:

> 高度为二十到六十英尺的小山丘已经建起,形成了无数小河谷。

---

① 事实上,夏宫除了圆明园与长春园,还包括万春园,后改名为绮春园。

清澈的河渠灌溉着这些河谷，水源来自这一地区的高山上。河谷分开
之后，又在一些地方交汇起来，形成了盆地、池塘和所谓的"海"。
山峰与丘陵的斜坡上，种植着在中国很常见的开花树林。沟渠并没有
修成直线型，砌在河道边上的粗糙石块，放置得如此艺术，人们可以
说它们是大自然的杰作，因为这些水道一会儿加宽，一会儿变窄，并
以最为自然的方式迂回曲折。河道的两岸，密布着在山岩中长出来的
花卉，每一季节都有其不同品种。

这位著名的耶稣会士笔下之描述，可能构成了18世纪中期中国造园艺
术最好的研究成果之一——这一艺术明显基于明清绘画的经典。王致诚继
续写道：

在到达一条山谷时，你会观察到一些建筑物。整个表面均由立柱
与窗户构成。木质构件被镶金、涂彩或者刷漆。墙壁由灰砖所砌成，
砌得很标准，打磨得很光滑；屋顶覆盖着红、黄、蓝及紫色琉璃瓦，
通过其混合与排列，造就了一种令人愉悦的多样性图案。每条河谷都
有其亭阁，相比周边环境是小，但大到足以使我们最伟大的贵族及其
随从落脚。其中几间屋子由雪松木建成，它是从五百里之外的地方运
送来的；在这一巨大围场中，有可能数出二百多间豪宅，更不消说太
监们居住的陋室了。

沟渠上横跨着各式各样的小桥，有些桥的栏杆由白色大理石制
成，制作精巧，上面饰有浮雕。在大湖中央的一块岩石上，有一座小
宫殿，建筑师将其修筑于中心位置，因此从这里便能纵览园中的一切
美景。你可以乘坐华丽的船只，沿着最大的水道，来回航行。

从这里，我们可以看到康熙、雍正与乾隆时期艺术表现的趋向。如果说绘画和雕塑已经堕入衰败的话，那么建筑，特别是城市建筑师及造园艺术家的的技艺，已经达到了前所未有的高度。而正是在这一时期，中国瓷器最后的杰作得以生产出来。

康熙年间，江西景德镇的官窑被重建（1680年），陶瓷艺术在诸如牛血红、桃红和宝石蓝这一类明亮的单色上达到了顶峰，特别是像"五彩釉"（绿色为赏心悦目的排列及多彩釉形成了一种背景）、粉末蓝或者是极为罕见的"黑地彩"一类带有彩绘装饰的瓷器。雍正年间，出现了极为精致并带有彩绘装饰的物件，我们称其为"粉彩"。乾隆年间，另外生产了一种被称为"乳花"的漂亮装饰。但几乎紧接着这一时期，当中国陶工开始为欧洲出口而生产时，衰败就随之开始了；欧洲需求"中国艺术风格"，后者就相应地为之供应。

这一艺术上的退步，是清王朝衰败的一个征兆，这种衰落可以追溯到8世纪——回溯至"理性时代"的哲学家们，为中国的教化歌功颂德之时。华夏历史的模式正是：在造就两三代有能力的执政者之后，政权就陷入衰败。古老的帝国被王朝奠基人重建，随后再一次分崩离析。1644年得到皇位的满族部落，依然没有逃脱这一定律。从第五代统治者嘉庆帝（1796—1820年）开始，衰落变得日益显著。不幸的是，这个王朝的油尽灯枯，与世界上其他地方在科技影响之下的兴旺繁荣，正好处于同一时期。在17世纪后半期，中国依旧可以同欧洲平起平坐，把荷兰人驱逐出台湾，将俄罗斯挫败于雅克萨，就显示了这一点。而在1820到1850年间，中国突然发现，她已经落后世界好几个世纪了。与正在扩张的欧洲相比，此时的中国只是一块蛮荒大陆，不过，因为福音传播与商业开发，这块土地存在着无限的可能。

欧洲对抗中国的第一场战争，是大英帝国于1840年发动的。它主要是因为中国官方不愿意接受一种最方便地维持贸易平衡的商品（鸦片）而激起的，因而被称为"鸦片战争"。十年之后，太平天国运动爆发。在大约十五年时间里，这场内战肆虐了华中，几乎标志了大清帝国的末日降临。太平天国革命的失败，似乎主要归结于三个原因：首先，领导者的腐化堕落，导致了内部不和，并未能实施变革；其次，文士阶层们敌视一个反儒教意识形态的的军事政体（太平天国的"天王"曾受基督教教义鼓舞，并自称是耶稣基督的兄弟）；最后，英国和法国在占领北京，并获得事实上废除了中国自主权的媾和条款之后，就对清政府镇压叛乱的行动施以援手。

从1860年开始，直到1912年最终退位，这个王朝只是作为一个破产并缓慢解体的帝国之名义而存续，并被入侵与反叛交替威胁。入侵的危险随着西方列强工业化的加速而增加，但同样因它们之间的相互竞争而减弱。反叛的危险，主要在于衰落时期地方自治的习惯性发展；但在接近世纪之

西方国家瓜分近代中国的漫画

宣告退位时的末代皇帝溥仪与其父载沣

交时，同样发展出了一波相当可观的改革情绪。这个王朝拒绝接受"西化"，相反，却鼓励所谓的"拳民"（义和拳，义和团）之流反叛。它被一支外国军事力量镇压，紧随其后的，是已经拖延太久的改革措施出台。1912年，清帝国逊位，让位给了一个名义上的民国政府，它处于地方军阀的控制之下。与此同时，整个东北（满洲）听任俄罗斯与日本相互争夺，而在这个国家的不同地区，其他列强也有各自的"势力范围"。

如果中国依旧与世隔绝，那么一位才华出众的将军很可能会建立一个新政权来取代清朝；但西方力量及西方主张，已经渐渐破坏了传统的政治观念。史无前例的物质与意识形态因素进入了这场权力角逐，帝制的大厦最终土崩瓦解。